現代中国の歴史

両岸三地100年のあゆみ　第❷版

久保　亨
土田哲夫
高田幸男
井上久士
中村元哉
［著］

東京大学出版会

History of Modern China:
One Hundred Years of Mainland China, Taiwan, and Hongkong
[2nd Edition]

Toru KUBO *et al.*

University of Tokyo Press, 2019
ISBN978-4-13-022026-2

目　　次

はじめに——中国とは何か………………………………………………………… 1
　　広大な存在としての中国（2）　多様性と統一性，そして両岸三
　　地（3）　日本人にとっての中国（5）　中国現代史をどう見るか
　　（5）　未来を構想する中国現代史（10）

第 1 章　中華民国の誕生

1. 20 世紀初頭の世界と中国………………………………………………… 14
　　近代世界に引込まれた中国（14）　帝国の衰退と新たな胎動
　　（18）　辛亥革命（21）

2. 地方の時代………………………………………………………………… 26
　　地方エリートと近代教育の導入（26）　清末民初の議会政治
　　（28）　地域社会と地方軍（33）　「打倒軍閥」（36）

3. 民族運動の形成と展開…………………………………………………… 38
　　排外から反帝／愛国運動へ（38）　民族運動の展開（41）　近代
　　的外交の成立（44）

4. 革命政党による政治……………………………………………………… 49
　　新思想の影響（49）　共産党の結成・国民党の改組（52）　国民
　　革命の展開（55）

第 2 章　国民党中国の近代化と抗日戦争

1. 自立への模索……………………………………………………………… 62
　　国民政府の外交・財政・経済政策（62）　戦間期中国経済の発
　　展（65）　国内統一の進展（68）　抗日運動の拡大と共産党の方
　　針転換（72）

2. 帝国日本との対決 ……………………………………………… 75
　　東北情勢と九・一八事変（75）　華北をめぐる対立（79）　抗日戦争の始まり（83）

3. 抗日戦争と中国の戦時体制 …………………………………… 88
　　抗日戦争の長期化と第二次世界大戦（88）　国民政府の抗戦体制（94）　中国共産党と抗日根拠地（98）　日本占領地区と東北（100）

4. 近代教育と都市文化の展開 …………………………………… 104
　　大衆文化の活況（104）　教育普及の模索（107）　アカデミズムの成立（112）　近代メディアの発展（115）

5. 植民地台湾の発展 ……………………………………………… 118
　　台湾の近代（118）　日本の植民地統治（121）　社会統合と民族運動（123）　「皇民化」と戦争動員（126）

第3章　共産党中国の成立と冷戦

1. 戦後再建の試みと国共内戦 …………………………………… 130
　　国民政府の戦後構想とその破綻（130）　行き詰まる戦後中国外交（135）　中国共産党による東北制圧（137）　49年革命と中華人民共和国の成立（140）

2. 戦時体制から社会主義へ ……………………………………… 143
　　新民主主義を掲げた建国（143）　新たな外交の開始と朝鮮戦争（146）　冷戦体制下の社会主義選択（150）　中ソ「蜜月」とアジア外交（155）

3. 文化大革命への道とその破綻 ………………………………… 158
　　中ソ対立と大躍進運動の失敗（158）　文化大革命の展開（161）　反米反ソ外交（166）

4. 画一化された社会 ……………………………………………… 169
　　革命直後の社会（169）　「単位社会」の形成（173）　政治運動に翻弄される社会（175）　画一性の実際（179）

5. 戦後台湾の出発と香港 ………………………………………… 181
      国民政府の接収政策と二・二八事件（181）　台湾海峡の危機と
      アメリカ（183）　台湾での国民党統治再建（185）　香港の工業
      化（188）

第4章　現代の中国と世界

  1. 改革開放と天安門事件 ………………………………………… 194
      国際緊張の緩和（194）　文革の終息（196）　改革開放路線への
      転換（198）　民主化運動と武力弾圧（201）
  2. 冷戦の終結と経済成長 ………………………………………… 205
      ソ連解体・東欧革命と中国（205）　90年代の改革開放（207）
      高度経済成長とWTO加盟（209）　リーマン・ショック後の成
      長鈍化と新たな対応策（211）　胡錦濤政権から習近平政権へ（212）
  3. 多様化する社会 ………………………………………………… 214
      都市における「小康」の実現（214）　農村の変容（218）　価値
      観の多様化（221）　「強国化」の陰で（225）
  4. 香港と台湾の変容 ……………………………………………… 227
      香港返還と中国（227）　返還後の香港（230）　台湾化と経済発
      展（233）　台湾の民主化の進展（235）　政権交代と両岸関係の
      困難（237）

おわりに ………………………………………………………………… 241
      富強の中国への道（241）　民主化の可能性（243）　両岸三地の
      現在，そして将来（244）　日中関係と尖閣問題（245）　日中関
      係と戦争の記憶（247）　世界の中の中国（248）

年　表　251
文献案内　273
図表出所一覧　281
第2版あとがき　285
索　引　287
執筆者紹介　302

図版目次　図1　　　　中国とヨーロッパの比較　…3
　　　　　図1-1　　　中国の国際貿易の推移（1871-1930年）　…15
　　　　　図1-2　　　租借地と租界（20世紀初頭）　…16
　　　　　図1-10　　 武昌蜂起後の各省独立　…25
　　　　　図1-15　　 地方軍の勢力図（1918年頃）　…33
　　　　　図1-24　　 北伐の進展　…59
　　　　　図2-1　　　国民政府の財政収入の推移（1928-36年度）　…63
　　　　　図2-2　　　輸入量と関税税率の推移（1926-36年）　…63
　　　　　図2-4　　　工業生産指数の推移（1912-1948年）　…66
　　　　　図2-5　　　工業製品自給率の推移（1920-1936年）　…66
　　　　　図2-20　　 重慶政府統治地域の工業生産指数（1938-45年）　…97
　　　　　図2-23　　 戦時華北の工業生産指数（1938-44年）　…103
　　　　　図2-28　　 小・中学生数の推移（1912-2005年）　…108
　　　　　表2-1　　　台湾の鉄道の発達（1899-1944年）　…123
　　　　　表2-2　　　台湾の教育機関・学生数の拡大（1899-1944年）　…124
　　　　　図3-4　　　上海の卸売物価の推移（1944-47年，各年末）　…135
　　　　　図3-11　　 社会主義化の急展開（1952-57年）　…152
　　　　　図3-12　　 農業集団化の推移（1952-56年）　…152
　　　　　図3-13　　 工業と農業の1人当り生産高推移（1949-65年）　…154
　　　　　表3-1　　　大躍進前後の穀物生産の推移（1957-65年）　…159
　　　　　表3-2　　　生活消費財の1人当り年間消費量推移（1952-70年）　…162
　　　　　図3-27　　 香港の大陸中国との貿易（1950-61年）　…190
　　　　　表4-1　　　農家小経営の復活（1980-83年）　…199
　　　　　図4-7　　　1980年代以降の経済成長（1980-2017年）　…210
　　　　　表4-2　　　都市・農村の生活指標の推移（1978-2017年）　…216
　　　　　図4-13　　 台湾住民のアイデンティティ推移（1992-2018年）　…238
　　　　　図4-14　　 台湾の輸出先の変化（1990-2017年）　…239
　　　　　図4-15　　 大陸・台湾間の人的交流（1998-2005年）　…240

凡例　1. 難読の人名・地名などは，初出時にルビを振った．ひらがなは日本語の音読み，
　　　　カタカナは中国語の発音である．
　　　2. 原史料を参照するための文献を次の略称で記した．
　　　　『(世) 史料10』：歴史学研究会『世界史史料10　20世紀の世界I』岩波書店, 2006年．
　　　　『(世) 史料11』：歴史学研究会『世界史史料11　20世紀の世界II』岩波書店, 2012年．
　　　　『原典中現』：毛里和子ほか編『原典中国現代史』全9冊，岩波書店，1994-96年．
　　　　『主要文書』：外務省編『日本外交年表竝主要文書』上下，原書房，1965-66年．
　　　　『新中国資料集成』：日本国際問題研究所中国部会編『新中国資料集成』全5巻，
　　　　日本国際問題研究所，1963-71年．
　　　3. 図表・写真類の出所と注記は巻末にまとめた
　　　4. 人物に関する説明がある頁を，索引においてイタリック体で示した．

はじめに──中国とは何か

　中国とは何か．その名称自体の中に「国」という文字が入っていることもあって，我々はそこに何か一つの国家が存在することを，自明の前提にしてしまいがちである．しかし歴史をさかのぼれば，現在中国と呼ばれている地域に初めから一つの国家があったわけではない．まして一つの同じ文化をもった同じ種族が住んでいたわけでもない．ユーラシア大陸の中央部から東側にかけての地域には，本来，きわめて多種多様な人々の暮らしが広がっていた．しかし歴史のあゆみにつれ，そこには後述するようないくつかの共通性が生まれ，近現代にいたるまでに，ある種のまとまりが形成されてきた．そのまとまりを一つの国家と重ねあわせる立場もあれば，それをゆるい社会的文化的なつながりにすぎない，とする見方もある．そのような違いはあるにせよ，ある種のまとまりが見られる地域が形成されてきたことは確かであり，我々はそれを普通「中国」と呼んでいるのである．

　そしてこのまとまりが形成されてくる上で最も重要な意味をもった時期こそ，まさに近現代にほかならない．台湾の位置づけをめぐる近年の紛糾が示すとおり，「中国」というまとまりの在り方をめぐって様々な考え方が交錯し，対立するようになったのも，実は近現代という時代がもたらした一つの現象である．では，そのような意味をもつ近現代は，いつ頃から始まったのだろうか．本書は皇帝専制の下の最後の中華帝国であった清朝が衰亡の時を迎える19世紀末頃から最初の共和国である中華民国が成立する20世紀初め頃を境として，それより後，現在に至るまでの100年余りを叙述の対象としている．

　今，中国史全体，もしくは人類の歴史全体に対し，独自の時代区分を示す準備はない．しかし本書の叙述にかかわる範囲について言えば，近現代と前近代

を区分することには，ある程度の意味を見いだすことができると考えている．近代世界と近代国民国家のシステムが徐々に形成され，それが我々の生きている現在まで続く時代として，巨視的に「近現代」を把握することが可能だからである．そして中国の場合，そうした意味における近現代を支える諸要素は19世紀以前から生み出されつつあったとはいえ，近代国民国家をめざす動きが明確になるのは19世紀末から20世紀初めのことになる．したがって本書はそれ以降の時代，すなわち最近100年間に重点を置いた中国近現代史といってよい．なお以下の叙述に際し，近代と現代，あるいは近現代という用語の間にとくに概念上の区別は設けていない．書名の「現代中国」は，近代中国でもあり，近現代中国でもある．実は英語のmodernの訳語として，日本では「近代」を用いるのに対し，中国では「現代」を当てることが多い．

　むろん中国だけが近現代を迎えていたわけではない．中華帝国の倒壊と時を同じくして帝政ロシア，オスマン帝国などユーラシア大陸にあった他の帝国も衰亡への道をたどり，地球上の大半の地域を巻込む第一次世界大戦が発生するなど，かつてない規模の激動が世界をおおっていた．その後に続くソ連型社会主義体制の成立，第二次世界大戦，東西冷戦とその終結，ソ連型社会主義体制の崩壊，アメリカの一国覇権主義の台頭と動揺などによって特徴づけられるこの一世紀間に，世界は大きく変わり，中国も，そして我々の住む日本もまた大きく変わった．中国，日本を含め，世界の大きな変動は今も続いていると見るべきであろう．この一世紀間の世界全体の動きと今後の趨勢とを，我々が生きている一つの時代として把握することが必要になっている．

広大な存在としての中国

　世界地図を開く時，我々は総面積38万km^2の島国日本が向きあう中国大陸の広がりに常に圧倒される．2018年現在の中華人民共和国の場合，総面積は公称960万km^2，ロシアを除くヨーロッパの面積486万km^2のほぼ2倍に達し，アメリカ合衆国の936万km^2をも，やや上回っている．人口は14億人に達し，ヨーロッパの約5億人，アメリカ合衆国の3.3億人，ロシアの1.5億人，日本の1.3億人の全てを合計した数よりも，さらに多い．わかりやすくいえば，ヨーロッパの2倍の広さ，2.5倍の人口が，一つの「国」になっているのが中

図1　中国とヨーロッパの比較（竹内実『中国の思想』より）

国である．したがって現在，人民共和国の国内には，四川（57万 km^2, 1.1億人．ただし行政上は中央政府直轄の重慶市を含む数），山東（15万 km^2, 0.9億人）などをはじめ，省と呼ばれる一つの地方行政区画だけで優にイギリス，フランス，ドイツなどに匹敵する土地と人口をもつ地域が，いくつも存在している．こうした広がりを持つ地域が変化していく過程には，当然，相当の時間を必要とする．日本と同じ尺度で近現代中国のあゆみを測るわけにはいかない．

多様性と統一性，そして両岸三地

　このように広大な中国であるから，その風土も，文化も，さまざまに異なっている．シベリアに接する東北地域が氷雪に覆われている冬，東南アジアへの玄関口になっている雲南には南国のトロピカルフルーツがたわわに実る．ムスリムの人々が多数を占める中央アジア地域も，標高4000 m以上の高原に独自の文化が保持されているチベット地域も，今はすべて中国に帰属する．主にそうした周縁地域に暮らす漢族以外の人々に注目すると，政府認定の「少数民族」だけでも50以上を数え，その合計は約1億人に達する．それぞれの少数民族が独自の言語をもっているだけではなく，同じ中国語の中にも，標準語とは異なる全く独自の発音体系をもつ上海語，広東（香港）語，台湾（閩南ミンナン）語などのきわめて大きな地域言語圏が存在している．食文化にしても，小麦を主食とする黄河以北と米を主食とする長江以南という二大区分に加え，唐辛子の

はじめに　3

辛みを多用する湖南，辛みと花椒を組み合わせた独特の風味で知られる四川など，それぞれの地方ごとに大きな特色を持っている．

　しかし，こうした多様性だけに目を奪われているわけにはいかない．そうした多様な要素を束ねる共通の要素もまた存在し，現実に機能しているからである．たとえば言語についていえば，口語の発音こそ地域によって大きく異なるとはいえ，すでにいわゆる中華帝国の時代から，文字は基本的に漢字に統一されており，文語の共通性にはきわめて大きなものがあった．中世ヨーロッパにおけるラテン語の位置が想起されてもよいかもしれない．さらに近現代に主に北方語を基礎に標準語が形成され，民国期の「国語」，人民共和国期の「普通話」として，国家により，その普及が強力に図られてきた．教育のみならず，ラジオやテレビも大きな役割を発揮した．その結果，現在では，中国のどこでも大多数の人々の間で標準語による意志疎通が可能になってきている．

　近年の経済発展は，確かに中国国内の地域間格差を激しいものにした．たとえば沿海地域と内陸地域とを比べると，面積でいえば中国全土の1割を占めるに過ぎない北京，天津，上海，広州などの都市が連なる沿海地域に，人口の5割弱，経済活動の6割が集中している（2017年）．しかし同時に注目される点は，このような沿海地域の繁栄を支える大きな要因の一つが，残りの9割の地域から供給される労働力であり，原料であり，エネルギーである，という事実である．EUの統一通貨ユーロより，はるかに広大な地域に中国の人民元は流通しているし，従来からあった内陸河川と鉄道による流通網に加え，高速道路による輸送，パイプラインによる輸送なども急速に伸長してきている．実は近現代史の全体を通じて，地域間格差の拡大は国内市場の一体化をともないながら進んできた．このように経済の面においても，さまざまに異なる地域間の相違を強力に束ねる求心力が働いている．

　近現代中国のあゆみを見ていく際は，常に多様性と統一性が複雑に絡みあった関係に留意していくことが求められる．そうした見地に立ち，本書においては，独自の歴史を刻んできた台湾と香港にも相当の頁数をさいた．中国大陸・台湾・香港の総称である「両岸三地」を副題に掲げたのも，そのためである．

日本人にとっての中国

しばしば指摘されるように,日本人にとって中国は「近くて遠い国」である.日本が歴史的にも文化的にも中国文明の影響を強く受けながら発展してきたことは改めて言うまでもない.また近年,中国の経済発展と日本の積極的な中国市場進出とがあいまって,日中間の経済関係はかつて見られなかったほど密接不可分なものになっている.しかし,その一方,日本人の対中国観と中国人の対日観に関する世論調査によれば,現在,双方とも相手国に対する不信感や反発を高めており,友好的な雰囲気は後退している.不信感や反発の背後には歴史的に形成されてきた双方の国民感情があるだけに,事態は楽観を許されない.こうした状況が一時的な現象に終わるという保証はない.

とはいえ日本に住む我々にとって大切なことは,感情論とは別の次元で中国をリアルに客観的に認識する必要があるという事実である.日本が大陸の隣に位置するきわめて大きな島国である以上,そして近現代が地域間の交流と相互依存関係を加速度的に増していく時代である以上,我々にとって,中国地域から離れて生きていくという選択肢は,もはやあり得ない.好むと好まざるとにかかわらず,日本は中国に向き合わざるを得ない.しかも日本は伝統的な中国文化圏の中にあって最大の自立的存在であったという特殊な歴史的経緯を持っている.国民的レベルでの漢字理解度が抜群に高いことをはじめとして,世界各国中,中国文化の影響を最も濃厚に受けている地域の一つでありながら,中国を中心とする広域的な統治体制の中に本格的に組み込まれることはなかった.こうした立場に立つ日本は,世界の中で最も客観的かつ総体的な認識をもって中国に接していく責任と条件を持っている.

中国現代史をどう見るか

今,我々が向き合っている中国は,いくつもの顔を持っている.その一つは「中華4000年の歴史」といった言い方に代表される長い歴史をもつ中国の顔である.伝統的な専制王朝の統治システムに依拠し,広い領域にわたって多くの民族を強権的に支配し,周辺地域に対しても大きな政治的経済的文化的影響を及ぼしていた中華帝国は,1911年の辛亥革命の後,1912年に中華民国が成立したことによって消滅した.しかし帝国が備えていた諸要素は完全に消し去

られたわけではない．最後の中華帝国となった清朝の場合，モンゴル・チベット・中央アジア隣接地域などでは各地に居住する民族内部の統治機構を生かした間接統治を実施し，その外側には，程度の差こそあれ帝国の影響下にあった朝貢諸国（地域）ないし周辺諸国（地域）が広がっていた．中国は自らが広大な領域に及ぶ国際秩序の形成者でもあった．経済的に中華帝国を支えた最も重要な要素は，秤量通貨としての銀両を媒介にした長距離交易であった．それが可能とした商業金融ネットワークによって，清朝は，自らが直接支配する領域のみならず，朝貢交易圏と言われる広大なアジア域の経済活動をも掌中に収め，帝国を維持する支柱にすることができた．中国沿海地域とその周辺地域を多角的に結ぶ交易網が形成され，海外に移り住んだ多数の華僑商人たちがそうした活発な経済活動を担っていた．

　1912年に成立した中華民国は，一方において近代的民族運動に立脚しながら，他方においては，モンゴル・チベット・中央アジア隣接地域を漢族居住地域とは異なるシステムによって統治しようとした．5つの民族自治区を設置することになった中華人民共和国においても，その「自治」の中身はほぼ一般的な地方自治に過ぎず，分離の自由を含む本来の意味における民族自決権は保障されていない．さらに中華帝国の下で形成されたネットワーク的な経済活動は，帝国消滅後も様々な形で存続し，むしろ発展した場合すらあった．中華帝国の帝国としての性格をどのように規定するかによって，その後の中華民国期，人民共和国期に，どのような帝国的要素が存続したかという理解も，当然，異なるものになる．しかしどのような見方をとるにしても，以上に示したような諸要素を中華帝国の歴史的伝統とまったく切り離して論じることはできない．

　我々の前に中国が見せるもう一つの顔が，近代国民国家の形成をめざす存在としての顔である．列強がアジア各地に植民地を設け，近代的な植民地開発を進めるようになると，従来の中華帝国のシステムは深刻な機能不全に陥った．周辺諸地域に対する影響力が目に見えて低下するとともに，帝国が直接統治していた地域内にも列強の租借地・租界などが設けられた．中華帝国を支えてきた経済的文化的な諸要素も衰退の道をたどっていた．そこで中華帝国に代わるシステムとして，19世紀末から，近代国民国家としての中国を形成しようとする試みが始まった．それは清朝末期から中華民国の成立，1920年代の国民

政府成立，1940年代末の人民共和国成立を経て21世紀初頭の現在に至るまで，幾多の曲折を重ねながら連綿と継続している過程である．

　近代国民国家（ネイション・ステイト）とは，「国境線に区切られた一定の領域から成る，主権を備えた国家で，その中に住む人々が国民的一体性の意識を共有している国家」を意味している．このような意味における近代国民国家としての主権確立をめざす外交は，列強との間でも，周辺諸地域との間でも，さらには国際機構における活動という分野においても，すでに清末から民国初期にかけ意識的に追求され始めていた．第一次世界大戦以降の新たな条件の下，関税自主権をはじめとする財政的経済的主権を回復強化する動きは国民政府によっていっそう強力に推進され，近代国民国家としての対外的主権が確立されていった．第二次世界大戦の終結後，朝鮮戦争を機に東西冷戦が厳しい展開を示す中，人民共和国はソ連を中心とする東側陣営に，台湾の国民党政権はアメリカに保護され西側陣営に属するようになると，国民国家としての主権が，それぞれの陣営内部でどのように保持されたのか，あるいはされなかったのかという問題が浮かびあがってくる．

　一方，国内体制という面からみた場合，政治的統一を維持し近代国民国家としての施政を実現していくためには，それを可能とする政治機構を整備する必要があった．清末から民国期にかけ，外交，経済，教育などを担当する専門的な行政部門が次々に創設されるとともに，国民国家にふさわしい集権的体制を支える地方行政機構の整備が進められた．人民共和国成立以来半世紀を経た今も，官僚制や各種の立法機関の整備をめぐる試行錯誤は続いている．

　他方，近代国民国家の成立に対応する経済システムが，近代国民経済であった．19世紀末から20世紀にかけての中国においても，近代産業の発展と鉄道・汽船・電信網などの整備をともないながら，1935年の幣制改革に至る国内通貨の統一化が進んでいた．開港都市など新しいタイプの都市の成長と農村における商品経済化の一層の広がりが顕著になり，沿海・内陸という地域的な差異をともないながらの経済発展が認められるようになる．通貨・税制・計量単位等の統一と近代的交通通信網の整備を基礎に全国的な商品流通が組織され，各種の経済政策と社会制度によって国内産業の保護育成が図られ，ある程度まで国民国家単位の自立的な経済発展が可能な水準の近代的農業・鉱工業・商

業・金融業などを発展させることがめざされるようになった．

　もっとも実際には一国の経済は国際経済との深い相互依存関係の下において初めて成り立つものであって，一国単位の孤立した経済が長期にわたって成り立つわけではない．しかも近現代中国についてみても，西南地域の経済は華僑・華人のネットワークにも支えられて東南アジアとのつながりが深く，東北地域の経済は地理的にも近いロシア，あるいは日本との関係が緊密である，といった具合に，それぞれの地域ごとに独自の対外経済関係が進展している．国民経済という考え方自体に大きな限界，ないし「罠」が潜んでいる．

　近代国民国家の形成過程として中国近現代史を見直していく際，さいごに触れておくべき重要な問題領域が国民意識の統合過程である．国家統合の重要な一部としての国民統合は，政治システムや経済システムの統一を図るだけでは達成し得ない課題であった．新たに形成された「中華民族」という言説を軸に国民的一体性の意識を創出し，それを維持していかなければならない．またそれを民衆の間に浸透させていくため，何よりも教育を重視する必要があった．清末から民国期，人民共和国期にかけ，何度も近代的な学制の整備がめざされ，それぞれに時代の特徴が刻まれている．国旗，国歌など国民統合のシンボルを新たにつくり，それを意識的に操作する政治的行為も広く行われるようになった．抗日戦争が中国の国民的一体性の意識を創出する最大の契機になったことは，すでに多くの論者が指摘しているとおりである．このようなナショナリズムにつながる言説は，すでに清末のさまざまな民衆運動の中にも顕著に表れていた．

　現在の中国を特徴づける第3の顔は，それが掲げる社会主義という看板である．人民共和国期の中国を特徴づけていた一党独裁と社会主義は，近代国民国家の一つの在り方として成立した独特な政治体制であり，社会経済体制であった．ただし，しばしば誤解されていることであるけれども，一党独裁にせよ，社会主義にせよ，必ずしも1949年革命以降初めて中国に導入されたシステムだったわけではない．一党独裁について言えば，すでに1920年代に成立した国民党政権が，中華民国成立初期の共和制下における政局混迷を打破する方策として，孫文の「訓政」という造語を用いて統治の基本原理に一党独裁システムを採用していた．またスターリン時代のソ連社会主義に範をとった統制計画

経済のシステムも，すでに抗日戦争中の 1930 年代末から，国民党政権の下で導入され始めており，日本の占領下にあった東北，華北，華中などの地域においても，程度の差こそあれさまざまな統制経済が広がっていた．

人民共和国において社会主義の実現が可能になった理由については，いくつもの議論が成り立ちうる．まず第 1 に，社会主義を目標に掲げた中国共産党が，国民政府の失政を衝いた 1949 年革命によって実権を掌握したことである．共産党はソ連の実質的支援を受け東北で軍事的主導権を確保するとともに，多くの国民政府批判勢力の支持を集めることにも成功し，革命後に成立した人民共和国政府の実権を掌握した．ただし当時の中国共産党は，決して社会主義の早期実現を公約して国民の支持を得たわけではなかった．むしろ逆である．社会主義に反発と警戒心を抱いていた多くの企業経営者，知識人らを安心させるため，毛沢東ら共産党指導者は，当時，社会主義の実施を当分の間見送ることを繰返し約束していたほどである．

そこで第 2 に注目されるのが，日中戦争期に形成され，戦後の国共内戦，さらに 1950-53 年の朝鮮戦争を経て格段に強化されることになった戦時体制が持った意味である．ここにいう戦時体制とは，戦争遂行のために採用される戦時の社会経済システムの総称であり，とくに第一次世界大戦以降，国家の力量を戦争に向けて総動員する総力戦という概念が一般化し，それを支える戦時体制が追求されるようになった．

第 3 に中国社会主義が民衆の間に受容された理由を説明する論理として，伝統的な儒家思想，経世理念，民間倫理，社会通念，あるいはまた伝統的な中国農村社会の在り方などにそれを求めようとするものがある．そうした要因に着目する意味がまったくないわけではない．しかし中国社会主義が 1930 年代ソ連に成立したシステムをモデルにしていたことは紛れもない事実だったわけであるから，世界史的な現象としてそれを把握する第 1 及び第 2 の論点を前提に置き，それとの関連において一般の国民が受け入れる社会思想的な基盤としての伝統的価値観を検討していく必要がある．

いずれにせよ「計画経済が支配的な位置を占め，国家による統制と指令を軸に経済活動が展開される社会経済システム」としての社会主義は，すでに人民共和国においても過去のものになりつつある．その変遷の過程をたどりながら

今後を見通していくことも，同時代史的中国認識の，大きな課題の一つになっている．

未来を構想する中国現代史

中華帝国の再来が期待されるわけではなく，さりとて国民国家として完成された中国の誕生が近未来に見込まれるわけでもない．国民国家の形成をめざす営みは今後も確実に継続されるとしても，それが既存の国民国家と同じようなものを作りあげる可能性は小さい．むろん，かつてのような社会主義への回帰もあり得ない話であろう．とすれば，我々はどのような未来を構想しながら，中国現代史を学ぶべきなのであろうか．

恐らく一つの手がかりは，近代国民国家形成期に生まれ，それを支える政治思想ないし社会思想として機能してきた一面を持つとともに，国民国家を超える論理を内包している可能性もある自由主義，民主主義，社会主義などの近代思想について，それらが近現代の中国において受容されてきた過程を改めて洗い直すことではないかと思われる．

たとえば自由な個人が近代社会を支えるという自由主義思想は 1910 年代後半から 20 年代にかけての新文化運動の時期に支持を広げ，30 年代には『独立評論』誌のようにリベラリストが結集する場が生まれた．憲政運動が高まる中，抗日戦争期から戦後にかけ活発な議論が展開され，人民共和国成立以降もリベラリズムを信奉する大多数の知識人は「民主派知識人」の一翼を担って大陸に残った．その後，一度は「文化大革命」期の思想弾圧などによって圧殺されてしまったかに見えたリベラリズムに対し，1990 年代以降，大陸でも再び光が当てられるようになった．同様な経緯は広い意味での民主主義思想や社会民主主義思想についても指摘できる．すでに崩壊したソ連東欧型の社会主義システムだけに社会主義思想のすべてを収斂させることはできない．西欧諸国の社会民主主義政党が掲げる思想も，また孫文が提唱した民生主義も，広い意味では社会主義思想の中に含まれるのであり，そうした思想を再評価し，そこに中国の未来を探ろうとする模索が始まっている．

帝国，国民国家，社会主義を超える論理を見つけるためのもう一つの手がかりは，中国語でいう「全球化」，グローバル化（グローバリゼーション）の過

程に対し，どのような積極的位置づけを与え，近現代中国の歴史を見直していくかという問題である．改めていうまでもなく，グローバリゼーションには，「ナショナル」なものを前提にそれを連結した印象を与える「インターナショナル」という語が持つ語感とは，まったく異なるニュアンスが漂っている．地球大的な発想の価値観と情報を共有し，国境にとらわれない文化活動や経済活動を展開していく可能性が示されているからである．

その一方，大国主導のグローバリゼーションが強行された場合，それが個々の地域の論理を無視したものになる危険性は否定できない．中国の「外」にも「内」にも無数の地域が広がっている．そうした地域の論理に立脚したグローバリゼーションが求められるのであり，その形成につながる一段階として，近現代中国の歴史過程が考察されなければならない．そしてそうした過程を支える基盤になる要素として，情報，文化，経済などさまざまな領域におけるネットワークないしはネットワーキングが注目されるのである．

それでは，以上に述べてきた視点を念頭に置きながら，現代中国の歴史をひもといていくことにしよう．

第2版にあたって

本書の初版が刊行されたのは，2008年のことであった．それから11年が過ぎ，中国自身も，中国と日本の間の関係も，大きな変容を遂げた．まもなく2019年10月1日に中華人民共和国は成立70周年を迎えようとしている．高度成長を続け，いまや日本の2倍半の規模に達した中国経済は，アメリカとの間でさまざまな摩擦も生じるようになった．また中国の海洋進出は，東シナ海では日本との間で，南シナ海では東南アジア諸国との間で，新たな緊張を引き起こした．一方，2014年に起きた香港の雨傘運動や台湾のひまわり学生運動が端的に示すように，両岸三地の相互の間でも，近年，急速に影響力を強める大陸とそれに反発する香港や台湾の諸勢力の間で亀裂が深まっている．大陸では，本書が副題に掲げる「両岸三地」という言葉自体に対してすら，3者を対等に扱うことを問題視し，規制が加えられるようになった．

しかし，日本人が現代中国と向きあうために求められる歴史認識は，11年前に比べ，それほど大きく変わっていないのではないか．初版の基本的な骨格を生かしつつ，主に第4章以降の叙述を書き改め，年表と文献案内を補充・改訂した第2版を準備したのは，

そのような考えからであった．

　では日本人に求められる現代中国に関わる歴史認識とは何か．極めて簡潔にまとめるならば，それは，19世紀末以降，豊かで強大な国家の建設に向かって突き進んできた近現代の中国を，広い歴史的な視野の中で日本との緊密な関係に留意しながら認識し，その中で大陸，台湾，香港の歩みを位置づけて捉えることである．

　初版の冒頭，「中国というまとまりが形成されてくる上で最も重要な意味を持った時期こそ，まさに近現代にほかならない」と書いた．その思いは，今も変わらない．中国を形成する過程は，現在も，そしてこれからも続いていくであろう．

　本書第2版が，そのような考察を深める手がかりになれば幸いである．

2019年9月

第1章
中華民国の誕生

中華民国時代の子どもたち

今から100年ほどをさかのぼる1912年1月1日，「中華民国」を名のる新しい国が産声をあげた．「民国」とはリパブリック Republic，現代日本語では共和国と訳される言葉にほかならない．皇帝による帝国統治というシステムが終わりを告げ，今に続く共和制の時代が始まった．政治の仕組が変わっただけではない．経済活動も，社会の在りようも，大きく変わろうとしていた．本章においては，こうした転換が起きた1911年の辛亥革命前後の状況を19世紀末頃から広く見渡すとともに，その後の最初の共和制の時代を彩ることになった様々な動きを見ていく．

　1920年代末以降に生まれた国民党や共産党の共和制が一党独裁を軸にした特異なシステムだったのに対し，1912年から1928年まで続いた最初の共和制は，国民によって選ばれた議員からなる国会，その国会に基礎を置く議院内閣制，独自の地位を保障された司法制度など，三権分立の精神が生かされたものになっていた．にもかかわらず，最初の共和制は必ずしも円滑に機能せず，やがて国民革命の大波に呑み込まれていってしまう．なぜか．その理由は中国内外の複雑な歴史的諸条件の中に見いだされなければならない．

1　20世紀初頭の世界と中国

近代世界に引込まれた中国

　19世紀末から20世紀初頭にかけ，中国の社会経済に大きな変化が生じた．すでに19世紀半ばから外国との貿易は自由に行われるようになり，上海や天津など沿海の開港都市には，ビジネスチャンスを求める外国人商人が暮らすようになっていた．にもかかわらず，1880年代以前における貿易額の上昇過程はゆるやかなものであったし，外国人の経済活動は主に貿易，海運，貿易金融などの分野に限られ，中国の社会経済全体に対す

る影響は,比較的小さなものであった.

ところが1890年代に入る頃から貿易額が急速な勢いで伸び始めた.従来からの茶葉や生糸に加え,大豆・棉花・落花生・獣毛皮革・卵・石炭など中国産の一次産品が西欧諸国を中心とした世界各地に輸出され,それらの地域からは綿糸布,紙巻煙草,各種機械類など多くの工業製品が輸入されるようになった.東北地域や華北地域を中心に鉄道が敷設され,内陸産品の輸出が促されるとともに,内陸奥深くへも近代的工業製品が入り込むようになった.

図1-1 中国の国際貿易の推移 (1871-1930年)

さらに日清戦争(1894-95)後に結ばれた下関講和条約[*1]によって外国人が開港都市に工場を開設できるようになり,外資系の機械制工場が増加した.国内の鉄道,汽船,電信などの交通通信網が整備拡充されたのは,まさにこの19世紀末から20世紀初めにかけてのことである.1890年の鉄道総延長距離が220km,内陸・沿海航路の汽船輸送量が948万tだったのに対し,1910年には鉄道が8233km,汽船輸送量が3173万tへと急成長している.次に述べるように利権絡みの列強の投資や借款が重要な促進要因だったことは確かだが,国際貿易にかかわる現実的な必要性と意味が生じていたからこそ,交通通信網の飛躍的な整備拡充も進んだのである.中国の金融システムを国際経済に結びつける役割を果たした外国銀行の中国進出にしても,もとはといえば国際貿易の決済や外国送金を扱う必要に迫られ促された動きであった.国際経済への編入が新段階を迎える中で,中国国内の商品的農業が一層拡大するとともに,沿海都市部を中心に新たな商工業企業を設立しようとする実業ブームが巻き起こっていた.

[*1] 外務省編『日本外交年表竝主要文書』原書房,1965年,上巻165-169頁〔以下『主要文書』と表記〕.

このように中国市場の魅力が増したことを背景に、より多くの利権獲得をめざした列強は、さまざまな事件を口実に、租界*1・租借地*2など外国人が行政権を掌握し、自由な社会経済的諸活動を可能とする地域を拡張し、鉄道敷設のための借款契約を清朝政府との間で結んだ。上海の共同租界と植民地香港を拠点に抜きんでた力を築いていたイギリス、上海のフランス租界と雲南・広東など中国の西南地域に勢力を伸ばしていたフランス、シベリア鉄道を建設し中国東北地域への影響力を強めていたロシア、港湾都市青島を租借し鉄道と鉱山を軸に山東半島の開発を急いでいたドイツ、などなど。そして新興の帝国主義国日本も、日清戦争によって獲得した台湾、日露戦争後にロシアから継承した東北権益、第一次世界大戦後にドイツ

図1-2 租借地と租界（20世紀初頭）

図1-3 上海租界（20世紀初頭）

から継承した山東権益などを足がかりに、中国市場への大規模な進出を企てていた。

　国際経済とのつながりを強めながらの経済発展と、中国における外国の利権拡張とは、相互に密接に関わりあう動きになっていた。

　活発な経済活動を繰り広げていたのは何も外国資本ばかりではない。外資系企業の成功に刺激され、新興の近代的商工業に投資してその経営に従事しようとする中国人企業家も、上海な

*1　上海、漢口、天津等の開港都市で、19世紀半ば以降、居住外国人の自治的行政権が認められた区域。
*2　19世紀末開設の膠州湾（青島近辺）、関東州（大連近辺）、広州湾、新界（九龍隣接）等の長期借用地。領土割譲に近い。

どの開港都市に多数誕生した．中国最初の綿紡績工場，上海機器織布局（1890年開業）の創設に関わった鄭観応*1もその一人である．鄭は16歳の時，叔父を頼って上海に出て外国商社で働くようになり，1874年，30歳を過ぎた頃には早くも外資系汽船会社の経営を任せられるようになった．このように優れた外国語能力と経営能力を持ち，外資系企業の経営を任された中国人が買辦とよばれた人々であり，他にも同じ広東出身の徐潤*2，唐廷枢*3などが活躍していた．後の時代になると，民族主義の文脈の中で買辦という言葉は「中国を侵略する外国の手先」というマイナスイメージで用いられることになるが，そもそもの意味は，外資系企業に信用され中国ビジネスにも明るい経営者というプラスイメージの言葉だった．有能な若手実業家の一人と目されていた鄭観応に，中国初の紡績工場の創設準備責任者という大任が舞い込んだのは，それほど不思議なことではない．中国最初の汽船会社，輪船招商局，各地の鉱山などをはじめ，買辦が創設に関わった企業は数多い．ただし鄭観応の場合，1880年代半ば，清仏戦争の影響で生じた株の暴落によって創設資金の大半を失った責任を問われ，上海機器織布局の創設作業から手を引く．晩年の彼は，小規模なビジネスに携わる傍ら，『盛世危言』のように政治・社会・経済の近代化を論じる文章の執筆にいそしむようになる．20世紀を迎え，買辦の時代は過ぎ去りつつあった．

外資系企業の進出，買辦による企業設立に続く動きとして，華僑系企業の活躍が注目される．20世紀初め，相次いで上海のメインストリート南京路に建築された四大デパート*4，中国系最大の紙巻煙草製造会社だった南洋兄弟煙草*5，綿紡績で業界第2位の地位にあった永安紡績*6などは，いずれも近代的ビジネスと伝統的商慣習の双方に習熟した華僑資本が設立経営した会社であった．海外から帰国した留学生が，永利化学*7のように新分野の開拓に挑戦する企業を設立する場合もあった．一

*1 1842-1922 広東．上海の英商社勤務を経て，太古汽船，開平炭鉱などの買辦．
*2 1838-1911 広東．上海の英商社勤務を経て買辦．汽船会社輪船招商局経営に参画．

*3 1832-92 広東．香港で学ぶ．政庁勤務の後，上海で英ジャーディン・マセソン商会買辦．

*4 大新，新新，永安，先施の4社．
*5 広東出身の在日華僑簡照南（1870-1923）らが1905年香港で設立．16年上海に進出．
*6 広東出身のオーストラリア華僑だった郭楽（1874-1956）らが1922年上海に設立．
*7 日本に11年間留学した范旭東（1883-1945）らが1918年天津に設立．

方，買辦や留学の経験がなく，外資系企業との直接的な取引関係もなかった中国人商工業者の中からも，近代産業の発展を担う人々が現れた．その代表格が栄家一族の企業である．銭荘という地場の金融業から身を起こし，20世紀初めに茂新・福新の製粉業2社と申新紡績を設立した江蘇省無錫出身の栄宗敬*1（兄），栄徳生*2（弟）の一族は，1920年代末までに上海などを拠点とする中国最大の企業グループを築きあげた．1980年代に共産党政権下の「改革開放」政策をリードした中国国際投資信託公司（CITIC）総経理栄毅仁*3は，栄徳生の息子である．

図1-4　華僑資本の永安デパート

買辦，華僑ないし留学生出身の人々に限らず，近代的な社会経済の展開に不可欠な知識と技術を備えた新しい社会層が育ち始めた．外国側との折衝に当たる通訳，近代的な経済法制に明るい弁護士，さらにはキリスト教の

図1-5　近代の交通手段が普及していた上海の街頭風景（1930年代）

宣教師，近代教育の普及をめざす教育家，新聞・雑誌の編集刊行を担うジャーナリストなど，育まれつつあった新世代の知識人たちは，自ら新たな進路を切り開いていった．

帝国の衰退と新たな胎動

このように開港都市における新たな事業が新世代の知識人を生み出していたものの，開港都市から離れた内陸部や農村の人々の価値観・世界観はなかなか変わらなかった．1860年代以降，「洋務運動」とよばれる近代化改革が始まり，外交官や通訳，技術者など新たな専門職が養成されていたとはいえ，あくまで後述する科挙及第による任官が出世の「正道」であった．儒教を中心とする「中学」（中国の学問・文化）を正統視し，

*1　1873-1938 江蘇．13歳で上海に出て鉄工所帳簿係，銭荘店員など．
*2　1875-1952 江蘇．宗敬とともに働き1896年，宗敬らと銭荘設立．
*3　1916-2005 江蘇．1993-98年人民共和国の国家副主席．

18　第1章　中華民国の誕生

「西学」（西洋近代の学問・文化）については，自然科学ないし産業技術を補助的に用いる「中体西用」の観念が強かった．

こうしたなかで知識人に大きな衝撃を与えたのが日清戦争の敗北である．清朝は賠償金2億両（庫平銀，利子別）を課され，朝鮮王国に対する影響力を失っただけでなく，李鴻章*1が育てた淮軍や北洋海軍は壊滅し，海軍基地威海衛・旅順や遼東半島も蹂躙された．「東方の小国」に大敗した衝撃はたちまち地方に波及していき，危機感を抱いた各地の知識人が「学会」とよばれる結社を組織し，科学知識の啓蒙や改革の提唱のため近代式学校や新聞社などを設立するようになる．これは，康有為*2や前述の鄭観応が提唱していた政治・経済・教育などの抜本的な体制改革プランに呼応するものであり，「変法維新運動」とよばれる．そしてそのモデルは日本の明治維新政府の改革であった．

康有為の変法プランは，1898年に光緒帝*3によって採用され，さまざまな改革政策が矢継ぎ早に「上諭」（詔勅）として発せられた．だが急激な改革に対する官僚の抵抗は大きく，地方官たちもこれに従わず，上諭からわずか百日余りで保守派の宮廷クーデタにより改革は挫折した．この年が「戊戌」なので，変法改革を「戊戌変法」（百日維新），クーデタを「戊戌政変」とよぶ．光緒帝は西太后*4に幽閉され，康有為とその弟子梁啓超*5は日本へ亡命し，他のリーダー6人は処刑された．クーデタによって改革の試みは阻まれた．唯一京師大学堂（のちの北京大学）だけは一時閉鎖されたものの存続した．

一方，19世紀後半，民衆のあいだには，社会の変化に対する不満，生活窮迫への不安が広がっていた．キリスト教の外国人宣教師や中国人の信者がしばしば社会不安の元凶と見なされ，各地で「教案」（仇教事件）とよ

*1 1823-1901 安徽．官僚政治家．西太后の支持を得て洋務運動を推進．
*2 1858-1927 広東．学者，政治家．光緒帝に抜擢され変法を実施．

*3 1871-1908 清朝第11代皇帝．おば西太后により4歳で擁立される．
*4 1835-1908 満洲人．第9代咸豊帝の妃．第10代同治帝生母として実権掌握．
*5 1873-1929 広東．政治家・学者・ジャーナリスト．のち袁世凱の帝政運動に反対．

図1-6 京師大学堂 教員・学生の記念写真（1910年）

ばれる騒動が頻発した．民衆の不満・不安は必ずしも開港やキリスト教布教の影響によるものではなかったとはいえ，列強は教案の発生を口実に清朝に迫って租借地などを獲得したため，社会的緊張がさらに増し

図1-7 義和団事件善後会議（1900年12月）

た．19世紀末，山東省では，農民たちが自衛のために組織した「義和団」とよばれる拳法集団が，現地の教会や地方官と衝突を繰り返すうちに勢力を拡大していった．1899年，義和団は山東巡撫（省長官）袁世凱*1の弾圧を受け，翌1900年には活動の重心を直隷省（現在の河北省）へ移す．だが，清朝政府が一転して彼らの排外運動を支持したため，義和団は首都北京に入城し，外国公使館区域を包囲してドイツや日本の外交官を殺害し，天津の租界を占領するにいたる．

*1 1859-1916 河南．李鴻章の後継者として西太后の支持を得る．

これに対し，日本軍を最大兵力とする英，仏，独など8カ国の連合軍が天津，さらに北京に侵攻し義和団を鎮圧した．義和団に便乗して列強に対し宣戦布告した清朝政府は，北京陥落前に西安へ逃れ，紫禁城（宮城，現在の故宮）は連合国に蹂躙され，多くの財宝が略奪された．列強は翌1901年9月，清朝と北京議定書（辛丑条約）*2を調印し，総額4億5000万海関両（39年の分割払で利子は別）という清朝政府の歳入の10年分にも相当する巨額の賠償金*3のほか，北京—山海関間の鉄道沿線の駐兵権を認めさせる*4．これにより清朝の権威は失墜し，「洋人の朝廷」とよばれるようになった．

*2 『主要文書下』196-200頁．
*3 列強に割り当てられた賠償金の一部で米が1909年に創立したのが清華大学．
*4 1937年盧溝橋事件を起こした日本軍は，この条約規定により駐屯していた．

興味深いことに，清朝の対列強宣戦に際しても，変法維新の時と同様，南方諸省の地方官は従わなかった．彼らは「東南互保協定」を結んで列強と協調し，義和団の影響の波及を阻止した．洋務運動を通じて地方官は工場や鉱山，あるいは近代式学校などを利権や権力基盤として抱えるようになっていた．彼らにとって，急進的な改革も，狂信的な排外運動もともに受け入

れがたいものであった．それは同時に，各省を単位とする近代化が，政治的にも省に求心力を与え，清朝の権威失墜とあいまって，地方の比重を高めつつあることを示していた．

それを象徴する人物が張謇*1である．農民出身の張謇は，苦学の末，40歳をすぎて「状元」（科挙最終試験のトップ合格者）となった．だが任官せず，郷里江蘇省南通に，1899年の大生紗廠（紡績工場）を手始めに水運会社や学校，博物館などを次々に設立し，「実業による救国」，「教育による救国」を実践する．立憲君主制への体制改革を志す張謇は1903年日本を視察するが，その視線は中央だけでなく北海道など地方の実業や教育にも注がれている．張は袁世凱などとも親交があり，状元として中央官僚に顔が利き，前述の東南互保にも関与するなど，決して単なる在野の士ではなかった．康有為らの戊戌変法とは反対に，張は清朝政府から距離を置き，江蘇・浙江の実業家・教育家などと地方自治を推進し，地方から改革機運を醸成して清朝政府を突き動かしていった．こうした動きは張謇1人に限らず，新たな胎動が地方から起こってくるのである．

*1 1853-1926 江蘇．実業家，立憲運動指導者．紡績，干拓事業等．清末江蘇諮議局議長．

辛亥革命

1901年1月，西太后は避難先の西安で光緒帝の名により，「変法の上諭」を下す．清朝再建のため，2年余り前に潰した変法維新をみずからの手で復活させたのである．これを「光緒新政」とよぶ．以後，体制改革は戊戌変法をはるかに超えて進展し，大清帝国は急速に変貌を遂げていくことになる．

まず，外交を所管する外務部，実業を所管する商部（のち農工商部），教育行政の学部などの中央官庁が設置され，実業振興や近代教育導入のための法的制度的整備が進められた．また近代化された新軍が編成され，その士官を養成する陸軍武備学堂も各地に設立された．これら諸改革も戊戌変法同様，主として日本をモデルとするものであった．たとえば1902年に制定

された新学制も当時の日本の学制をもとにしている．さらに改革は，張謇らの働きかけもあって，立憲君主制の実現へと動きだし*1，1908年に清朝政府は欽定憲法大綱を公布し9年後の立憲制実施を明示する．1909年，各省に省議会の準備機関である諮議局*2が設立されると，制限選挙で選出された諮議局議員たちは中央における国会の早期開設を運動するようになる．こうして清朝政府は1910年に，国会開設を1913年に繰り上げるとともに，ただちに「責任内閣」を設置することを宣布した(24頁)．

　以上のような帝国を立憲君主制の国民国家へ組み替えようとする動きは，さまざまな軋轢をともなうものであった．まず，多額の債務*3を負う清朝にとって諸改革の財源が問題であった．近代教育一つとっても，国民へ教育を普及し義務教育を実施するには膨大な費用がかかる．清朝は新政のための各種新税を商工業に課したので，商工業者や民衆から反発を買い，各地で暴動が発生した．暴動では新政の象徴として学校や警察などが目の敵にされ，地方自治のための人口調査も課税のためと疑われて騒ぎに発展した．また1910年の湖南省長沙の「搶米」(米騒動)をはじめとして各地に食糧暴動も頻発した．

　次に国民国家化は，帝国が包含していた多様な統治形態を必然的に一律化していくことになる．マンジュ(満洲民族)の同盟者として遇されたモンゴルや，清朝皇帝がチベット仏教*4の守護者・施主として対応したチベットなど，西北諸民族と清朝の関係は単なる支配関係ではなく，そのためこれら諸民族は理藩院の監督の下，自治が認められていた．だが，19世紀後半になると彼らの土地に漢人が入植し始め，清朝による新疆建省*5のように内地同様，直接統治に移行する地域も出てきた．新政改革において理藩院は理藩部に改められている．これも西北地域の開発を意図したものであり，やがて漢民族と諸民族の矛盾・対立が各地で噴出することになる．

　さらに諸改革の推進には人材養成が不可欠である．これに対

*1　1905年，5人の大臣からなる立憲視察団を欧米日に派遣．
*2　省政の諮問機関．最終決定権は旧来の総督・巡撫が掌握．
*3　日清戦争後の賠償金(19頁)や義和団後の賠償金(20頁)も重荷になった．
*4　ラマ教は俗称．チベット・モンゴルで広く信仰される．
*5　イスラム教徒の反乱やロシアのイリ占領に対抗し，1884年，東トルキスタンに省を新設．

し清朝政府は日本留学を奨励する．日本留学は欧米留学に比べ費用的にも簡便で，ヨーロッパ近代文明の中から「同文同種」である日本が消化したものを吸収すれば効率もよいと考えられたのである．日本への留学は1896年に始まるが，新政の開始後急増して日本留学ブームを引き起こし，1905, 06年ごろには留学生は1万人に達したといわれる．このブームの原因は，国内の人材育成態勢が未確立だったことに加え，留学が科挙に代わる新たな仕官の手段と見なされたことが大きい．そのため，短期間の「速成教育」で日本留学の学歴を得ようとする者が多数を占め，技術系専攻者は少数で，圧倒的多数は官途に通じる法学や政治学の専攻者であった*1．速成教育はやがてその質が問われ，留学の主流は高等専門教育へ移行するとはいえ，清末民国初期の司法や議会，教育をはじめとする各分野への人材供給に大きな役割を果たした．また，日本人教習が京師大学堂を含む各地の学校に招聘され，人材養成にたずさわっている*2．

一方で日本留学は，清朝政府にとってありがたくない副産物も生み出した．留学生が日本で亡命者の運動に感化されたのである．留学生たちの多くは，日本の国家建設を実見し，新しい思想・事物に触れるなかで，故国の腐朽を痛感していた．孫文*3が率いた興中会*4は1895年最初の武装蜂起に失敗して以来，海外，とくに日本を拠点にしており，華興会*5，光復会*6など他の革命団体の活動家も日本に亡命していた．彼らは，光緒帝を擁護し清朝の立憲化を主張する康有為ら「立憲派」（あるいは「保皇派」）と激しい論戦を展開し，留学生を両派へ巻き込んでいった．1905年革命各派が合同し東京で中国同盟会を結成すると，多くの留学生が同盟会に加入した．同盟会は中国国民党の前身であり，孫文の死後，中国国民党のリーダーとなる廖仲愷（りょうちゅうがい），胡漢民，汪精衛，蔣介石（しょうかいせき）は，いずれも日本留学中に同盟会に加入している．

*1　留学先の多くは東京の中国人向け学校，私立大学（法律上は専門学校），陸軍士官学校．
*2　吉野作造や二葉亭四迷なども含まれ，最盛期には500人を超えた．
*3　1866-1925 広東．農家に生れ，兄のいたハワイや広州，香港で学ぶ．後，革命に専念．

*4　1894年に孫文らがホノルルで結成した広東出身者中心の革命団体．
*5　1904年に黄興・宋教仁らが湖南省長沙で結成した湖南出身者中心の革命団体．
*6　1904年に結成された浙江出身者中心の革命団体．章炳麟・蔡元培らが指導．

図1-8　湖北革命軍の兵士

帰国した留学生や国内の新式学校学生のなかには租界のメディアや教育活動などを通じて革命思想を宣伝する者もいたが，孫文らが指揮した武装蜂起はことごとく失敗した．中国同盟会の結束はゆるく，やがて革命の方針をめぐって分裂状態になってしまう．しかし 1911 年初頭，新政改革も「皇族内閣」と鉄道国有化政策によってつまずく．前者は，1911 年 5 月に設置された責任内閣の構成が，閣僚 13 人中満洲人が 9 人，しかも 7 人が皇族だったことで，張謇らの失望を招いた事態だった．後者は，同じく 5 月に内閣から出されたもので，外国からの借款による国有鉄道化が，鉄道権回収のため民間資金による鉄道敷設を進めていた各地エリートたちの憤激を引き起こした（「保路運動」）．とくに四川省では成都を中心に内乱状態となり，この内乱を鎮圧するため出動命令が下った湖北省武昌の新軍部隊において 10 月 10 日革命派兵士が武装蜂起し（「武昌蜂起」），辛亥革命が勃発するのである．

　武昌蜂起が成功し，翌 11 日湖北軍政府が樹立されると，南方諸省を中心に次々にこれに呼応して，清朝からの独立を宣言した．そして 11 月 3 日には上海も武装蜂起のすえ独立し，12 月 2 日には清朝の南方統治の最大拠点である南京が革命軍によって陥落した．

　12 月末に帰国した孫文*1 は，1912 年 1 月 1 日，革命側各省代表が待つ南京に到着し，中華民国臨時政府の樹立を宣言し，臨時大総統に就任した．だが事態収拾の主導権を握ったのは強力な北洋新軍を擁する袁世凱であった．革命側は寄せ集めの軍隊で北洋新軍の敵ではなく，また清朝も袁を頼らざるを得なかったのである．清朝の新政の立役者でもあった袁はイギリスや張謇らの支持を得て清朝・革命政府双方と交渉し，それぞれに宣統帝溥儀*2 の退位と自身の臨時大総統就任を承認させる．こうして 2 月 12 日，宣統帝は退位し，ヌルハチの後金建国（1616 年）以来 300 年近く続いた清朝はあっけなく崩壊した．それは

*1　武昌蜂起の報を訪米中に聞いた孫文は，12 月 21 日に香港，25 日に上海に着いた．

*2　1906-67．姓は愛新覚羅．清朝第 12 代皇帝（宣統帝 08-12 年）．後に「満洲国」で皇帝．

また始皇帝以来2100年続いた皇帝専制の終わりでもあった.

だが, 大清帝国がそのまま中華民国に転換したわけではなかった. 前述のように満洲民族や清朝皇帝と個別の関係を築いていた西北諸民族は, 中華民国への帰属を必然とはとらえず, それぞれ独自の対応を展開する. モンゴルでは, 清朝の入植政策に対する王公や仏僧の反発が高まり, ロシアへ援助を求める動きもあった. だが清朝が崩壊すると, 外モンゴルのハルハ地方の王公・仏僧が独立を宣言する. ロシアは1915年に中華民国政府とキャフタ協定を結んで外モンゴルの自治のみを承認した. その後, ロシア革命が勃発するとソヴェトの援助を受けたモンゴル人民党（1920年結成）が1921年にモンゴル国の独立を宣言する. モンゴル国は1924年にモンゴル人民共和国と改称してソヴェト連邦の衛星国と化し,

図1-9　南京の臨時参議院, 清末の江蘇省諮議局

図1-10　武昌蜂起後の各省独立

民族的結束が遅れた内モンゴルと分断されることになる*1.

東トルキスタンでは新疆建省以来清朝官僚による直接支配が続き, 辛亥革命が勃発すると元清朝官僚の楊増新が実権を掌握し, 民国政府の承認も獲得する. 楊はイスラム教徒を懐柔する一方, この地をねらうロシア, ソ連やイギリスとも独自の外交を展開したが, 1928年に暗殺される. 以後, 新疆の省権力は動揺し, トルコ系イスラム教徒の反乱により1933年, 44年の2度にわたって「東トルキスタン共和国」が樹立される*2. またチベットではイギリス軍の侵入に対抗する清朝が, 1910年

*1 後に内モンゴルでもデムチュクドンロブ（徳王）らが日本の支援を得て独立運動を展開（102頁）.

*2 いずれも短命. 後者はソ連の支持を得て樹立されたが, 1949年に中華人民共和国に統合（146頁）.

に軍をラサへ進駐させたため，ダライ・ラマ13世*1はインドに亡命する．辛亥革命が勃発すると，1913年にダライ・ラマはラサに戻って独立を宣言し，モンゴル国と相互承認を行う．中華民国政府はこれを認めなかったもののチベットを支配することもできなかった．

　このように新生中華民国が五族共和*2を掲げ大清帝国の版図を継承しようとしたのに対し，各民族はそれを認めず，民族独立を志向していた．彼らの民族運動は，時にイギリス，ロシア（ソ連），日本などの侵略政策とも提携したため，今日の中国では「中国を分裂させるもの」として全面否定されている．

*1　1876-1933. チベット仏教ゲルク派開祖ツォンカパの高弟の転生者とされる．

*2　漢, 満, モンゴル, イスラム, チベットの五族共同を意味し，紅，黄，藍，白，黒の五色旗（30頁図1-13, 32頁図1-14）が国旗とされた．

2　地方の時代

地方エリートと近代教育の導入

　清末の地方自治運動や国会請願運動の担い手は，一部に実業家や新世代の知識人も含まれていたとはいえ，多くは科挙を基軸とする教育制度の下で育った「紳士」や「生員(せいいん)」とよばれる地方エリートであった．

　紳士は科挙の及第者，生員は受験資格者である．受験資格を獲得するまでいくつもの試験を経ねばならず，生員も官吏に準ずる免税特権などを持ち，紳士とともに地域社会の指導者階層を形成していた．彼らのことを郷紳(きょうしん)とよび，厳密な意味ではそこに生員は含まれない．ある試算によれば，清末の人口約4億人に対し，生員は約125万人，紳士はわずか10万人ほどしかいなかった．彼らの多くは地主など富裕層に属し，その財産や権威を保持するためには，子弟を科挙に及第させねばならず，書院などの教育事業にも熱心であった．なかには宗族（男系血族）や郷里の支援の下，受験をつづけ及第をめざす苦学生もいた．

　このように，教育の目標は「昇官発財」*3であり，宗族や郷

*3　任官・出世して財を築く意．この観念は「官僚の天下」である今日にも生き続けている．

里の優秀な子弟は科挙及第をめざして予備校化した書院で学び，モノにならなければ私塾の初歩的な古典教育だけで実社会へ出た．そのため，清代の男子識字率は40%ともいわれ，同時代の日本には及ばないにせよ，近代初期のヨーロッパと比べて高い水準であった．とはいえ，科挙と無縁な僻村の識字率は低く，また女子も，儒教的男尊女卑観念により「才能がないのが婦人の徳」とされ，教育を受けられる者は富裕層に限られていた．清朝にとっては，科挙を通じて基準に適う優秀な人材を採用するだけで，積極的に教育を施す必要はなく，安上がりな体制といえた反面，これが近代教育導入上のネックとなっていく．

開港都市の出現とその後の洋務運動の展開は，前述のように科挙の枠からはずれた新世代の知識人を生み出し始めた．1860年代に洋務運動の人材養成機関として，北京に京師同文館（1862年），上海に上海同文館（広方言館，1863年）などが設立され*1，その後上海などに数学・科学・外国語なども教授する新式書院が設立されるようになった．

こうしたいわば点のレベルから，学制を定め，面的に普及を図ろうとしたのが，戊戌変法であり，光緒新政である．変法では最高学府として首都北京に京師大学堂を創設し，地方の書院を高等学堂・中学堂・小学堂へ転換しようとし，それは光緒新政において実現していった．ちなみに1904年に制定された新学制*2，各教科およびその教科書は，いずれも明治期日本をモデルとしていた．前述のように，危機感を抱く開明的なエリート知識人は，戊戌変法のころから「学会」とよばれる結社を組織した．政治結社が禁じられているなか，学習組織という形をとったのであり，実際，多くの学会が教育・啓蒙活動を展開し，改革の裾野を形成していった．

だが，近代教育は国民意識を養成し，国家を再統合するためにも全国に普及させなければならず，教育の対象は科挙受験生向けの教育に比べケタ違いに大きく，従来の財源だけでは到底

*1 同文館は外国語学校．このほか軍事や工業技術の学校も設立された．

*2 1902年8月に一旦公布．保守派の反発と制度自体の不備により04年1月修正・再公布．

足りなかった．そのため近代教育の普及を進める開明的エリートが新たな財源を獲得しようとして，保守的なエリートや民衆としばしば衝突し，暴動へ発展することも珍しくなかった．開明的エリートのなかには，こうした衝突を機に，地域社会におけるエリート間の合議態勢を築く動きが見られ，エリートの結集体的な学会も少なくなかった．たとえば江蘇省においては，張謇らを中心に各地学会の連合をはかり，1905 年に江蘇学務総会を結成する．そして教育団体として各地の教育普及に努めるとともに，省議会に先行する省内各地のエリートの結集機関として，立憲制実現のための環境整備を進める．やがて各地の学会は，江蘇学務総会が結成の翌年江蘇教育総会に改組されたように，多くは清朝公認の法定団体（「法団」*1）である教育会に改組され，日本の商工会議所をモデルとする財界団体である商会，農業改革団体である農会とともに，地方自治運動や国会開設請願運動の基盤となっていくのである．

*1 商会，教育会，農会など法規により結成された団体．民国期も継承され 1949 年まで存続．

清末民初の議会政治

各地における法団の結成から地方自治・憲政実施へという流れは，中華帝国から立憲制の国民国家への再編過程といえるとともに，また，洋務運動以後，次第に顕在化してきた中央統制の弱体化と地方の比重増大という構造変化の過程と見ることもできる．すなわち，洋務運動において，各地の総督・巡撫といった地方官は，それぞれ所轄の省に工場・企業を興し，さらには陸・海軍を育成し，自身の政治・経済的基盤を築いていった．その結果，省が政治・経済的単位として重要性を増していくことになる．そして地方のエリートたちは，これら諸事業への参加を通じて総督・巡撫と太いパイプを持つようになり，さらに中央政治への参加を志向しつつ，省単位で結集したのである．辛亥革命が，省や県単位で清朝から独立する形で進められたのも，革命後に「軍閥割拠」とよばれる事態が進行したのも，こ

の構造変化の延長上の現象といえる．なかでも，多くの開港都市を擁し比較的開明的なエリートが中心の南方諸省と，清朝や袁世凱の影響が強い北方諸省との対立構図があった．

ちなみに，地方エリートの活発化を示す1つのバロメータとして，「地方志」がある．地方志とは，その土地の気候風土・地理歴史から産物・風俗・歴代の地方官・科挙合格者その他著名人まで掲載する一種の地域に関する百科事典である．その乾隆年間以来の出版ブームが清末民初であり，この時期の地方志の多くに，彼らが近代教育や近代産業を導入し，地方自治を築いていった過程が記されている．情勢が混沌としていくなかで，地方は

図1-11 上海郊外松江の清華女学校（1909年）

図1-12 初等小学校の体操（1909年紹興）

地方で活発に動き始めていたのである．なお，地方志はこののち1930年代に出版ブームがあり，その次のブームは1980年代以降となる．「改革開放」時代は新たな「地方の時代」なのである．

ところで，地方のエリートたちが地方自治や憲政の実施を追求した目的は，民主主義の導入・立憲国家の樹立といった理念だけでは説明できない．皇帝専制の中央集権体制において地方のエリートが政治に参加するためには，科挙及第によって仕官するしかなく，しかも地方官は自身の出身地に赴任することはできなかった（「本籍回避」）．選挙制に基づく国会や省・県議会はまさに科挙に代わって，中央政治や郷里の統治に直接参加する手段となったのである*1．

清朝は，彼らを懐柔するために，将来の省議会・国会開設の準備段階として，諮議局・資政院を設置した．これらはあくまで省政・国政の諮問機関にすぎなかったが，ひとたび開設されると，そこに結集したエリートたちは憲法の即時制定・国会の

*1 「選挙」という中国語は本来，官吏選抜試験である科挙を意味した．

即時開設などを求めて運動を始め，やがて前述のように清朝政府から離反していったのである．辛亥革命のきっかけとなった保路運動は各地の諮議局が主導したものであり，武昌蜂起が成功すると多くの諮議局がこれに呼応して清朝からの独立を宣言し，中華民国臨時政府にも張謇ら諮議局関係者が参加している．

突然の清朝の崩壊，中華民国の誕生によって，立憲国家は共和制という形で実現する道が開けた．だが，実際の憲政への道はきわめて曲折したものとなる．

孫文は臨時大総統職を袁世凱に譲るにあたり，臨時政府は南京から移さない，新総統は南京に来て就任し，中華民国臨時約法を順守する，という3つの条件をつけた．「中華民国臨時約法」は憲法に準ずる基本法として臨時参議院が制定したもので，主権在民，基本的人権の尊重，三権分立を明記し，国会（衆議院・参議院の二院制）の権限が強い議院内閣制をとり，臨時大総統の権限を制約していた．

だが，袁世凱は押し切って自身の地盤である北京で就任し，臨時参議院は北京へ移った．袁世凱の独走を抑えられるかは国会にかかってくる．臨時政府の成立以来，雨後の筍のように多くの政党が結成された中，1912年12月から翌年2月に実施された第1回国会選挙（有権者4000万人の男子制限選挙）では，若き指導者宋教仁*1率いる国民党が衆・参両院で第1党となった．国民党は同盟会の穏健派がいくつかの政党を合併したもので，その事実上の党首である宋教仁（理事長は孫文）が組閣するものと期待された．しかし1913年3月宋は上海駅で暗殺されてしまう．これは袁世凱の刺客によるものとされる．

かねてから宋の議会重視路線に不満だった国民党内の急進派は武装闘争に転じ，13年7月南方各省が独立して

*1 1882-1913 湖南．革命派の華興会創立．日本亡命中は早稲田大に学び，革命思想を宣伝．

図1-13 国会の開会式典（1913年）

袁世凱を討とうとするが，2カ月足らずで鎮圧される（第二革命）．孫文は日本に亡命し，翌年7月東京で中華革命党を結成する．それは孫文個人に忠誠を誓う少数精鋭の革命結社だった．国会は，第二革命後も国民党穏健派を中心に，袁世凱の正式な大総統就任に抵抗し，国会になお大きな権限を与える憲法草案を制定した．しかし袁世凱はこれを「国会の専制」として，同年11月国民党を解散し，翌年1月全国会議員の職務を停止した．翌2月には全国各省の省議会も解散し，一切の地方自治を停止した．

　1914年5月，袁世凱は矢継ぎ早に，大総統に強い権限を与える中華民国約法（新約法）の公布，国会に代わる大総統諮問機関である参政院の設置，地方権限を縮小する地方官制の改定（ともに1914年5月）を行い，独裁への布石を打っていった．一方で1913年4月，国会の承認を得ぬまま，イギリス・日本など5カ国から「善後借款」2500万ポンドを獲得し，それを財源として積極的な経済政策を展開した．それは経済関係の法整備や経済行政機関の拡充，新通貨の発行など，のちの工業発展の基盤を整備するものであり，張謇や経済官僚周学熙らによって推進された．

　このように強力な政権をめざし，中国の安定を求める欧米からも「ストロングマン」として期待された袁世凱であったが，第一次世界大戦の勃発で情勢は一変する．重要な財源であった西欧列強からの借款が期待できなくなり，代わって台頭してきた日本が権益の拡大を進めたためである．

　日本は日英同盟を盾にドイツの租借地である青島を攻略し，さらに中国が中立を宣言したにもかかわらず山東鉄道一帯を占領した．そして1915年1月，日本は二十一カ条の要求*1を袁世凱政権に提出する．これは，山東権益・満洲権益のみならず，中国政府への日本人顧問の任用，日中の兵器統一など国家主権に関わる要求（希望条項）を含んでおり，袁世凱は欧米の干渉

*1　『(世)史料10』33-34頁．[歴史学研究会『世界史史料10　20世紀の世界I』岩波書店，2006年（以下，『(世)史料10』と表記）]

2　地方の時代　　31

に期待して，その内容をアメリカに漏らすなどして抵抗した．だが欧米は積極的に動かず，5月9日，袁は日本の最後通牒に屈する*1．これに対し各地で抗議運動が起こり，5月9日は「国恥記念日」とされた．

　袁世凱は，揺らいだ政治基盤を立て直し，独裁体制を強固にするため帝政への移行を図る．著名知識人やアメリカの政治学者などが帝政への「世論」を喚起し，全国からの請願のすえ，15年12月の参政院の決議を受けて，袁は帝位に就く．これにより中華民国は中華帝国へ改変され，1916年は新元号「洪憲」元年となるはずであった．だが，帝政復活には張謇や袁の腹心である段祺瑞*2なども批判的であり，15年末になると，雲南の蔡鍔*3を中心に各地の地方軍が中華民国を護る「護国軍」を称して反乱を起こす（「護国戦争」とも「第三革命」ともいう）．結局袁は，翌年帝政を取り消して大総統へ復帰し，まもなく病死する．

　袁世凱の国家構想は，強力な中央権力によって近代国家を建設しようとするもので，議会は中央政府の指導力を弱めるものと，地方分権は列強による分割を招くものと見なされ，ともに抑圧された．この構想は，袁と対抗した孫文のものとも近似しており，のちの蔣介石，毛沢東とも相通じるところがある．列強による中国分割*4への危機感は，日清戦争以来，中国知識人に広く共有された認識であり，諸民族の分離独立を認めない多民族政策にもつながるものである．袁世凱は，中国に働く遠心力を強権によって求心力に切り替えようとした．だが，皮肉なことに，性急な独裁化・帝政化は，かえって地方の反乱を招き，むしろ袁の死後，遠心力が強くなるのである．

　ただ，遠心力といっても漢民族が主流の中国本土においては，中国からの独立ではなく，あくまで「中央政府」からの独立であった．大枠としての「中国」は維持されていたが，政治的単位としては省の存在が大きくなってきていた．強権で地方を統

図1-14　大総統府（1910年代末）

*1　国家主権に関わる希望条項7カ条は保留した．
*2　1865-1936 安徽．軍人．ドイツ留学後，新軍創設に尽力．袁の死後，安徽派を形成．
*3　1882-1916 湖南．梁啓超の弟子．日本の陸軍士官学校に留学．雲南で辛亥革命に呼応．
*4　中国を切り分けられる瓜に見立てて「瓜分」とよぶ．

制するのではなく，省や地域社会の利害を保持しつつ，全体としての「中国」をどう維持するか．その試みが，のちに述べる連省自治運動であった（36頁）．

地域社会と地方軍

辛亥革命は，各地の立憲派や革命派の働きかけの下，地方に配備されていた軍隊が中央の清朝政府に反旗を翻すという形で進展した．また革命後も，新たな中央政府たる中華民国北京政府の支配体制は安定せず，さまざまな利害関係がぶつかりあい，武力衝突が頻発した．こうして中央政府の力が著しく弱体化する中，各地で実権を握った勢力が自立化し，独自の軍事力と財政力を基礎に，一省ないし数省に及ぶ広い地域を実質的に支配するという局面が出現した．多くの場合，各地で実権を掌握したのは，都督，将軍，督軍など（時期により名称も一定していない）の軍人グループであったため，後にそうした軍人主導の政治に問題が噴出すると，「軍閥」という表現により，厳しい批判が提起されるようになる．しかし，そうした地方の少壮軍

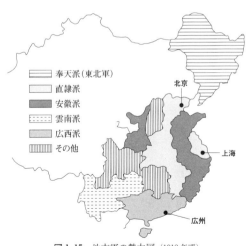

図 1-15　地方軍の勢力図（1918年頃）

2　地方の時代　　33

人グループは,いずれも辛亥革命当時は立憲派や革命派とつながりを持ち,多かれ少なかれ当時の地域社会の現実に立脚した勢力であったことにも注意を向けなければならない.

中国内外の市場向けに活発な取引を展開していた商人たちは,市場機構の整備や鉄道通信網の建設など,各種の経済振興策の推進を切実に願っていた.中国をめぐる国際情勢に危機感を募らせていた知識人たちは,近代的な教育制度を整え新たな人材を養成することを求めていた.そうした近代化への渇望に応える政治体制を樹立することが,それぞれの地域社会においても,きわめて重要な課題だと意識されるようになっていたのである.

本来,そうした課題を担うべき近代的な国民国家が未形成の下,とりあえずは地域社会の範囲内で,さまざまな地域的特色を持った近代化政策が推進された.中央の中華民国北京政府の近代化政策を拒絶するようなケースは少なかったとはいえ,北京政府に反対する南方の勢力と北京政府の間の緊張が激化すると,そうした緊張から距離を置き,中立を維持するため「保境安民」*1が唱えられることが多かった.

たとえば華北内陸に位置する山西省では,20歳代初めに日本の陸軍士官学校に留学し清朝打倒の革命運動に加わったという経歴を持つ少壮軍人閻錫山(えんしゃくざん)*2らが実権を掌握し,村落レベルからの統治基盤強化をめざすとともに,教育や実業の振興に力を注いでいた.

山西省に隣接する陝西省,河南省などに影響力を振るっていた馮玉祥(ふうぎょくしょう)*3は中国西北地域の近代化政策を推し進め,1920年代になると国民革命に合流する姿勢を示している.彼はまた敬虔なキリスト教徒でもあった.

一方,南方の諸省でも,各地の実権を握っていた軍人グループが,北京政府とのつながりを基本的には維持しつつ,同時に,北京政府に対決していた孫文らの勢力とも時には連携し,それぞれの地域社会の近代化につとめていた.広東の陳炯明(ちんけいめい)を例に

*1 境界を守備し民衆を保護するという意味.
*2 1883-1960 山西.日本の陸軍士官学校卒.辛亥革命時に蜂起し山西都督.台湾で病死.

*3 1882-1948 安徽.辛亥革命後,陝西督軍,河南督軍等歴任.1926年ソ連視察.海外で事故死.

とると，そもそも彼自身，1909年に同盟会に参加し，辛亥革命後は，孫文の腹心の一人であった胡漢民の後継者として，広東都督の座についている．もっともこの陳炯明に関しては，孫文との関係が悪化した1922年，陳炯明が孫文を広州から追放するという事件があったため，国民党側の評価ははなはだ低い．しかし彼が広東を統治するに際して見せた手腕は水際だったものであった．日本留学期間が長かった革命派の軍人，蔡鍔を革命後の初代都督に据えた雲南でも，彼の仲間であった唐継堯らにより，着実に教育や経済面の近代化が推進されていた．

他方，地方軍トップのもう一つの典型は東北の張作霖*1である．張作霖は1894年に地元の軍に入ってから頭角を現し，治安維持面で地域社会の信頼を得るようになった．辛亥革命の後，1911年に奉天国民保安会という地域社会の自治的組織の軍事部副部長となり，1916年には奉天督軍兼省長となった．中央政府派遣の官僚が税収奪を強化し，紙幣を乱発して地方経済に困難をもたらしていたため，それに反発する在地有力者らに支持され，地方出身の軍人である張作霖の政権が1916年4月に発足したという経緯がある．1918年には東三省巡閲使となり，全東北地域を影響下に置くことになった．張作霖は地方の治安維持，資産家警護などに当たっていた民間の武装勢力出身の軍人であり，辛亥革命や国民革命に対し思想的な共感を示したことはない．東北地域に多大の利権を有し，治安維持を必要としていた日本から大きな信任を勝ち得ており，張作霖側も良好な対日関係を自己の軍事的政治的基盤の強化に利用していた．

*1 1875-1928 奉天．民間の武装勢力出身．1916年奉天督軍．18年東北全土を掌握．

中央政界の混迷と内戦の続発は，地方の政治勢力の中に自らの住む地を自らの手で治めようとする自治意識を高めることになった．たとえば北京の中央政府側と南方の反政府勢力側の間での度重なる争奪の場にされ，戦乱の大きな被害を受けていた湖南省では，1917年頃から「湖南人が湖南を治めよう」との呼びかけが広がり，1922年1月に湖南省憲法が公布施行され

るまでになった．こうした各地での動きを背景として，自治を宣言した各省により連邦共和国を結成しようという「連省自治」構想も生まれた．民国初めの議院内閣制や袁世凱の立憲君主制構想が挫折した後を受け，共和制をめざす新たな模索の一つだったといえよう．1922年にはその実現を図るための国是会議が上海で開かれ，独自の憲法草案が公表されたほどである．しかしこの動きも，実質的には各省で政治の実権を握っていた軍人たちの意向に左右される部分が大きく，複雑な利害対立を調整することができず，新たな全国政権を生み出すには至っていない．

「打倒軍閥」

地方における軍人グループの支配，並びにそれによって支えられていた中華民国北京政府の全国統治は，やがてさまざまな問題を引き起こすようになった．

最大の問題は，中央・地方における権力争いがしばしば武力衝突の形をとるようになり，通常の社会経済活動に大きな障害がもたらされたうえ，内戦用の軍費のため政府財政が破綻に追い込まれたことである．主なものだけでも，1920年7月の安直戦争（段祺瑞ら安徽派*1と曹錕*2，呉佩孚*3ら直隷派*4の衝突，直隷派が勝利），1922年4-6月の第一次奉直戦争（直隷派と張作霖ら奉天派の衝突，直隷派勝利），1924年9-11月の第二次奉直戦争（奉天派勝利）などがあり，そのたびに中国の社会経済には多大の損失がもたらされた．とくに第二次奉直戦争の序幕戦となった1924年9-10月の江浙戦争（直隷派系の孫伝芳ら江蘇，福建等連合軍と安徽派系の盧永祥ら浙江軍の衝突，孫伝芳軍勝利）は，上海を中心とする江南の地域社会に悪影響を及ぼした．一方，奉天派の勝敗は同派の根拠地たる東北地域で流通していた奉天票という通貨に対

*1 安徽出身の軍人段祺瑞を中心とした徐樹錚，靳雲鵬，盧永祥らの派閥．
*2 1862-1938 天津．袁世凱配下の軍人．1921年，議員を買収し総統に選出．
*3 1874-1939 山東蓬萊．袁世凱配下の軍人．

*4 直隷（現河北）出身の軍人馮国璋・曹錕，山東出身の呉佩孚らを領袖とした派閥．

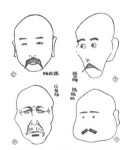

図 1-16 四大実力派（左上張作霖，右上呉佩孚，左下孫伝芳，右下馮玉祥）

する信任と連動したため，東北経済には大きな混乱がもたらされている．

1920年代半ば以降，奉天派の張作霖が北京政府の実権を掌握し，北京政府内部の権力抗争はようやく終息に向かった．しかし上記のように戦乱が継起し，内政が混迷を深めていた状況は，主権回復を目指す外交に対しても大きな妨げとなった．1921年末から22年にかけてのワシントン会議において，中国側は山東の主権を回復し，関税自主権回復と治外法権撤廃の道筋をつけるという大きな成果を獲得している．にもかかわらず，1923年に山東で発生した欧米系約30人を含む200人もの旅客が身代金目当ての人質になった列車襲撃事件（臨城事件）は，戦乱が続き治安も維持できなくなる中，中国の国際的信用が失われている事態を白日の下にさらけ出した．こうした事件は列強側が中国側の主権回復を認めようとしない恰好の口実になった．

また1925年には後述するように，五・三十運動，香港ストライキという大規模な民族運動（56-57頁）が起きたにもかかわらず，北京政府が外交的に得た成果は微々たるものにとどまっている．北京政府は，日本の権益拡張政策をはねつけ主権回復に努めることよりも，日本から支援を取り付け，自らの権力を維持することに汲々としていた．内政干渉的な日本軍の動きに抗議した北京の学生運動を，政府が弾圧した1926年の三・一八事件は，そうした状況を象徴する事件だと受けとめられた（58頁）．

奉天派の張作霖による北京政府の実権掌握という，いわば軍閥による政治支配を象徴するような事態を前に，そして奉天派政権の下では，中国の完全な主権回復まで，まだ相当の道のりを覚悟せざるを得ないという現実を前に，多くの民衆の間に「禍国殃民の軍閥」*1という認識が定着していく．それはまた国民党を中心とする国民革命勢力が「打倒列強・打倒軍閥」を叫んだ時，その呼びかけに応える大きな共鳴板を用意する結果に

*1　国に災難，民に損失をもたらす，の意．

2　地方の時代　37

なった.

この時,地方軍の対応は2つに分かれた.1つは,国民革命勢力に合流し,いわば革命軍化しながら自らの存続を図っていくという道である.西北の馮玉祥がそうした道を選択したことは,すでに述べた.山西の閻錫山も,かなり早い時期に国民党との接触を図り,連携する方途を探っている.ま

図1-17 軍服もさまざまな各地の軍領袖(1926年)

た国民党勢力との接触が長かった南方諸省の軍の場合,李宗仁*1,白崇禧*2らの広西派に代表されるように,国民革命勢力の武力の基幹部分を担う存在になっていた.それだけではない.奉天派の中にすら,郭松齢のように張作霖の路線に反対し,国民革命勢力に加わろうとする将兵が生まれていた.ただし1925年11月,部隊を率いて東北国民軍を名のり,馮玉祥の国民軍に合流する立場を表明した郭松齢の場合は,同年12月,日本の関東軍に行く手を阻まれ,奉天軍に囲まれ敗死している.

それに対し,地方軍が採ったもう1つの対応は,国民革命勢力と対決する道である.すなわち当時の内外情勢の中にあってソ連との連携を強めていた国民革命勢力と対決する立場を鮮明にし,反ソ連,反社会主義を意味する「反"赤化"」を旗印に,列強や国内の保守的勢力からの支持を取り付け,自らの存続をめざそうとした.かつては勢力争いを繰り広げていた奉天派,直隷派などが,1926年11月末,大同団結する形で「安国軍」と称する軍事同盟を結成している.しかし地域社会の信任を失った地方軍が生き残る道は,すでに閉ざされていた.

*1 1890-1969広西.1925年広西を軍事統一,国民党入党.49年総統代理.北京で死去.

*2 1893-1966広西.1923年広西軍参謀長,24年国民党入党.抗日戦の台児荘の戦闘を指揮.

3 民族運動の形成と展開

排外から反帝/愛国運動へ

欧米や日本など外国との関係が密接になり,多くの外国品が

輸入され，汽船が行き交い，鉄道が建設されるようになると，先にも述べたとおり，そうした新たなビジネスチャンスを生かし活発な経済活動を行う中国人が出てきた．またキリスト教の布教活動が広がり，学校教育にも影響が及ぶようになると，そこからも新たな社会層が形成されてきた．しかしそうした異質な外国勢力の進出に対し反感を抱く人々，あるいは深刻な対立関係に置かれ，外国勢力への反対運動を進める人々も出現した．それは広い意味における民族運動と見なすべき動きであり，やがて中国ナショナリズムの有力な一源流になっていく．

すでに19世紀半ばから20世紀初めにかけ，きわめて素朴な，しかしそれだけにまた庶民の痛切な思いのこもった排外運動が発生していた．たとえば伝統的な風俗，祭礼，宗教行事を妨げるものとしてキリスト教の布教活動に反感を抱いた中国の民衆は，江西，安徽，四川，福建，湖南，広西，雲南，山西など各地で教会襲撃事件を引き起こしていた（「教案」，19頁）．近代都市上海でも，道路建設のため中国人墓地の撤去を図ったフランス租界当局と民衆の間で死傷者を出す衝突事件が起きている*1．

*1 1874年，1898年の四明公所事件．四明公所は上海で有力な寧波出身商人らの同郷会館．

そうした動きの1つのピークが19世紀末に山東で発生し，華北一帯を席巻した義和団運動であった（20頁）．汽船就航や鉄道開通にともなって職を失った船曳き労働者，荷担ぎ労働者，渡し船業者，物売り，小商店主などさまざまな民衆が外国勢力に対する反感を爆発させて「滅洋」を呼号し，街灯から食器に至るまで西欧風の品物を手当たり次第に粉砕し，キリスト教の教会を襲撃し，鉄道の駅舎や線路を破壊し，通信線を切断し，ドイツや日本の外交官を殺傷した．義和団運動は外国勢力への反感を表出したにとどまり，外国勢力に代わって中国人を主体とする新たな体制の確立を展望するような運動ではなく，結果的には，外国への莫大な賠償金支払と外国軍の北京駐屯を認める国際条約（北京議定書，「辛丑条約」）を残し，幕を閉じた．

図1-18 義和団の団員

一方20世紀初めになると，都市の商人や知識人たちにより，近代的な政治意識を持った反帝国主義・愛国主義の運動が芽生えてくる．

たとえば上海を例にとると，従来は外国人が実権を握っていた租界において，中国人の参政権を確立し，主権を回復しようとする運動が広がっていた．その直接の契機になったのは，外国人領事が審理に立ち会う権限を持っていた租界の裁判所*1において1905年に発生した紛糾である．中国側裁判官の証拠不十分という判断を無視し，中国人の被告を一方的に拘留したイギリス人陪審官の行為は，上海の人々の怒りを呼んだ．そして翌年以降，租界行政に中国人商人の意見を反映させる機関の設立を求める動きが続けられることになる．こうした動きの背景には，1899年，イギリスなどの要求によって従来の共同租界の面積が三倍化され，さらに翌年には隣接するフランス租界が二倍化されたという事情も存在した．

図1-19　義和団に襲撃された北京の教会

*1　会審公廨（かいしんこうかい）Mixed Court. 1868年設立．民族運動を背景に1927年撤廃．

同じ1905年には，アメリカにおける中国人移民規制強化*2の動きに反対し，それを阻止しようとする抗議運動が全国に広がった．これは直接にはアメリカで失職の危機に直面した在米中国人が，上海や広州の商人団体に反対運動を呼びかけたことから始まったものである．上海，広州はもちろんのこと，香港やシンガポールにまでアメリカ商品を扱わないというボイコット運動が展開され，移民規制案の一部緩和などの成果も獲得して終わった．

*2　金鉱開発や鉄道建設に低賃金で従事した移民への反発が背景．1882年に最初の規制法．

各地での鉱山開発，鉄道建設をめぐる外国側と地元中国人商人の間の紛糾にも，主権の強化を求める意識が反映している．また東北では1908から09年にかけ，日中間における懸案事項の1つになっていた安東―奉天間を結ぶ安奉線の改築を日本が強行したのに対し，大きな反対運動が起こっていた．

なお知識人中心の動きにとどまっていたとはいえ，義和団鎮圧後も東北に駐屯し，利権拡張を狙っていたロシアに抗議し，1903年，中国の主権回復を求める運動が試みられたこともあった（「拒俄運動」，「俄」はロシア）．彼らの中には，ロシアによる東北分割に反対するという立場の延長線上，日露戦争の際，日本の勝利を歓迎するような意識も存在した．

　いずれにせよ都市の商人や知識人たちによる以上のような動きは，外国勢力に反対し自らの主張を提起したという一点においては共通性が見られるとはいえ，あらゆる外国のものを憎み，それらを破壊しようとした義和団運動の世界とは，相当に異なる次元に属するものであった．商売や知識の面では外国のものも積極的に取りいれていく，しかし外国のいうことを聞き外国に従うというのではなく，あくまで中国の主権を大切にしていく，そんなしたたかな立場が見てとれるであろう．辛亥革命の際，満洲族の清朝を打倒し漢族の国を復興しようという主張（「排満興漢」）を掲げた革命派にしても，本当に考えていた民族主義の内容は，たんなる反満ではなく，中国の主権を危うくしていた清朝に反対し，共和国を樹立して近代化を進め，主権の回復強化を目指すことであった．そのため，一時的には外国の力を借りることも厭わないという発想が存在していたにしても，である*1．

*1　欧米列強に対抗するため，孫文は日本との連携を考え，時にその援助を受けた．

民族運動の展開

　都市の商人や知識人を主な担い手として生まれた近代的な政治意識を持った反帝国主義・愛国主義の運動は，第一次世界大戦を機に，一段と強力なものになっていく．そうした傾向を強めた要因の1つは世界史全体の展開過程であった．人類史上初の地球的規模の大戦争となった第一次世界大戦（1914-18年）は，主な戦闘の舞台となったヨーロッパを疲弊させる一方，大戦に動員されたヨーロッパ以外の地域の中小諸国や植民地の諸民族

に民族の独立と自立的発展をめざす好機を与えることになった．

1919年3月には，中国の隣の朝鮮で，日本による植民地化に反対し民族独立を求める三・一運動[*1]が起きた．ロシアの革命政権が掲げた「非併合・無賠償」の講和条件[*2]やアメリカのウィルソン大統領が掲げた「諸民族の自主的発展」などを含む14カ条の宣言[*3]は，そうした意識が世界全体に広がっていた現実を反映している．むろん中国も例外ではあり得なかった．

第一次大戦後の中国において反帝国主義・愛国主義の運動が強まらざるを得なかった第2の要因は，隣の新興帝国主義，日本の動きである．第一次大戦で欧米列強が東アジアの問題に関わるゆとりを失っていた間隙を突き，日本の中国に対する権益拡張政策がすさまじい勢いで展開された．前述したように1915年1月，日本の大隈重信政権はドイツの山東権益の継承や日本の東北地区での権益拡大を狙う二十一カ条要求を中国の袁世凱政権に提出し，その大部分を承認させている（31頁）．

大隈の後の寺内正毅政権は，袁の死後に実権を掌握した段祺瑞に積極的に働きかけた．大戦中に日本が獲得した豊富な資金を活用して1億4500万円の西原借款等の巨額の資金援助をおこない，それと引換に各種の利権拡大を策したのである．たとえば1918年5月，段政権との間で秘密のうちに締結した日中軍事協定は，ロシア革命に対するシベリア干渉戦争での日中両軍の協力を口実に，日本軍の中国での部隊展開と軍事行動を容易にするものであった．二十一カ条要求，西原借款，日中軍事協定締結などをはじめとする日本の露骨な権益拡大の動きは，日本で学んでいた中国人留学生らを中心に，反帝国主義・愛国主義の意識を鮮明にした反日運動を広げさせることになった．

中国の反帝国主義・愛国主義の運動を強力なものにした第3の要因は，運動の担い手たる新しい社会層が量的にも質的にも成長したことである．第一次世界大戦の時期，中国では綿紡績業，製粉業，マッチなどの雑貨製造業を中心に急速な工業発展

*1 三・一運動の宣言は『(世)史料10』81-83頁．
*2 『(世)史料10』53-54頁．
*3 『(世)史料10』77-78頁．

が見られ，経済は活況を呈していた（66頁，図2-4）．都市の商工業者たちは，自らの市場を守り拡大するという経済的意味を込め，民族運動に積極的に関わっていく．また教育界では，清末の新政以来，近代的な教育機関の整備が進み，海外への留学生を含め，多くの新しい意識を持った若い知識人が生み出されていた．彼らもまた中国民族運動の有力な担い手になった．このような状況の下，五・四運動が発生した．

日本の山東占領と二十一カ条問題があったため，大戦の戦後処理問題を協議するパリ講和会議（1919年1-6月）に対する中国国内の期待には，きわめて大きなものがあった．先に述べたとおり，ロシアの「非併合・無賠償」講和条件や米ウィルソン大統領の「諸民族の自主的発展」を含む14カ条の宣言は，そうした中国の期待を一段と高めるものであった．国際問題に関心をもつ政治家，若手官僚，専門家の間にすら，この年の2月，国民外交協会という団体を組織し，対日強硬外交を求める動きが生まれた．北京政府と広東政府は合同の代表団を結成し，意気高くパリ講和会議に乗り込んでいく．

しかし同会議は4月29日，中国の日本に対する山東返還要求を二国間交渉に委ね，実質的に拒絶する決定を下した．そのことが中国国内に伝わると，1919年5月4日，天安門前へ北京大などの学生たちが集まり，東南方面に連なる外国公使館街の東交民巷をデモした後，対日外交の責任者の一人，曹汝霖*1の私邸にまで押しかけ，山東返還の実現を求める事件が発生する．警察の規制により北京では逮捕者が出たにもかかわらず，今回の反日運動は数日を経ずして全国7省27都市に広がり，上海の商工業者は上海商業公団連合会を中心に「罷市」という商店・銀行の一斉閉店で抗議した．この動きは開始された日にちなみ「五・四運動」と称されている*2．

こうした国内世論を背景に，徐世昌総統下の北京政府の承認を受け，6月28日，中国の代表団はパリ講和条約への調印拒

*1 1877-1966 上海．1900-04年日本留学．外交次長，外交総長，交通総長など歴任．

*2 五・四運動時の北京の学生の宣言は『(世) 史料10』84-86頁．

3 民族運動の形成と展開 43

否を正式に声明する．その後，極東問題などに関するワシントン会議*1が開催された際，1922年2月，日中間で山東返還条約が締結され中国側の主権は基本的に回復した．会議で結ばれた九カ国条約*2も「中国の主権確立を尊重する」義務をうたい「門戸開放」原則を明記して，日本の二十一カ条要求のような露骨な利権獲得の動きに釘をさした．列強は五・四運動に象徴される中国民族主義の存在を再認識せざるをえなくなっていた．

図1-20　五・四運動を担った北京の学生たち

*1　米英仏日中など9カ国が参加，1921年11月〜22年2月．
*2　『(世) 史料10』101-102頁．

　五・四運動は親日派として知られた段祺瑞の威勢の弱まりを示しており，安徽軍首領たる段祺瑞の権威も，1920年7月の安直戦争で直隷軍に敗北したことにより失墜する．

　実は第一次大戦の終結後，日本に米騒動が発生して寺内内閣が更迭されると，日本政府の段政権援助政策も打ち切られ，親日派たる段祺瑞の勢力もまた急速に衰退の道をたどりつつあった．1918年に就任した徐世昌総統の下，すでに安徽派の影響力は低下し始め，民族運動に対応した反日外交の推進も可能な条件が生まれていたのである．

近代的外交の成立

　中華民国時期は，近代的な外交制度が整備され，専門的外交官が登場し，さまざまな困難にもかかわらず，主権回復と国際的地位向上にむけて弛まない営為が展開された近代的外交の展開の時代であった．はじめに清末からの外政機構，駐外使節の情況を概観した後，民国初期，北京政府による近代的外交の取組をみてみよう．

　伝統的中華秩序のもとでは近代的意味での外交——対等な主権国家間の交渉による問題処理——は存在せず，朝貢国との関

係は礼部で,貿易は出先で,西北諸民族・国家との関係は理藩院で取り扱われた.だが,アヘン戦争後,中国は開国を強いられ,近代国際関係に関わらざるを得なくなった.列強の要求により,1861年には総理各国事務衙門(がもん)(総理衙門)ができた.それは厳密には外交専門の機関ではなく,関税,郵便,軍事工業,鉱業,造船など「洋務」全般を管轄していた.また,駐外使節は「欽差大臣」という皇帝の国内派遣官と同様の名義で,総理衙門大臣とは対等であり,その指揮下にはなかった.さらに総理衙門大臣や駐外使節もみな伝統的文人官僚で,外国語や国際法,国際事情,外交儀礼には疎かったため,対外交渉においてもきわめて不利であった.

1901年7月,北京議定書の規定に基づき,総理衙門は外務部と改称された.これが中国で最初の専門的外交機関であるが,なお合議制で責任の所在が不明確であり,また外交人材の登用はごく一部に限られ,まだ近代的外交機構への過渡期にあったといえる.

ついで,1912年3月,袁世凱の中華民国臨時大総統就任,唐紹儀の組閣後,旧外務部は外交部と改められた(南京臨時政府での名称を踏襲).初代の外交部総長は陸徴祥*1であり,彼は外交行政および人事面で一連の改革を実施した.この改革に始まる新たな外交の胎動をまとめれば,以下の通りである.

*1 1871-1949 上海.京師同文館卒.清末に駐露公使,民国期に外交総長,国務総理等歴任.

第1は,近代的外政機構,人事制度の整備である.外交部は総長,次長,および各司(当初,交際,外政,通商,庶政の4司)で編成され,その後に至る民国外交部の基本的構成となった.外交部の職員も一新され,勤務や経費管理,文書管理に関する規則も定められ,ようやく外交部は近代的官僚機構としての形を整えてきた.さらに,各国駐在外交官,領事官の任用資格,職務規則,公使館・領事館の経費管理制度も定められ,外交官の採用試験も実施された.こうして,駐外使節,駐外公館制度の近代化が進んだ.1912年には中国は13ヵ国に公使館を

設置していたが，1936年には大・公使館の設置は計25カ国，領事館（辦事処，商務委員等も含む）は81カ所にのぼった．

第2は，以上の改革を基礎とした専門的外交官の登用とその外交舞台での活躍である．中国近代の駐外使節では，1870年代以降，「欽差大臣」として海外に派遣された伝統的文人官僚が第1世代であり，中国最初の駐外公使になった郭嵩燾(かくすうとう)*1や許景澄らが代表的人物である．ついで，第2世代は，清末に総理衙門附属の外国語学校や海外で学び，外交官に任用されて実務経験を積み，次第に活躍するようになった官僚で，陸徴祥，胡惟徳がその代表である．彼らは，すぐれた外国語力と国際性を有し，中国最初の近代的外交官といえる．さらに，第3世代は，海外に長く留学して，外交や国際法で学位を取得し，民国成立後に外交界で抜擢されて活躍した人々であり，王寵恵(おうちょうけい)*2，顧維鈞(いきん)*3，王正廷*4がその代表である．彼らは，西洋的生活・行動様式を身につけ，高度の外国語力と国際法，外交の深い知識を有するのみならず，中国の主権回復，国際的地位向上をねばり強く追求するナショナリストであった．

第3は，国権回収を目的とする外交である．北京政府の外交部，外交官は，さまざまな機会を利用して，中国の主権回収，国際的地位向上をめざす着実な努力を行った．たとえば，第一次世界大戦ではドイツ，オーストリアに宣戦布告後，両国の権益を回収し，またロシア革命に乗じてその権益回収に努めた．さらに，大戦後のパリ講和会議，ワシントン会議などの国際会議の場を利用して，中国の主張反映に努めた．また，対外条約が満期となると，そのまま継続せず，主権回復を求めて改定交渉を進めた．このような，国際法秩序を遵守しつつも，明確に国権回収を志向した外交は「修約外交」とよばれる．

後に，北伐期には激しい反帝民衆運動の実力や威嚇を利用した租界等の権益回収が行われ，「革命外交」とよばれたが，それは革命運動展開期の一時的現象ないしスローガンにとどまっ

*1　1818-91 湖南．1847年進士．広東巡撫等要職歴任．1875-79年駐英公使．

*2　1881-1958 香港．米イェール大（院）卒．国務総理，国際司法裁判所判事，外交部長等歴任．

*3　1888-1985 江蘇．米コロンビア大（院）卒．国務総理，外交部長，駐米大使等歴任．

*4　1882-1961 浙江．米イェール大学卒．外交部長，駐米大使等歴任．

た.さらに,北伐後の国民政府の外交も,不平等条約廃止の宣言などで急進的なイメージをもたれたが,実際に推進したのはやはり外国との交渉により主権回収,国際的地位向上を図る修約外交であった.

第4は,民国期の外交と国内世論の関係である.とりわけ第一次世界大戦期から,中国ではナショナリズムの高揚と共に,国民は外交問題に高い関心を示し,外交過程に影響を及ぼそうとした.1919年には国民外交協会*1が成立し,パリ講和会議に臨む政府の外交を注視し,これを後援,鞭撻しようとした.1920年代の国権回収外交は,このような国内のナショナリズムを背景としていた.それは,時には外交担当者にとって利用可能な資源ともなった反面,世論の対外要求は往々にして急進的,非現実的であり,実際の外交の進行を阻害することもあった.

中華民国成立後,以上のような新たな外交の胎動が顕著に見いだされるとはいえ,それにもかかわらず,とりわけ北京政府期の成果は限定的であった.

第1は,外交部の対内的地位の低さ,孤立性である.外交部や駐在外交官が国権の保持,回収のためにいかに努力したとしても,最高の政策決定者は軍事的実力者であり,外交担当者の意向が常に認められるとは限らず,逆に外交部はその意に反する決定の後始末をさせられることもあった.また,民国期の外交官はきわめて知的なジェントルマンであったが,あまりに西洋化していて中国社会からは隔絶した存在でもあった.

第2は,北京政府の政治的不安定という外交の国内的基礎の問題である.北京政府時期,16年余りの間に合計46の内閣が交代し,外交部責任者も頻繁に交代した.この状況では政策の継続性は確保できず,外国側にも軽視され,交渉において不利であった.また,北京政府の統治能力の低下も著しく,1923年の臨城事件(37頁)の際には,列強から中国は国内の治安維

*1 理事に張謇,王寵恵,熊希齢,林長民ら.政治家,若手官僚,外交問題専門家たちが結集.

持能力がないとしてその国際共同管理を求める動きさえ出現した．当時，中国の治外法権撤廃要求に対し，列強は中国の司法制度が国際的に信頼できる水準にまで整備されれば撤廃できると表明していたが，このような政治的不安定と治安悪化，法制未整備の状態では撤廃に理解を得るのは難しかった．さらに，北京政府を支配した軍事勢力の中には，一時の利益のために長期的国益を考慮せず，対外借款や利権協定を結ぶこともあり（西原借款，張作霖・山本協約*1など），後々まで災いを残した．

第3は，「地方外交」とよばれた地方権力による対外関係の出現である．地方外交の成立要因は，一つは中国国内の分裂であり，もう一つは列強側が中国辺疆をその勢力圏とみなし，中央政府ではなく地方政府と交渉することにより，その権益維持・増進を図ったことである．1920年代，日本と東北の奉天派との間には相互利用関係が成立し，総領事館や軍事顧問を介してさまざまな交渉が行われたのがその代表的な例である．もっとも，国内の政治的分裂にもかかわらず，パリ講和会議，ワシントン会議などの重要な国際会議に際して，諸勢力が一致協力し，合同代表団を派遣したこともあった．

第4は，民国期の中国外交の構造的困難である．前述のように，五・四運動の前後から国内のナショナリズムが高まり，国内世論は政府の外交を厳しく突きあげ，強硬な対応を求めるようになっていったが，列強側は容易にその権益を放そうとはしなかった．こうして，中国外交は急進的な国内のナショナリズムに突き上げられつつ，硬直的な帝国主義的国際秩序の壁にぶつかることとなり，一種構造的な困難のなかにあったのである．

以上のように，民国成立後，中国は近代的外交に向けて歩み出すとともに，深刻な困難をも抱えていたのであり，その困難は当時の中国国家の弱さ，近代化の不十分さ，そして国際的制約に基づくものであった．したがって，中国が本格的な国権保持・回収，国際的地位向上を目指した近代的外交を推進するた

*1 1927年10月15日，山本条太郎満鉄社長・張作霖間締結の満蒙5鉄道建設請負秘密協約．

めには，対外的目標をたてるだけでなく，国内を統一化し，有効な統治能力をもち，法制などの対内改革を進め，それを一貫して実行する能力を有する政府が存在することが必要であった．対外関係の改革は，対内的改革にも進まざるを得なかったのである．

4　革命政党による政治

新思想の影響

辛亥革命によって生み出された中華民国の政治システムは，共和制を機能させるための国会や議院内閣制を備えていたにもかかわらず，実質的には「軍閥」と称されたような各地の軍人グループの専横を抑えきれなかった．その苦い現実に直面した中国の知識人たちは，政治システムを運用する人間と社会の在り方に注意を向けるようになるとともに，既存の議会制民主主義とは異なる新たな政治システムにも積極的な関心を示すようになる．

人間と社会に対する思索を深めた一人に文学者の魯迅*1がいた．個人を押しつぶす伝統的な儒教社会を告発した「狂人日記」(1918)，そして中国をおおっていた奴隷精神を江南農村社会の情景の中に描きだし，辛亥革命を経ても変わっていない民衆の魂を凝視した「阿 Q 正伝」(1921) は，読者に衝撃をもって迎えられる．政治を変えるだけでは中国は変わらない，中国人の国民性を改造しなければならないという魯迅の痛切なメッセージは，多くの知識人の心を揺り動かした．

もっともこの 1910 年代末頃における中国思想界の一つの特徴は，必ずしも特定の主義や思想が圧倒的な影響力を持っていたわけではない，という点にある．欧米の新しい思想に関して，次から次へとさまざまな思想潮流が紹介され，何もかも貪欲に摂取しようとする傾向が強かった．プラグマティズムもあれば

*1　1881-1936 浙江．1902-09 年日本留学．帰国後，政府教育部に勤務．28 年以降文筆に専念．

国家主義もあった．ギルド社会主義の流れを汲む思想もあれば，人道主義やトルストイ主義の影響もあった．こうした多種多様な思想の一つとしてマルクス主義思想も流入した．外国から伝わるというルートと同時に，欧米や日本に渡った留学生が，留学先で直接新しい思想に触れ影響を受ける，という事例が少なくなかったことも注目される．いずれにせよ辛亥革命以前に比べ，中国の思想界には多くの新しい種が播かれていたのである．

図 1-21　『青年雑誌』（後に『新青年』）

　新たな政治システムを希求する出発点には民主主義が置かれていた．陳独秀*1らが創刊し，1910年代半ばから20年代にかけて最も影響力が大きい雑誌であった『新青年』（1915年の創刊時は『青年雑誌』，1916年に改称）は，民主主義と科学に全幅の信頼を寄せ，それに依拠して中国社会の旧弊を克服しようとする姿勢を打ち出している*2．この雑誌には胡適*3の口語文学の提唱やそれを受けた魯迅の小説が掲載され，伝統道徳批判，男女平等観の提起も含む新文化運動と呼ばれる動きをリードした．このような状況の中，知識人を中心に，いかなる政治システムを採用すれば民主主義を保障し，それを生かすことができるのか，という課題が模索されていたのである．第一次世界大戦が激化する中，ロシア革命が勃発して社会主義政権が樹立され，他のヨーロッパ諸国でも社会主義思想が影響力を増すにつれ，中国の知識人の間にも，そうした動向に新たな政治システムの可能性を探ろうとする動きが現れてきた．

　第一次世界大戦の帰趨が見えてきた1918年，李大釗*4は『新青年』誌上に「民衆の勝利」，「ボリシェヴィズムの勝利」という論文を立て続けに発表し，人道主義，民主主義，社会主義の勝利を賞賛している．ここに社会主義への期待感が示されていることは疑いない．しかし人道主義，民主主義，社会主義などの言葉を単純に並置している論調から知られるように，

*1　1879-1942 安徽．日本留学．1917年北京大教授，21年共産党創立．後に批判され29年除名．

*2　『(世) 史料10』35-36頁．
*3　1891-1962 安徽．コロンビア大学（院）卒．北京大教授．抗戦中は駐米大使．晩年は台湾．

*4　1889-1927 河北．日本留学．

1910年代末の段階では，中国の知識人の間における社会主義認識は漠然としたものであった．そもそもロシア社会民主党内の「多数派」（ボリシェヴィキ）を標榜していたグループの思想にどのような特徴があるかということは，国際的にもまだ十分に理解されていなかった．

　1920年代に入ると，共産主義者の国際組織であるコミンテルンから中国の知識人に対し中国共産党の結成をめざす組織的な働きかけがあり，共産党一党独裁を合理化する論拠になるプロレタリア独裁論も含め，ソ連共産党の主張が系統だった形で紹介されるようになった．とはいえ，当時の中国の政治的条件下にあって，そうした紹介が可能な場は，きわめて限られていたこと，したがって影響が及ぶ範囲も制約されていたことに留意すべきである．

1916年北京大教授．21年共産党創立．北京政府により逮捕処刑．

　一方，中国国内で革命運動に携わってきた孫文・廖仲愷[*1]たちのグループが，運動論，組織論，ならびに革命政権樹立の国家論などの角度からロシア革命の経験に着目し，ソ連の援助を仰ぐようになったことから，革命政党による一党独裁論は，国民党の政治プログラムの中にも明確な形で取り込まれていくことになる．孫文たちの場合，必ずしもソ連の社会主義思想に共鳴していたわけではなく，革命政党が革命勢力を有効に組織し，革命政権を樹立していくための方法論というレベルにおいて，ソ連の経験に関心を示していたに過ぎない（53頁）．

＊1　1877-1925 華僑．原籍広東．早稲田大・中央大に留学．孫文の側近で国民党左派を指導．

　他方，コミンテルンやソ連政府側も，国民党の支援要請に対し積極的に対応した．これはアジア地域における反帝国主義的な民族運動の発展を促すことが，帝国主義列強と対決している社会主義の祖国ソ連の存続と発展にとって重要な意味を持つ，という彼らなりの判断に基づく対応措置であって，中国国民党に社会主義勢力としての活動を期待していたわけではない．

　このように見てくると，1910年代末から20年代初めにかけ中国に持ち込まれた新しい思想の1つであったコミンテルン，

4　革命政党による政治　　51

ないしソ連共産党の政治思想が，実際に中国に及ぼした影響は，なお限定された範囲にとどまっていたことになる．にもかかわらず，その思想の一部に含まれていた「革命政党の独裁によって革命の徹底を図る」という考え方は，その後，近現代中国のあゆみを決定づける最も大きな要因の1つになった．

共産党の結成・国民党の改組

ロシア革命とソヴェト政権の成立は中国の知識人や革命家に大きな影響を与えた．かれらは自国の社会改造のための方法を模索しており，ロシアの革命と新国家建設の思想，組織，方法に素朴な憧憬と強い関心を示し，さらにはその革命の主義，そして革命運動という政治的実践に関わるものが生まれてきた．1920年春には，ソヴェト政府が旧ロシア帝国時代の在華特権を否認し，中国人民との平等互恵，友好関係を提唱したカラハン宣言（第1次1919年7月25日付）*1が伝わり，中国各界に歓迎され，親ソ的ムードが高まった．

1920年春には，コミンテルンの使節ヴォイチンスキー*2が訪中し，陳独秀，李大釗などの知識人と会見し，中国における共産党の結成を勧めた．こうして，1920年夏頃から共産主義研究のグループが上海，北京，湖南，広東など各地で結成され，同年8月には広範な青年を取り込むべく社会主義青年団も併設された．同年11月には彼らは「中国共産党宣言」を発表し，雑誌『共産党』を発刊してその主張の宣伝と組織拡大に努めた．

そして，1921年7月23日から7月31日にかけて，中国共産党の第1回全国代表大会がスネーフリート（別名マーリン）*3らコミンテルン使節の列席の下，上海および嘉興（最終日のみ）で開かれた．この大会には全国および日本留学中の53名の党員を代表する13名の党員が参加し，陳独秀を総書記に選出した．翌年の第2回全国大会では，中国共産党はコミンテルンに加盟し，その一支部となることを決定した．こうして，

*1 『(世)史料10』108-110頁．ただし，ソビエト側は後に中東鉄道無償返還などの部分を否認し，権益確保に努めた．
*2 Grigorii N. Voitinskii 1893-1953. 1923-27年コミンテルン中国駐在代表．

*3 Hendricus Sneevliet(Maring) 1883-1942. オランダの共産主義者．

中国にロシア共産党に範をとる革命政党が成立し，以下のような特徴を持つレーニン主義型（ボリシェヴィキ型）組織モデルが導入された．(1) 民主集中制，(2) マルクス・レーニン主義イデオロギー，(3) 厳格な組織規律．党は戦闘組織であり一枚岩でなければならないこと．(4) 党綱領の確定，戦略と戦術の区別．(5) 大衆組織の掌握，指導．

初期の中国共産党は，成立の経緯，組織モデル，イデオロギーなどでソ連・コミンテルンの影響力が強いだけでなく，財政的にもそれに強く依存していた．1921-27年のコミンテルンによる中共党経費援助額（労働運動費，特別費等を除く）は約40万元にのぼり，1927年には援助総額100万元に対し，自己調達は3000元未満であった．

さらに，成立間もない中国共産党はスネーフリートの強い説得により，第2回全国大会で国民党などとの協力，民主連合戦線の形成の方針を決め，1923年6月，第3回全国大会では，正式に国民党との党内合作を決定した．本来プロレタリア革命を目指す革命政党であった共産党が民族主義政党（国民党）と協力することの理論的根拠となったのは，コミンテルン第2回大会（1920年7月）で採択された「民族および植民地問題に関するテーゼ」である．同テーゼは，植民地・従属地域における民族解放運動の進歩的意義を認め，共産主義者はそれを支援しなければならないとしていた．

同じ頃，孫文は革命運動の相次ぐ挫折から国民党の革命的再組織化の必要を痛感し，ロシア革命に関心を深めていた．孫文は，ロシアの革命運動やイデオロギーではなく，もっぱらその軍隊や組織面について強い関心を抱き，「ロシアの方法を模範にして」，組織あり，系統あり，規律ある奮闘をしなければならないと考えた．1923年1月，孫文はソ連の外交使節ヨッフェ*1と上海で会談して共同宣言を発し，さらに同年10月にボロディン*2を顧問に招請して党改造について指導を請い，蔣介

*1 Adol'f A. Ioffe 1883-1927. ソ連外交官．1922-23年中国，日本と国交交渉．
*2 Mikhail M. Borodin（本名 Gruzenberg）1884-1951. ソ連革命家．1951年粛清．

石を代表にソ連に使節団を派遣して軍事協力について協議させるなど，ソ連との本格的な提携に乗り出した．また孫文は，その関連で，共産党員が国民党に加入して党の改組と革命の再起のためにともに奮闘することを認めた．

　1924年1月には，国民党第1回全国代表大会が広州で開かれた．国民党は，従来の無規律，無統制な状態から，厳格なレーニン主義的組織原則で全面的に改組され，労働者，農民，婦女，青年運動を担当する部局が党中央委員会に設置され，さらに明確な党規約と情勢判断と運動方針を示す綱領が規定された．この大会で確定された新たな国民党の政策を，通常「連ソ・容共・扶助工農」の三大政策という．

　さらに，ソ連の援助の下，広州南郊に黄埔軍官学校（士官学校）が設立され，政治教育を受け，党に絶対的忠誠を誓う革命軍の将校を養成し，その卒業生を中核に，国民革命軍が建設された．同軍には，軍長のほかに副署権を持ち，政治工作を担当する党代表がおかれ，党による軍の統制を確保した．かくして，強い革命の意志と党への忠誠を持つ革命軍の組織により，国民党はもはや従前のようにその革命実行に当たり地方軍に依存しなくてよくなり，その威力は1924-25年の東征等の闘いによる広東統一，ついで1926-28年の北伐戦争において十分に発揮されることとなった．また，蔣介石*1は，黄埔軍官学校校長，ついで国民革命軍総司令という党軍の指導者として，国民党内で台頭し，またたく間に他の文官指導者を凌駕するようになった．

　なお，ソ連からは，党組織・革命方針などの総顧問であるボロディンのほか，ブリュッヘル*2などの軍事顧問が多数派遣され，国民革命軍の訓練と作戦を援助した．武器，弾薬，そして経費面での援助額も相当に及ぶと推定される．また，人材育成面では，ソ連はモスクワに孫逸仙記念中国勤労者大学*3を設置し，国，共両党の党員を含む多数の中国青年を受け入れ，中国の民族民主革命のための人材養成を行った．

*1　1887-1975 浙江．日本の陸軍士官学校の予備学校に留学．辛亥革命参加のため帰国．

*2　Vasilii K. Bliukher 1889-1938．ソ連赤軍指揮官．1929年特別極東軍司令官．1938年粛清．

*3　半年から1年程度の短期養成課程が多かった．

こうして，中国国民党はレーニン主義的組織として改組され，これに中国共産党員が全面的に協力し，国民党内の要職をも担い，党組織および民衆運動指導の面で特に活躍することとなった．国民党としては，若い活動家を吸収することにより，新たな血を入れ，その活力を増したわけである．だが，ともにレーニン主義の民主集中制の組織原則をもつ2つの政党が，党内合作というかたちで協力するということは，原理的に無理があり，両党の間では，組織面，政策面，権力面で常に紛争が絶えず，その後の国民革命の進展に影を落とすこととなった．

国民革命の展開

　国共合作の形成後，1924-28年にかけて中国では社会運動と民族運動が結合し，民族的民主的政権を樹立し，全国統一と主権回復を進めることを目標とした一大革命運動——国民革命が展開した．中国国民革命が展開し得た条件としては，国際的には，ヴェルサイユ・ワシントン体制の下，米英日等の列強が従来の権益維持を前提としつつも，中国の民族主義的要求にある程度理解を示し，平和的・経済的な進出方法をとるようになったこと，また資本主義列強と対立するソ連およびコミンテルンが中国の反帝民族運動を支援したことを指摘できる．また，国内的には，第一次世界大戦期の経済発展により促進された都市の発展，労働者・職員・学生など都市民衆の形成，清末以来の教育普及，マスメディアの発達，国民意識の広がりなどが社会的背景であり，さらに中国国民党と共産党の合作を革命の組織的母体としたものであった．

　この間，北京政府はうち続く「軍閥混戦」のなかでめまぐるしく交代し，統治能力を低下させたのみならず，1923年には国会の「賄選」（買収選挙）により直隷派の曹錕を総統に選出し，その正統性を失墜させた．他方，孫文の樹立した広東革命政権は，国共合作後，党組織，大衆運動の発展と軍事作戦によ

り日ましに強化されてきたが，まだ一地方政権に止まっており，その全国的な発展を図らなければならなかった．このような状況下，孫文は「建国大綱」*1 を発表してその国家建設の方案を提起し，さらに中共が提案した全国諸社会団体代表による国民会議開催による時局解決方式にも着目し，これに同調した．

*1 軍政・訓政・憲政の三段階による国家建設案を提示．1924 年 4 月発表．

1924 年秋，第二次奉直戦争のさなか，馮玉祥が北京政変を起こして「国民軍」を組織し，直隷派が敗北したため，新たな全国政治の再編を行うチャンスが訪れた．同年 11 月，孫文は国政討議のため北京に赴くにあたり，「北上宣言」を発して，国民会議を招集して全国の政権統一と不平等条約撤廃などを討議することを提唱した．全国各地の民衆団体はこれに応じて国民会議開催を要求する運動を行い，1925 年 3 月には北京で国民会議促成会全国代表大会が開かれた．孫文は 3 月 12 日に北京で病逝したが，国民会議開催はその遺言（総理遺嘱）の中に入れられ，国民党の努力目標とされた．また，この国民会議運動は各地で民衆団体が政治的意思表示を行い，相互の連携を深める機会を作り出し，その後の民衆運動の発展を促進することとなった．

翌年の五・三十運動は，さらに中国民衆運動，とりわけ労働運動の力を内外に示すことになった．中国の労働運動は 1921-22 年にかけて最初の高揚を示したものの，1923 年の二・七事件*2 以後，停滞していたが，1925 年には中華全国総工会が組織されるなど再び発展しつつあった*3．そして，青島や上海の日本資本紡績工場（在華紡）では労働争議が起き，5 月 15 日には中国人労働者が殺害される事件が起きた．5 月 30 日，上海の学生たちがこれに抗議するデモ行進を行ったところ，租界警察の弾圧を受け，数十名の死傷者を出した．上海の人々はこれに憤り，民族主義感情を爆発させた．新たな運動の指導機関として上海総工

*2 1923 年 2 月 7 日，京漢鉄路労働者に対する呉佩孚の弾圧．
*3 中国語では労働者を「工人」，労働組合を「工会」と記す．

図 1-22 五・三十運動（北京での集会）

会，工商学連合委員会も結成され，労働者，学生，市民，商工業者連合による激しい反帝運動が繰り広げられ，列強および「軍閥」政府側に非常な脅威を与えた．

　五・三十運動は中国主要都市に拡大した．6月23日，広州では租界対岸の沙基で反帝デモ行進が行われ，これに英仏軍が発砲して死傷者を出す事件が発生した（沙基惨案）．これを契機に，広東省と香港では外国船荷揚げ拒否，外国商品ボイコットなどの激しい反帝運動が行われ，広州革命政権の支援の下，1年以上にわたって香港を死の港と化し，イギリス側に大きな打撃を与えた（香港ストライキ）．

　1925年7月，広州では大元帥府を解消し，国民党の指導下で国民革命を推進する国民政府が成立した．新政府は16名の委員による集団指導制をとり，汪精衛*1が主席になった．広州国民政府は同年末までに広東省内の軍事・財政の統一化を進め，省レベルの「党治」体制を固め，さらに隣接する広西省も李宗仁，白崇禧らが省内を統一して，国民党側に帰順したので，両広をその根拠地とすることができた．

　この間，国民党内では国共対立と錯綜しつつ，孫文の死後の指導権をめぐる権力闘争が展開した．1925年8月には，左派の廖仲愷暗殺事件に関連して，右派実力者胡漢民*2が下野外遊した．また，1925年末には，北京の西山で林森，鄒魯など右派中央委員が会議を開いて反共を決定し，ついで上海に別個の党中央機関を設けた（西山会議派）．1926年1月には広州で国民党第2回全国代表大会が開かれ，左派・共産党員が優勢を占め，西山会議参加者等を除名した．同大会では，黄埔軍官学校校長の蔣介石が中央執行委員に選ばれ，以後政治的に台頭していった．蔣は，26年3月20日の中山艦事件で実力を発動して共産党とソ連顧問を圧迫し，汪精衛に外遊を余儀なくさせた．また同年5月には，国民党第2期第2回中央委員会で「党務整理案」を可決させ，国民党内での共産党活動を制限した．

*1　1883-1944 広東．国民党左派の指導者．法政大に留学．

*2　1879-1936 広東．原籍江西．国民党右派の指導者．弘文学院・法政大に留学．

第2回中央委員会では「時期を定め北伐を行うこと」が決定され，軍事力による全国統一がいよいよ課題に上った．すでに広東，広西両省を革命政権の根拠地に固めることができたことのほか，北方情勢が暗転し，革命運動が弾圧され，軍事的対応が必要になったと考えられており，蔣介石の強いイニシアチブの下，北伐実施が決定したのである．

　北方情勢の暗転というのは次のようである．1924年末以来，中国北方では張作霖等奉天派と馮玉祥等国民軍の間で均衡が保たれ，後者の国民党・ソ連との連繫方針により北京，天津や西方地域でも国共両党の活動や革命運動が許容されてきた．だが，郭松齢事件（38頁）を機にこの均衡は崩れ，26年初頭以後，奉天派が「反赤」を掲げて国民軍を攻撃し，北方を支配し，革命運動を弾圧する事態となった．北京では，26年3月18日に段祺瑞執政府による学生運動弾圧事件も起きている（三・一八事件，37頁）．さらに，これを機会に直隷派が復活し，湖南に侵攻し，国民政府を支持する唐生智*1等との戦闘が繰り広げられており，広州の革命勢力としてはこれを援助する必要があったのである．

　こうして，1926年7月から蔣介石を中国国民革命軍総司令とし，軍閥打倒・全国統一を目指した北伐が開始された．奉天派など「軍閥」勢力が実権を握る北京政府を打倒するという意味が，この北伐の2字にこめられている*2．北伐軍は破竹の進撃を続け，10月には武昌，11月には南昌，12月には福州を占領し，年末には長江に達し，南京，上海に迫る勢いを示した．このような急速な勝利の原因は，①北伐軍が厳正な訓練と政治教育により，士気旺盛で強い戦闘力をもっていたこと，②進軍地域の民衆が革命軍を支援したこと，のほか，③各地地方軍が国民政府側に帰順して国民革命軍に参入したこと，④ソ連の武

*1　1889-1970　湖南．北伐で活躍，1932年軍事参議院院長．南京防衛失敗後引退．

*2　北伐軍は国民革命歌を歌いながら進軍した．

図1-23　国民革命歌

器，財政，及び軍事顧問の作戦指揮等の諸援助も重要であったと考えられる．

　北伐の進展とともに各地で民衆運動が発展し，上海などの労働運動，湖南などの農民運動も高揚した．1927年1月には，漢口，九江で市民が実力でイギリス租界を奪取するという事態も発生した（後に正式交渉で返還確定）．上海では，1926年10月以来，中共指導下の労働者による武装蜂起が試みられ，27年3月21日の蜂起を経て，北伐軍の侵攻と敵軍敗退を背景に，ついに資本家をも含む上海特別市臨時政府が成立した．

　だが，北伐による領域拡大と民衆運動の急進化は，国民党内の対立を激化させ，国民政府の分裂を招いた．すなわち，1927年初め

図1-24　北伐の進展

に武漢に移った国民政府は国民党左派と共産党の拠点となり，治下では急進的労農運動が展開し，国民党の軍・政指導者を刺激した．さらに，27年3月の国民党第2期第3回中央委員会は蔣介石の権限を抑え，さらに4月に汪精衛が帰国すると武漢側は汪を指導者として蔣打倒をめざした．これに対し，蔣介石は党元老や広西派の支持を得て，4月12日，上海で共産党・労働運動に対する弾圧を行い（四・一二クーデタ），さらに4月18日南京に別個の国民政府を樹立して対抗した．武漢国民政府は，経済的困難，労農運動の急進化，地方勢力の離反，内部闘争の激化の中で崩壊の道をたどり，7月15日に共産党と

分離を決した．中共もまた国民党政権の打倒を目指し，武装蜂起路線に走ることとなった（73頁）．

国共合作の崩壊後，武漢，南京の両国民政府の妥協が成立し，南京に合同した国民政府が成立した．1928年4月，一時下野していた蔣介石が国民革命軍総司令に復帰し，北伐を再開（第2次北伐），6月8日に北京を占領した．奉天派の首領張作霖は奉天近くで日本側によって爆死させられ（76頁），その子張学良*1は同年12月29日，東三省の易幟を行って国民政府帰順を表明した．易幟とは掲げるべき旗を変えるという意味であり，この場合，従来の国旗であった五色旗（26頁）を，紅地の左上隅に国民党のシンボルである青天白日を配した青天白日満地紅*2の新しい国旗に変えることを意味している．こうして，国民党の下で全国は一応，統一された．

*1 1901-2001 遼寧．東北軍指導者．西安事変後50余年間監禁された．

*2 図2-10（75頁）の向かって右側にあるのが青天白日満地紅旗．

第2章
国民党中国の近代化と抗日戦争

首都南京の都市計画

1928年から1949年まで，中国は国民党の統治下にあった．国民党政権は「訓政」という名の一党独裁システムを創設して国づくりを進め，1940年代末には新憲法を制定し憲政への移行をめざした．この国民党が統治していた時代に，中国の重要な対外的主権が回復し，近代的な社会経済が急速に発展した．1937年に始まる日本の全面侵略に抵抗し，最終的に第二次世界大戦における勝利を勝ちえたのは，国民党が樹立した中華民国国民政府である．しかし1945年の戦勝の直後，1949年革命によって国民党の全国統治は崩壊した．現在まで続く中華人民共和国は，共産党などが国民党の統治を覆し成立させたものである．にもかかわらず，国家と社会経済を構成する個々の要素に着目すると，人民共和国は，その多くを国民政府時期の諸達成に負っていたことが判明する．本章はこの国民党時代における中国のあゆみを，抗日戦争終結時点まで追う．

1　自立への模索

国民政府の外交・財政・経済政策

　1928年6月，北京にあった中華民国政府を倒し，同年末までに全国を支配下に置いた国民政府は，新たな首都を南京に定め積極的な外交政策を展開した．その最大の成果が，1928年の中米関税条約から1930年の日中関税協定に到る各国との交渉を通じて実現した関税自主権の回復である[*1]．これによって中国は，19世紀半ば以降の対外条約によって課されていた一律5％という税率規制から脱却し，輸出入貿易に対する関税を自主的に制定できるようになった．それは単に外交上の大きな成功だったばかりではなく，安定した税収源を確保し中央政府財政の基礎を固めていく上でも，また外国品の流入を規制し国内産業を保護する関税政策を進めていく上でも，きわめて重要な意味をもつ成果であった．

*1 『(世)史料10』117-118頁.

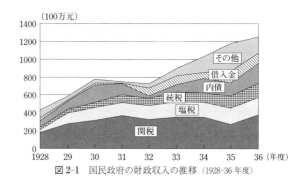

図 2-1 国民政府の財政収入の推移 (1928-36 年度)

財政面で外債に依拠しようとして失敗した中華民国北京政府とは異なり,国民政府は,政府自身の税収増加に全力を傾注した.それが財政部長宋子文*1らの推進した関税引上げであり,塩税の徴収制度改革であり,統一貨物税(統税)の創設であった.塩税改革と統税創設をはじめとした国内税制整備のため,国民政府は何人もの有能なエキスパートを登用している.関税,塩税,統税の三大間接税により,国民政府は安定した中央政府税収を確保し権力基盤の確立に成功するとともに,その安定した税収を償還基金に国債を発行

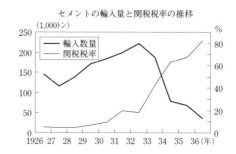

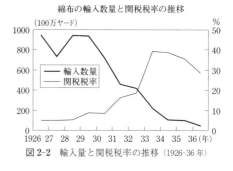

図 2-2 輸入量と関税税率の推移 (1926-36 年)

し,政府収入の一層の増加も図ることができた (図2-1).保護関税は,国内産業界から保護関税の設置が切望されていた綿製品,セメント,雑貨などの輸入税率を引上げていくこと (図 2-2) によって達成された.従来5%未満に抑えられていた平均税率は1930年に10%台に達し,35年には30%を上回るま

*1 1894-1971 上海.ハーバード大卒.財政部長,行政院長など歴任.孫文夫人宋慶齢の弟,蔣介石夫人宋美齢の兄.

でに至っている．

最初に新条約に応じたアメリカ，半年後にそれに追随したイギリスなどは，中国の保護関税政策の対象になるような軽工業品の輸出が少額だった上，関税自主権を認める姿勢を打ち出し中国の民族主義勢力との間に良好な関係を築くことを重視していた．それに対し綿布・雑貨など自国の対中国輸出品に対する打撃が大きいことを懸念した日本は，さいごまで中国の関税自主権回復を認めることに消極的であった．しかし前述したように，中国の関税自主権を認めることは，日本も出席した1921-22年のワシントン会議における国際的な確認事項だったし，日本以外の列強は1930年までに全て新条約に応じていた．こうした中，1年ないし3年の間，一部品目の税率を据置くことを条件に，日本もまた中国の関税自主権を認める日中関税協定を結ばざるを得ない状況に追い込まれた．

一方，1935年に実施された通貨制度の抜本的な改革，幣制改革は，イギリスの精神的な支援とアメリカの財政的な支援を得て大きな成功を収めた．幣制改革は中国銀行・交通銀行・中央銀行などの政府系銀行が発行する法幣という紙幣によって中国国内の通貨を統一するとともに，その法幣のドル為替レートとポンド為替レートを一定の水準で維持することを約束し，通貨価値を低めに切下げながら安定化させたものである．これによって中国経済は1930年代前半に陥っていた深刻な経済恐慌を脱し，対外貿易収支も大幅に改善した．幣制改革に際し，イギリス政府は，当時，中国経済に大きな影響力を持っていた香

図2-3 幣制改革後発行の新札

港上海銀行などイギリス系有力銀行に対し国民政府の幣制改革に協力するよう指示し，アメリカ政府は国民政府が法幣と交換して集めた中国国内の銀を米ドルによって購入し，そのことによって多額のドル為替を国民政府に提供し，国民政府が法幣の対外為替レートを維持することを助けた．しかしこの時も日本は，華北に対する自国の経済的影響力が弱まることを嫌い，幣制改革の円滑な実施を妨げる態度をとった．

関税自主権の回復にせよ，幣制改革の実施にせよ，国民政府の外交政策と財政経済政策の多くは，国内産業の発展，政府財政の充実，金融制度の整備など，中国側の主体的条件がある程度成熟してきたことを基礎に，アメリカやイギリスの支持も得ることによって相当の成果を収めることができた．ただし列強は，外国資本の対中国投資と経営の安全を保障する治外法権を堅持する姿勢は崩さなかった．そのため，いわゆる不平等条約を完全に廃棄し，平等な関係をとりきめる新条約が締結されるのは，第二次世界大戦中のことになった（92頁）．また，中国がソ連から東北地域の中東鉄道[*1]経営権を回収しようとして起きた1929年の中東鉄道紛争の場合，東北地域の張学良政権の思惑が絡み，準備不足のまま強行回収という急進主義的政策が実施されたため，結局失敗に終わっている．

国民政府の外交・財政・経済政策にとって大きな障害になったのは，日本の存在であった．関税問題でも幣制問題でも，日本は国民政府の政策展開を妨げる立場をとった．次節で述べる日本の東北侵略と華北への圧迫をめぐる紛糾は，日中間の対立を一層深刻なものにしていく．

戦間期中国経済の発展

上海など沿海都市部の軽工業にとって，第一次世界大戦（1914-18）の勃発は，天の助けともいうべきできごとであった．戦火の影響で欧米からの輸入が途絶え，その分，国産品の市場

*1 ロシアが築きソ連が管理運営していた中国東北地域北部の横断鉄道．別称，東支鉄道．

が一気に広がったからである．主として国内市場向けの製品をつくる繊維，食品，雑貨などの工場設立があいつぎ，街は好景気に沸いた．民族産業の黄金期とも称されたこの時期の発展を大きな契機として，1920年代から30年代にかけ，国産品が輸入品に取って替わるような過程の工業化＝輸入代替工業化が，軽工業を中心に本格的に進展していく（図2-4，図2-5）．こうした発展を担ったのは，必ずしも産業勃興期と同じ企業ではなかった．綿業を例にとると，19世紀末に創設された欧米商社系紡績工場の多くは高コスト経営のため経営難に陥り，1930年代以降になると姿を消した．かわって，原棉産地でもあり織物産地でもある内陸地域に建設された中国資本の工場や，すぐれた技術力・経営力をもった日本本国の紡績資本が上海，青島などに設立した在華紡工場が急増していく．

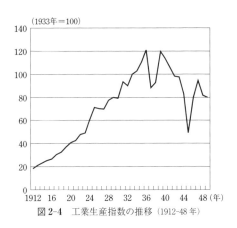
図2-4　工業生産指数の推移（1912-48年）

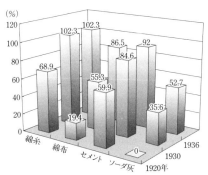
図2-5　工業製品自給率の推移（1920-36年）

　輸入代替工業化の進展には，歴代の中国政府の経済政策が重要な役割を果たした．商法，民法から会社法*1，工場法，銀行法に至るまでの経済法制の整備，輸入関税の引上げをはじめとする一連の国内産業保護政策，通貨制度の統一と安定化，各種の産業政策等々．こうした施策は，すでに清朝政府や中華民国北京政府によっても取り組まれていたが*2，とくに南京国民政府時期に，めざましい成果をおさめるようになった．前述したように，国内産業を保護する輸入関税が設定され，通貨制度の

＊1　国民政府の会社法は1929年12月26日公布，31年7月1日施行．台湾で現在も通用．

＊2　会社法を例にとると，最初は清末新政期の1903年に，ついで民国初期の1914年に制定．

統一と安定化をもたらす幣制改革が実施された．当時の主力産業であった軽工業発展のための方策として，棉花・蚕種・茶葉など原料農産物の改良と普及が全国経済委員会，実業部などの主導によって推進され，鉄道・道路などの産業基盤整備も進んだ．国防力強化を意識した資源委員会による重化学工業振興政策も1930年代半ばに開始された．

一方，南京国民政府時期には，アメリカからの棉麦借款*1，義和団賠償金を用いたイギリスからの援助*2，国際連盟からの技術援助など国際的な援助も実施され，重要な役割を果たしている．軽工業を中心とする輸入代替工業化が進むなかで，人絹織布，家電雑貨などの産業分野では東南アジア市場への進出をめざす動きも生まれていた．このような経済政策のある程度の成功は，政府の支持基盤を一段と強めることにも貢献している．

1929年に始まる世界大恐慌は，当時まだ銀通貨圏に属していた中国に対し，やや遅れて波及した．当初のうち，恐慌にともなう世界的な銀価格の低落が，中国の外国為替レートを切下げる意味を持ち，輸出促進的・輸入抑制的な効果と景気刺激策的な効果とを生じ，恐慌の影響をやわらげていたからである．しかし恐慌対策に迫られた世界各国が金本位制から離脱して管理通貨制に移行し，各国の外為レートを切下げるようになると，銀通貨圏の中国が享受していた銀価低落に伴う外為レート切下げという意味は失われた．さらに銀産出国のアメリカが銀価格引上げのための銀買入れ政策を実施するようになると，逆に外為レートの切上げ効果と銀貨の国外流失にともなう金融引締め効果が生じるようになり，事態は一挙に暗転する．恐慌の打撃は厳しく，輸出産業を中心に工業生産の伸びが低下し（図2-4），多くの企業が経営危機に直面し，農村経済も荒廃した．この危機を打開し，景気回復をもたらした重要な施策こそ，先に述べたような1935年の幣制改革であった．

*1 1933年締結．アメリカが中国に引渡す棉花と小麦の売却収益を資金源とした．
*2 イギリスへの分割払いが続いていた義和団賠償金を中国の鉄道資材購入資金とした．

国内統一の進展

民族運動の波頭に乗る政権——同時代の最もすぐれたチャイナ・ウォッチャー尾崎秀実は，蔣介石らの南京国民政府のことをこう表現した．波に乗っている限り政権は前へ進んでいく，しかしひとたびその波頭からたたき落とされるならば……という理解である．国民政府が関税自主権の回復という外交的成果を前面に掲げながら国内統一を追求し，「革命は未だに成功していない．力を合わせ奮闘せよ．」との孫文の遺言をことあるごとに強調——各種会議の際に必ず斉唱され学校教育の中でも徹底された——して自らが民族・民権・民生という三民主義思想の正当な継承者であることを標榜したのは，民族主義政権としての同政府の基本的な立場に由来するものだった．1928年6月に北京政府が瓦解し，12月にはそれまで態度を留保していた東北地域の張学良らの軍と地方政府も南京側に従う意思を表明した（易幟．旗のぼりを変える意味）ため，同年末以降，国民政府は中国全体を代表する地位に就いた．

成立初期の南京国民政府は軍事政権的な性格が強い政府であった．1927年に四・一二クーデタを決行した蔣介石らとそれに同調した地方軍指導者が大きな影響力を持ち，北京政府の打倒も1928年春に再開された北伐という軍事作戦によって遂行されたものであった．したがって国内を統一し統治を安定化させるには，平時には多過ぎる数となっていた軍隊の削減や地方配備体制の再編など，軍の中央集権化と種々の権力基盤強化策が不可欠であった．蔣介石らの中央政府軍のほか，馮玉祥の西北軍，閻錫山の山西軍，李宗仁・白崇禧らの広西軍など地方軍が

図2-6　国民政府の正門

図2-7　孫文霊柩移転式典（1929年6月1日）

大きな勢力を保持していたからである．

　権力基盤の強化策としてとくに重要な意味を持ったのが，「訓政」という国民党による一党独裁体制であった．国民党の創設者である孫文が 1910 年代から提唱していた「訓政」論は，「革命勢力による独裁」という国民革命期に影響力を広げた考え方とも合致する面を持っていた．1928 年 10 月の訓政綱領や 1931 年 5 月の訓政時期約法*1 という基本法によれば，革命期の「軍政」に続く「訓政」時期は，国民自身が政治権力を行使する「憲政」期を準備すべく，国民党が国民を訓練する期間だとされ，さしあたりは国民党による政治権力の独占と他党派の政治活動規制とを合理化できる論理だった．ただしこれに対しては「憲法の下での訓練こそが大切」と『新月』誌上で喝破した胡適のように厳しい批判も出されたため，1932 年 12 月の国民党第 4 期第 3 回中央委員会は，憲政を準備すべく憲法草案の起草を立法院に求めることを決めている．

　とはいえ肝心の国民党内の事情には複雑なものがあった．中央政府軍を掌握し党内主流派の位置を占めた蔣介石派にしても，党内の圧倒的多数を結集していたわけではない．民衆運動の推進など国民党改組時の方針の継承を強く主張する陳公博*2，施存統*3 らの左派（改組派）は『革命評論』誌を発行し青年党員の大きな支持を集めていたし，その一方では改組派の主張に真っ向から対立する旧西山会議派や胡漢民・孫科*4 らの広東派が無視できない力を保っていた．国民党の政党としての力量にも大きな限界があった．50 万人以下にとどまった一般党員は知識人層と官僚層にほとんど限られ，地域的にも広東や南京，上海などに偏っていた．一党独裁を機能させていくための条件は，政党自身の力量という面からも大きな制約を受けていた．その克服策の一つが，軍人を中心とする中華民族復興社*5 のような擁蔣反共の秘密結社を組織し自派の基盤強化を図ることであった．

*1 『(世) 史料 10』118-120 頁．

*2 1892-1946 広東．1921 年共産党員．翌年離党．国民党左派．32 年実業部長．戦時に汪政権に参加．戦後処刑．

*3 1899-1970 浙江．別名施復亮．1921 年共産党員，27 年離党．30 年代，抗日運動へ参加．

*4 1891-1973 広東．孫文の子．米コロンビア大卒．国民革命に参加．立法院長，財政部長など．

*5 1932 年成立．中核に三民主義力行社，外郭に革命軍人同志会など．"藍衣社"は通称．

地方勢力の間には，中央政府に反旗を翻す動きがしばしば広がった．1930年には閻錫山らの地方軍指導者と汪精衛ら改組派が連携して北平（北京）*1 に地方政権を樹立したため，中央政府軍との間で中原大戦と呼ばれる大きな内戦が勃発した．この時は張学良の東北軍が中央支持にまわり，閻錫山らが敗北している．1931年5月，こんどは南の広州に広東軍の支持を背景に孫科らの広東派が中心になって地方政権が樹立され，国民党の中央委員会を分裂開催した．その後，同年9月に勃発した日本の東北侵略に対抗すべく挙国一致を求める世論が強くなったため，南京政府側が広東派を迎え入れている（78頁）．しかし広東派は軍や財政の実権を握ることはできず1カ月足らずのうちに退出を迫られ，結局，蔣介石派を中心に汪精衛派が緊密に協力するという「蔣汪合作政権」の体制が，1932年から1935年まで続くことになった．この間にも，1933年末の福建事変*2 や1936年の両広事変*3（82頁）など，地方軍と国民党の一部勢力が結んだ反中央政府の動きが繰り返されている．

　しかし1932年以降の地方軍の反乱は，いずれもきわめて短期間に中央政府側によって収拾され，蔣介石派の優位が揺るぎないものになっていく．外交・財政・経済政策の成功が，確実に中央政府の権力基盤を強めていたからである．さらに1935年11月，対日妥協政策を批判されていた汪精衛が狙撃され汪派の立場が弱体化すると，南京国民政府内部における蔣介石の権威は一段と上昇した．

　蔣介石政権の中央集権化政策を支えた政治的理念は，「安内攘外」論であった．まずは「安内」＝国内の安定化を図り，ついで「攘外」＝日本という外敵の駆逐にあたることを意味する．国内の安定化という主張には，反政府武装闘争を展開していた共産党軍に対する掃討作戦を根拠づけ，地方軍の中央に対する反乱や他党派による政府批判を封じ込める狙いも含まれていた．にもかかわらず，日本の東北侵略と華北への圧迫に危機感を抱

*1　南京を首都にした国民政府は北京を「北平」に改称した．人民共和国成立後，北京に戻る．

*2　十九路軍の蔡廷鍇らと反蔣勢力が1933年11月，福州に人民革命政府樹立．翌年1月敗走．

*3　広西派の李宗仁，白崇禧らが1936年6月「北上抗日」を掲げ軍を動員．9月には収拾．

き，内政の動揺と混乱を憂慮していた多くの中国民衆にとって，この主張はそれなりの説得力を持ち，蔣介石派による政局主導権の獲得を助けた．

「安内」＝国内の安定化に向け，国民党・国民政府は，共産党系の民衆運動を抑え込むとともに，独自の方向性をもって民衆の組織化と生活改善，憲政の準備などに取り組んだ．その１つは労資協調主義的，民族主義的な労働運動を支持育成することであり，労資争議の仲裁調停の仕組みを整える一方，7万人の組合員を抱える上海市総工会の活動や中国労働協会の設立（1935年）を公認している．また日本軍の山東出兵に抗議する日本商品ボイコット運動（1928-29）や東北侵略に抗議する日本商品ボイコット運動（1931-32）は，党・政府当局の支持の下，空前の規模に達した．1934年からはイタリアのファシズムなどを参照し，「礼義廉恥」の儒教倫理と近代社会の保健衛生観念を取入れ，日常生活におけるモラルの確立を通じて社会の近代化を進め，国民統合の徹底を図ろうとする新生活運動も始まった．並行して工場法（1929年）*1，土地法（1930年）*2などが公布され，労働者・農民の生活や権利を擁護する立法措置が採られた．地方行政機構の強化をめざし，農家10戸を１単位に「甲」，10甲を１単位に「保」として治安維持や政治教育に当たらせる保甲制も，1931年以降，江西，湖北，江蘇など各地に広がった．

他方では，訓政から憲政への移行を準備すべく，立法院の孫科，呉経熊*3，張知本*4らが中心になり，民間の意見も募りながら新憲法の草案作成を進めていた．『大公報』，『東方雑誌』などの全国的メディアで盛んに議論が交わされ，主に『独立評論』誌に拠って国会や三権分立を重視する議論を展開したリベ

図2-8　国民党の指導下で開かれた上海市抗日救国市民大会（1931年10月）

*1　原語は工廠法．労働者を保護すべく，労働時間，労働環境などが規定された．
*2　農民の耕作権保護を含め，土地の登記方法，課税方法などが詳細に規定された．
*3　1899-1986 浙江．アメリカ留学，東呉大学教授．1931年立法委員．
*4　1881-1976 湖北．日本留学．同盟会員．1913年国会参議員．国民党第１回大会出席．

1　自立への模索

ラル派に対し,『時代公論』誌などに拠った国民党系の学者は三民主義と国民党の卓越した地位を説き,対立した.1936年5月5日に公布された憲法草案[*1]（「五五憲草」）は両者の主張を折衷した内容にとどまったとはいえ,おおむね憲政実現への新たな一歩と受けとめられ,抗戦期の憲政運動にも引き継がれていく.

[*1] 『(世) 史料10』246-247頁.

しかし「攘外」＝日本という外敵の駆逐は「安内」に比べてはるかに困難な課題であり,国民政府は「一面抵抗一面交渉」を唱え,対日妥協政策をもって臨んでいた (80-81頁).それに対し1930年代半ば以降,「攘外」を先延ばしにする国民政府に対する国民の批判が強まり,日本の侵略への抵抗を呼びかける抗日運動が広がっていく.

抗日運動の拡大と共産党の方針転換

1930年代半ば以降の抗日運動の中では,とくに1935年の一二・九運動と1936年の上海在華紡ストが大きな反響を呼んだ.一二・九運動とは,日本軍の華北分離工作に対する妥協策として河北省に「政務委員会」という特殊な政治機構が設けられようとしていたのに抗議し,北平（北京）の清華大学などの学生たちが1935年12月9日,抗日デモを敢行した事件である.各地に運動が波及するなかで,1936年の春以降,民衆団体の代表を集めた救国連合会という組織が結成されていった (82頁).

また同年11月に勃発した上海の日本資本紡績工場（在華紡）のストは,景気好転にともなう労働強化反対と賃上げ要求という労資間紛争に端を発しながら,労働者解雇の動きに沈鈞儒[*2],章乃器[*3]ら全国各界救国連合会幹部が抗議し,こんどは彼らがスト扇動容疑で逮捕されるという経緯を経て,救国会幹部釈放を求め抗日世論が総結集する大きな政治運動へ発展した事件だった.こうした動きの一部には,方針転換した共産党の影響も及んでいる.一方,民衆団体の存在を肯定し民族主義を看板に

[*2] 1875-1963 浙江.日本留学.立憲運動に参加.1928年から弁護士.民主同盟に加入.

[*3] 1897-1977 浙江.銀行家,経済評論家.1945年に民主建国会を組織.

掲げていた国民政府は，抗日世論や抗日運動を完全に禁止するわけにいかなかった．

ここで，方針転換にいたるまでの共産党の動きをまとめておこう．国民革命の戦線から国民党によって排除された共産党は，当初，国民党こそが革命を裏切ったとして，1927年8月1日の江西省南昌における軍隊の反乱や同年12月の広東省広州における武装蜂起を皮切りに，国民党の統治に対決する姿勢を打ち出した．1928年6-7月にモスクワで開かれた中国共産党第6回全国大会は，反帝反封建の民主主義革命を主張し，国民党政府の打倒と「ソヴェト」（労農兵代表協議会）に基礎を置く革命政府の樹立，外資系企業の没収，地主の土地没収と農民への再配分（土地革命と呼ばれた）などの方針を採択した．ソヴェト革命路線は，同じ年に開かれたコミンテルン第6回大会の諸決定を忠実に反映したものであり，「全般的危機の第三段階」を迎えたとされる資本主義世界経済の急速な崩壊と革命運動の短時日のうちの勝利を期待する非現実的な見地に貫かれている．そのため，冒険主義的な行動と武装蜂起を繰り返した共産党は，国民政府の厳しい弾圧の下，都市部での労働運動や知識人に対する影響力をほとんど失っていった．

わずかに共産党の勢力は，国民政府の統治が及ばない湖南・江西両省省境地帯の井崗山に毛沢東*1・朱徳*2らの努力で築かれた武装根拠地など，華中・華南の一部地方においてだけ維持された．これらの地域を統合し，1931年11月には江西省瑞金で中華ソヴェト（「蘇維埃」）共和国の樹立が宣言された．共産党は独自の武装勢力（紅軍）によって掃討部隊に抵抗し，250万人が暮らす5万km^{2}の地域を支配下に置いたと称した．

しかし国民政府の統治が安定度を増すにつれ，共産党の武装割拠が可能な条件は失われていった．とくに1933年以降，自動車道路とトーチカ（小型防御陣地）網を張りめぐらし，中央政府軍の主力部隊が掃討に乗り出してくると，共産党軍は後退

*1 1893-1976 湖南．師範学校に学び北京大学図書館に勤務．1921年共産党に入党．国民革命に参加．

*2 1886-1976 四川．軍人．1922-25年ドイツ留学，共産党に入党しソ連留学．国民革命に参加．

を余儀なくされ，1934年10月には瑞金を含む中央根拠地も放棄された．西北へ長い逃避行（後に「長征」と称された）を続けた共産党軍は，1935年10月，チベット高原東端の山間部を抜けて陝西省北部に姿を現し，当初は呉起鎮，ついで保安を拠点とし，1937年以降は延安に新たな武装根拠地を築くことになる．この時期に開かれた遵義会議*1などを通じ，共産党指導部内における軍事面の指導権を毛沢東が掌握した．

*1　1935年1月貴州省遵義で開かれた共産党中央の政治局拡大会議．

ソヴェト革命路線が破綻に追い込まれた頃，中国国内では抗日の世論と運動が大きなうねりになりつつあった．時あたかも1935年7-8月に開かれたコミンテルン第7回大会は，反ファッショ統一戦線というソ連の国益にも合致した新方針を打ちだし，ドイツ・イタリア・日本などのファッショ的侵略勢力に対決し，各国の共産主義者があらゆる政治勢力と団結することを決定している．中国共産党の代表団も，従来の方針を大きく転換し，日本の侵略に共同で対処することを訴える文書を発表した．これは1935年8月1日という文書の日付により八・一宣言*2と呼ばれる．数カ月後に同宣言を入手した中国国内の共産党指導部も，国内情勢の独自の分析を踏まえつつ，新方針に沿って活動を進めるようになった．

*2　『(世) 史料10』244-246頁．

このような情勢の下，西安事変が突発した．陝西省西安で共産党軍掃討に当たっていた東北軍の張学良と西北軍の楊虎城が，1936年12月12日，督戦にやってきた蔣介石を拘禁し，共産党軍掃討戦の中止と抗日を迫ったといわれる事件である*3．九・一八事変の際に対日不抵抗を非難され，共産党軍掃討戦により自らの東北軍が日々傷つくのを眼にしていた張学良には，抗日世論に乗って名誉挽回と勢力回復を図る狙いがあった．しかし張学良側は明確な見通しと十分な準備を整えていたわけではない．蔣夫人の宋美齢たちが交渉に駆けつけ，

*3　西安事変時の張学良らの宣言『(世) 史料10』248-249頁．

図2-9　抗日を求める西安市民の集会（1936年12月）

共産党の周恩来*1らも調停に努力した結果，12月26日，蔣介石は解放された．張学良はその後50年以上も国民党によって軟禁されることになる．蔣介石に対するクーデタとしては西安事変は失敗であった．しかし生還した蔣介石を全国の民衆が歓呼して迎えたことに示されるとおり，この事件は中国の国内統一と日本への抵抗において蔣介石と南京国民政府がもつ役割の大きさを改めて鮮明にし，抗日に向け国共両党が提携する動きを加速させるものにもなった（83頁）．1937年2月，国民党第5期第3回中央委員会は，条件付きながら抗日戦争のため共産党軍の存在を容認する決議を採択している*2．

図 2-10　国共両党の交渉開始頃の延安の会議場（1937年5月）

*1　1898-1976 江蘇．日本留学，1920-24年渡仏，21年共産党に入党．国民革命に参加．

2　帝国日本との対決

東北情勢と九・一八事変

日露戦争以来，日本は関東州租借地を領有し，南満洲鉄道（満鉄）を経営し，関東軍を置く満洲（中国東北）を，日本帝国の安定と発展に枢要な特殊地域として重視していた．そのために，日本は張作霖を首領とする奉天派を支援し，その権益の維持・増進を図っていたが，1920年代後半以後，東北の土地，鉄道権益をめぐる対立，張の内戦関与による経済混乱，「排日」運動の発展によって日本側，特に関東軍や居留民は強い不満を抱き，双方の矛盾が先鋭化してきていた．

おりから，1927年4月に成立した田中義一*3内閣（政友会）は対華積極外交を標榜し，二度の山東出兵を行って北伐を妨害し，28年5月3日には済南事件*4を引き起こした．田中はなお張作霖を利用可能とみており，奉天軍が北伐軍に敗れて潰退する前に，東北に撤退するように強く勧告した．張作霖は渋々

*2　『(世) 史料10』249-251頁．

*3　1864-1929 山口県．陸軍大臣を経て，政界入り．政友会総裁として1927-29年組閣．
*4　山東省済南での日本軍と国民革命軍の衝突事件．中国側5000人以上死傷．

これに従い，北京から瀋陽（奉天）に列車で帰還することとなったが，6月4日，奉天到着直前に列車が爆破され，まもなく死去した．関東軍高級参謀河本大作らの仕業であった．河本は，張を謀殺し，張死後の混乱に乗じて関東軍が出動して満洲を制圧し，一挙に「満蒙問題」を解決することを企図し

図 2-11　張作霖爆殺現場

たのである．しかし，期待したような混乱は生じず，張学良が奉天派の首領を継承し，12月29日には東三省易幟（60頁）を実行し，国民政府服従を表明した．以後，張学良は東北地域で鉄道，港湾建設や金融整理などの近代化政策を推進した．

　1929年7月，田中内閣は倒壊し，民政党の浜口雄幸内閣の下で，幣原喜重郎＊1が再び外相を担当した．だが，田中外交の2年間に日中関係は一挙に悪化し，各地で激しい反日運動が展開され，日本は経済的打撃を受け，さらに列強が国民政府に接近を図る中で関係改善を図ることができず，孤立した．また，満洲の利権交渉は進捗せず，さまざまな懸案が累積しており，日本の対中国政策はまったく行き詰まりの様相を呈した．他方，張爆殺事件以後，日本陸軍は政治的にいっそう専横の度を強め，さらに関東軍は石原莞爾＊2参謀の下で，より周到な満洲占領計画を準備するようになった．

　まもなく，関東軍にとって好都合な環境が訪れた．昭和恐慌と世界大恐慌による経済危機は，日本国内で深刻な社会不安を招き，対外強硬論が強まった．そして1930年秋以降，日本では「満鉄の危機」，さらには「満蒙の危機」が叫ばれ，それは中国東北当局の満鉄包囲鉄道網政策などの排日政策によるものだと喧伝された．さらに，1931年7月の万宝山事件＊3発生と8月17日の中村大尉事件＊4公表により，日本の世論は沸騰し，政府が強硬な交渉を行ったほか，関東軍も威嚇を行ったため，

＊1　1872-1951 大阪府．外交官．1924-27年，29-31年外相，1945-46年首相．

＊2　1889-1949 山形県．1928年関東軍主任参謀，35年参謀本部作戦課長，ついで戦争指導課長．41年予備役．
＊3　吉林省長春市西北の万宝山付近で起きた朝鮮人開拓農民と中国人農民との衝突事件．
＊4　北満洲で参謀本部員中村震太郎大尉ら4人が東北軍兵士に殺害された事件．

東北における日中関係は緊張し，一触即発の雰囲気を醸した．このような日本での満洲をめぐる危機感の高まりと現地における緊張は，関東軍の「満蒙問題」解決構想の実施に絶好の機会を与えるものであった．

かくして9月18日，関東軍は瀋陽北郊の柳条湖で中国軍によって満鉄線が爆破されたとの口実で軍を出動し，満鉄沿線の都市，拠点を攻撃，占領した[*1]．さらに，朝鮮駐屯日本軍も越境出動し，日本軍はまたたく間に東北各地を占領した．満洲事変（九・一八事変）の開始である．

この日本の武力侵略に対し，中国当局はいわゆる「不抵抗政策」をとり，正面から軍事的に抵抗することはなく，問題を国際連盟および列強に訴え，外交的に解決することを図った．では，なぜ中国政府はこのような政策を取ったのだろうか．

その理由は，第1に当時の国内分裂のため，東北側も国民政府中央も日本の軍事行動に正面から対応する余裕がなかったことである．すなわち，東北軍は1930年の内戦で蔣介石側について華北に精鋭軍を入れ，張学良も北平に居を移した．また，1931年春以降，国民政府内で内紛が起こり，反蔣介石派は広州に別個の国民党・国民政府を樹立し，さらに湖南に出兵した．このため，南京政府側は共産党軍と反蔣軍の双方に対処せざるをえず，軍事的に掣肘（せいちゅう）された．31年7月には華北でも反蔣側に呼応する反乱が起き，東北軍はさらに華北に部隊を増派したため，東北防衛はますます空洞化してしまったのである．

第2に，東北，南京など中国側の日本観がある．彼らは，中国は弱体であり，もし日本と戦えば敗北して国権を失い，さらには亡国の事態となるのは必至だと考えていた．だが同時に中国側は，日本は国際的には脆弱であり，国際的圧迫を受ければ，かつての三国干渉やワシントン会議での山東問題のように従わざるをえないとも期待していた．このため，中国側は日本側の挑撥を回避して武力対決を避けるとともに，問題の外交的解決

[*1] 実際に爆破したのは関東軍の将兵だったことが戦後，当事者の証言により明らかにされた．

を図ったのである．

　こうして，国民政府は東北軍に対日衝突回避を命じて事態の沈静化を図る一方，日本の侵略を国際連盟に提訴し，紛争の国際化により日本を抑え，その解決を図ろうとした．また，対内的には，9月23日付の「国民政府告国民書」*1で政府の方針を述べて国民の理解を求める一方，広州の反蔣派との妥協を探り，全国の一致団結を得ようとした．

*1 『(世) 史料10』238-239頁．

　だが，国際連盟理事会は中国の提訴に基づき東北問題を討議し，何度も日本側に撤兵を要求する決議を可決したが，効果はなかった．連盟はリットン調査団を派遣して日中紛争の調査を行い，1933年2月の総会で日本の行動を否認し，東三省の自治組織樹立，国際管理を提案する報告書*2を採択したが，日本はこれを受けいれず，3月，国際連盟を正式に脱退した．中国の連盟訴求外交は日本の国際的孤立を促し，長期的には意味があったが，目前の日本軍の侵攻に対する抑制効果はなかった．

*2 『主要文書』下 236-264頁．

　この間，日本軍の侵攻はやむことなく，政府は領土喪失に対する世論の厳しい非難をあび，1931年末，蔣介石は下野せざるをえなくなった．ついで1932年1月，国民政府は改組され，孫科行政院長など広東系が政権をとったが，1カ月に満たずして倒壊した（70頁）．そして，ちょうど孫科政権の倒壊した1月28日，東北に続いて上海でも日中衝突が勃発した（第1次上海事変，一・二八事変）．

　第1次上海事変は，関東軍の満洲政権樹立の動きと呼応した日本軍人田中隆吉の謀略*3によるものであった．これに対し，上海地区駐屯の十九路軍および中央軍第五軍は断固として日本軍に抵抗し，激戦が展開された．中国世論は上海での抗戦開始を歓迎し，抗日救国運動がもりあがり，国民政府も洛陽に一時遷都して抵抗の姿勢を示した．日本側は非常に苦戦し，部隊を追加投入してようやく上海周辺を占領し，32年5月5日，イギリスの調停により，両軍の撤退，上海周辺の非武装地帯設置

*3 托鉢中の日本人僧侶襲撃事件を引き起こして中国人の仕業と宣伝し，開戦に到る緊張を高めた．

などを決めた淞滬停戦協定*1を締結した．

　世界の耳目が上海の戦争に向いている間，日本軍占領下の東北では，着々と「建国」準備が進展した．関東軍はもともと満蒙領有を企図していたが，国際世論を顧慮した陸軍中央に反対され，「独立国家」樹立に方針を転換し，1932年3月1日，旧宣統帝溥儀を執政とした「満洲国」を樹立した．同時に，溥儀は本庄繁関東軍司令官宛書翰で，国防と治安維持の対日委託，日本軍が必要とする鉄道・港湾等の管理及び建設の対日委託等を約した．同年9月，日本政府は「日満議定書」を締結して，満洲国での日本権益，共同防衛その他を定め，関東軍が作ったこの国を承認した*2．満洲国は，実際にはすべて日本人が「内面指導」で取り仕切る傀儡国家であり，実質的に帝国日本の新たな植民地であった．1934年3月には，満洲国は皇帝溥儀を戴く帝政に改められた（満洲帝国）．

　この間，関東軍は抗日ゲリラや地方軍の討伐を進め*3，1933年1月には山海関の中国軍を攻撃した．すでに抗日世論が高まっている中，中国政府は抵抗して華北を守ることを決定し，軍隊を北上させ長城線および熱河の防衛に当たらせた．だが，長城線では中国軍はかなりの抵抗を示したが，熱河は同省主席湯玉麟の逃亡により，あっけなく陥落した．東北を喪失して世論から「不抵抗将軍」と非難されていた張学良は，引き続き熱河を失っていっそう非難をあび，下野，外遊することとなった．

　1933年4月には，関東軍はついに長城線を越えて関内に侵入し，北平郊外を占領し，5月31日，塘沽停戦協定*4でようやく兵を収めた．この協定によって，満洲事変勃発以来の軍事行動は一段落を告げ，日本の満洲領有が確定し，満洲国の領域も事実上確定することになった．

華北をめぐる対立

　塘沽協定後の数年間，国民政府は「安内攘外」を掲げ，日本

*1 『主要文書』下205-206頁．なお淞（しょう）は上海近郊の地名の一字，滬（こ）は上海の別称．

*2 『主要文書』下215-223頁．

*3 1932年9月16日には満鉄撫順炭鉱付近の住民約3000人を虐殺した（平頂山事件，前日の抗日ゲリラ襲撃への報復）

*4 『主要文書』下274-275頁．

に宥和政策をとりつつ近代化と国防の充実に力を注ぎ，国際情勢の変化に希望を託し，将来に備える方針をとった（70-72頁）．華北問題に関しては，国民政府は北平に行政院駐北平政務整理委員会（黄郛*1委員長）と軍事委員会北平分会（何応欽*2委員長代理）を設置し，複雑な地方軍・政勢力を統御しつつ，日本に対処する方針をとっていた．中央では行政院長兼外交部長汪精衛が政治面，軍事委員会委員長蔣介石が軍事面を分担しつつ，「安内攘外」政策を推進していた．

　もっとも，国民政府部内にも宋子文財政部長や孫科立法院長のように，対日妥協に反対し，対米英ソ連携による抗日を主張する有力政治家もいた．だが，1933年には宋子文は棉麦借款に続く対華国際借款団再編，日本排除の企図が挫折し，辞職することとなった．一方，日本は1934年4月，日本が東亜に責任を持つとして列強の中国関与を排撃する天羽声明*3を発した．欧米列強はアジア・モンロー主義の表明として反発しつつも，特に強い対応は取らなかった．このような情勢下，中国は国際的な支援は期待できないと考え，対日妥協を図らざるを得なかった．かくして，1934年7月には，中国政府は前年から懸案となっていた満洲国との鉄道連絡を，年末には郵便連絡を認めた．中国側は満洲国問題を棚上げし，対日宥和による日中関係の安定を求め，35年5月には日中間大使交換が実現された．

　だが，日本軍の新たな侵略策動は，このような「日中親善」の試みを不可能にした．1935年1月，日本軍は大連会議で華北分離，親日化の方針を立て，5月には，天津の親日紙記者暗殺事件を口実に，北平・天津からの中央政府・党機関，中央軍撤退，東北系勢力撤退，抗日停止などを強硬に要求した．国民政府はやむなく受諾を決し，6月，口頭でその旨通知し，さらに日本側の強い要求で，7月6日，何応欽は要

*1　1880-1936 浙江．日本留学，蔣介石と義兄弟．外交総長，上海特別市市長等歴任．

*2　1890-1987 貴州．日本陸軍士官学校卒．軍政部長，行政院長等歴任．

*3　外務省情報部長天羽英二の非公式声明．『主要文書』下 284-286頁．

図2-12　風刺画「あやつり人形劇」

求を承認する旨の梅津司令官宛書翰を送付した（梅津・何応欽協定）*1．さらに，チャハル（察哈爾）省でも日本軍は同様の要求を行い，受諾させた（土肥原・秦徳純協定）*2．

中国政府は，日本の中央政府に対して，完全な独立尊重，問題の平和的外交的解決などを提議し，華北駐屯日本軍の行動を抑制することを期待したが，広田弘毅外相は逆に，①親善・経済提携・排日徹底取締，②満洲国黙認，③共同防共のいわゆる「広田三原則」を提案する始末であった*3．1935年11月，国民政府が幣制改革を実施すると，日本軍はその妨害に努め，さらに宋哲元*4等の華北将領に対し「華北五省自治」を働きかけた．だが，宋はこれに応じず，日本軍は，11月25日，親日政客の殷汝耕を首班に冀東防共自治委員会を設立し，翌12月には自治政府に改め，中国の行政権から分離させた．同政府は，塘沽停戦協定で規定された北平・天津の東から長城に至る非武装地帯を領域とし，満洲国に引き続く，2つめの日本の傀儡政権である（冀東政権）．一方，国民政府は次善の対応策として冀察政務委員会*5（宋哲元委員長）を12月18日に設置した．

華北では日本軍の策動とともに，日本からの経済進出や人的進出が相継いだ．華北に渡った日本人には，治外法権特権を利用してアヘン密売などの違法業務に従事するものもいた．また冀東では，日本側は中国側関税管理を無視して大規模な貿易を行い，中国の産業および政府財政に大きな打撃を与えた（冀東密貿易）．

日本の華北に対する新たな侵略の動きは，中国で激しい危機感を呼び起こし，急進的ナショナリズム運動を再燃させた．「親日派」と目された者への抗日テロも頻発し，黄郛は2度爆殺未遂に遭い，汪精衛は1935年11月に狙撃されて負傷し，行政職を辞した．同年12月9日には北平で学生たちによる大規模な抗日デモ運動が敢行され（一二・九運動），これを契機に全国各地に抗日救国運動が波及し，多数の救国団体が設立され，

*1 『主要文書』下293-294頁．
*2 『主要文書』下294-295頁．

*3 同上，304-305頁．

*4 1885-1940 山東．もと馮玉祥系．1932年チャハル省主席，35年冀察政務委員会委員長兼河北省主席．

*5 河北省（冀），チャハル省（察），北平，天津を管轄．行政院北平政務委と軍事委北平分会は撤廃．

36年6月にはその連合体として全国各界救国連合会（全救連）が設立された（72頁）．全救連は著名なジャーナリストや弁護士などの無党派知識人が指導者となり，その内戦反対，一致抗日の主張は世論に大きな影響を与えた．

華北分離工作は，国民政府指導者にも大きな衝撃を与えた．1935年6月21日，蔣介石は，2つの協定の結果，「華北は実際にはすでに滅亡したのにひとしく，今後はもう日本に譲歩する必要はない．傀儡華北国の出現も……時間の問題だ」と嘆じた．35年秋の政府会議では，対日武力抵抗を主張する意見も出たが，対日戦にはなお国際情勢が熟してないとするのが大勢であった．国民政府は，すでに1933年頃から長江下流域六大都市の防御工事，ついで黄河防衛線工事などの国防計画を進め，外国の脅威の及ばない奥地に国防根拠地を作る構想を抱いていたが，華北の危機的情勢にますます国防対策[*1]のピッチを速めた．そのためにも，全国の統一化を急ぐ必要があった．

国民政府は，1934年11月に江西ソヴェト区を崩壊させ，西方に脱出した中共軍に対する追撃戦を一年余りにわたって展開し（73頁），西南，西北各省に中央軍を進出させ，中央政府の統制を強めた．特に四川省の軍政，金融整理を主導し，中央支配下に置いたことは，抗日戦争での長期抵抗の条件を作るものとして重要である．また，1936年6月の両広事変で，蔣介石は陳済棠を失脚させ，広東省を中央化し，広西派の服従表明を得て，1931年以来の両広の半独立状態を解消した．

以上のような統一化の進展は，中国政府指導者の自信を生み，また華北分離工作は対日妥協がもう不可能であり，もっとも枢要な地域の領土・主権を喪失する恐れがあることを示した．かくして，蔣介石は36年7月の党会議で「禦侮の限度」と題して演説し，領土・主権の保持のためには最後の犠牲を払う覚悟があることを表明した．そして，9月以降の対日交渉（川越・張群交渉）でも，中国は日本の強硬な要求に対し譲歩せず，逆

[*1] 国防経済建設を担った資源委員会の前身，国防設計委員会も1932年，軍内に設置された．

に冀東政権の解消，内蒙古（内モンゴル）の傀儡軍解散などを要求し，断固として主権を擁護する構えを示した．

この間，国民党政権と中共およびソ連との関係も大きく変化しつつあった．コミンテルンの戦略転換にともない，1935年8月1日の八・一宣言以降，中国共産党は抗日民族統一戦線の方向にむけて動き出した．国民政府も35年秋頃から，対日戦勃発の場合を念頭に置いてソ連との秘密交渉を開始した*1．また，36年初頭からは国共両党間で秘密交渉が始まり，妥結はしなかったが，抗日救国協定の草案も作られた．

*1 欧州の情勢が緊迫する中，ソ連側も極東で日本を牽制する必要に迫られていた．

このようなさまざまな模索が水面下で行われつつも，まだ結果を得られなかった時に勃発したのが，1936年12月の西安事変であった．すでに述べたように，同事変は一致抗日を強く求め，指導者としての蔣介石に期待する国内世論を明らかにした．またその平和解決を契機に国共内戦は停止され，両党は抗日のための協力にむけて大きく歩み出すことになった（74-75頁）．

こうして，1937年初めには，中国では一致抗日の態勢作りが進みつつあり，日本がこれ以上の侵略を進めれば，中国の全民族的抵抗に直面するだろうことは明らかであった．日本ではこの頃になってようやく，中国の統一化と民族的結集を再認識するよう主張する議論が提起された*2．37年3月には佐藤尚武外相の下で対中国政策の転換が試みられ，中国の主権尊重，懸案解決により日中親善，経済提携を目指そうとした．だが，この新方針は対華強硬論者の反対に遭い，具体的な成果を生むことはなく，佐藤は就任3ヵ月に満たずして内閣交代にともない離任することとなった．

*2 『(世)史料10』324-325頁．

抗日戦争の始まり

1937年7月7日，日本の支那駐屯軍と中国第29軍（宋哲元配下）は北平西郊の盧溝橋付近で衝突を起こした．盧溝橋事件（七・七事変）の勃発である．衝突そのものは，日本軍部隊の

演習中の小事件によって起きた偶発的なものであり，当初は双方とも衝突不拡大の方針をとったが，兵火はまたたく間に拡大し，日中全面戦争のきっかけとなった．

図 2-13　盧溝橋を守る中国軍兵士（1937年7月）

では，盧溝橋の衝突はなぜ大規模な戦争に拡大したのだろうか．日本側の要因として，日本軍の中国軽侮に基づく中国一撃論，華北分離論を指摘することができる．日本軍の主流派は，満洲事変以来の経験に基づき，中国側を軽侮し，強硬な要求を突きつけ，威嚇すれば中国側は簡単に屈服する，あるいは軍事力を発動すれば容易にこれを征服できると考え，この事件を契機として一挙に華北地域の分離，親日化など諸懸案を解決することを図った．日本政府も強硬な態度を取り，7月11日には，近衛文麿内閣は閣議で盧溝橋事件を審議した結果，「重大決意」で「北支出兵」を行う旨の声明を発し*1，5個師団を派兵することを決定した．こうして，日本側はこの衝突を機に軍を逐次増派し，戦線を拡大し，その全面戦争への発展をもたらしたのである．

*1　『主要文書』下366頁．

一方，蔣介石は盧溝橋事件の勃発以来，宋哲元に北平，天津の防衛を命じる一方，中央軍を河北省まで北上させ，日本軍の大規模な侵攻に備えた．また，7月17日，蔣は廬山*2で演説を行い，いまや戦争か平和かの「最後の関頭」に至っているとし，中国の主権・領土保持，華北の行政権保持等の条件を固守し，平和は望むが，かりそめの屈辱的講和は望まず，応戦の準備はするが戦いを求めるものではないと決意を述べた*3．もっとも，国民政府および軍内部でも，国防準備の未完成を理由に全面戦争を先延ばしするよう主張する意見や抗戦の前途に悲観的な見方もあった．だが，すでに華北主権の確保は中国の存亡に関わる重大な問題であると認識されており，現実の日本側の

*2　江西省北部の避暑地．当時，軍事訓練および国策討議の談話会開催中．

*3　『（世）史料10』322-323頁．

侵攻姿勢の前に，また澎湃たる抗日ナショナリズムの前に，政府側は断固抗戦の姿勢を示さないわけにはいかなかった．

7月25，26日には北平城門および南郊で衝突が起こり，日本軍はこれを口実に中国側に最後通牒を発し，28日には総攻撃を始め，29日に天津，30日には北平を陥れた*1．

平津の陥落は中国政府内外に衝撃を与えたが，蔣介石ら軍人，政治家の多くは断固として対日抗戦を遂行する方向で意思を統一しようと努めた．8月7日の国防会議は，閻錫山（山西），白崇禧（広西），余漢謀（広東），何鍵（湖南），劉湘（四川）など

図 2-14　租界に入り戦火を避ける民衆（1937年8月，上海）

地方軍指導者を招集し，抗戦の意思を統一し，第1期100万人の兵力動員を行うことを定めた．これに応じて，広西，四川など地方軍も長途跋渉して戦地に出動し，抗日戦争に参加することとなった．抗日のため全国軍人の団結，統一が実現したのである．

さらに，団結抗戦の体制の確立は，蔣介石の戦時最高指導者としての地位の確立をも促した．すなわち，8月11日には大元帥の設置，軍事委員長（蔣）を主席とする国防最高会議の設置，国防参議会の設置が決定された．国防参議会には中国共産党の代表や国家主義派，無党派知識人なども参加し，全国の政治的団結を表現することとなった．

一方，8月9日の虹橋事件*2以来，上海の情勢は緊張し，8月13日にはついに日中両軍の激戦が展開した（第2次上海事変，八・一三事変）．日本軍は，同時に上海，杭州，南京，南昌など華中各地で激しい空爆を始め，戦争を全国に拡大した．中国政府は，8月14日，内外に「自衛抗戦声明」を宣布し，

*1　7月29日，日本の傀儡・冀東政権の兵士が反乱を起こして日本人・朝鮮人を殺傷した通州事件は，日本国内の対中強硬論を強めることになった．

*2　中国軍の虹橋飛行場に侵入しようとした日本の軍人が保安隊に射殺された事件．大山事件ともいう．

「中国は日本のやむところのない侵略に迫られて，ここに自衛を行い，暴力に抵抗せざるを得ない」，と声明した．他方，日本政府は，8月15日，「支那軍ノ暴戻ヲ<ruby>膺<rt>ようちょう</rt></ruby>懲シ以テ南京政府ノ反省ヲ促ス為今ヤ断乎タル措置ヲトル」と声明し，事実上，対中国戦争開始を宣言した*1．

この間，中国は軍事的な抵抗とともに，外交的手段による日本抑制を期してさまざまな努力を行った．8月21日には中ソ不可侵条約が締結され，ついでソ連は借款供与，武器援助，そして義勇航空隊および軍事顧問派遣という形で，中国の抗戦に対して積極的な援助を行った．さらに中ソ提携の成立はいわゆる第2次国共合作の成立を促し，翌22日，国民政府は中国共産党軍の国軍編入を正式に布告するに至った（93頁，98頁）．

また，国際連盟に対し，中国政府はその限界を知りつつも，国際世論を動員する上で有用であると考え，日本の侵略を提訴し，対日制裁の実施を要求し続けた．その結果，10月6日，連盟は日本の行動をワシントン九カ国条約および不戦条約違反と非難し，各国の中国支援を要望する決議を採択した．中国側は，なおも連盟の実際的な措置を要求し続け，その結果，1937年11月にはブリュッセルで，国際連盟の提議により，九カ国条約会議が開催されることとなった．中国側は当初，この会議で米英仏ソが協力して厳しい対日制裁を決定し，日本を制止することを期待したが，各国の回避的態度のために会議は明確な成果を出せずに終わった．英仏はヨーロッパ情勢の緊張の中，遠い「極東」問題に関して積極的に取り組む余裕はなかったし，アメリカはF・ローズヴェルト大統領が積極的な極東政策を志向していたものの，孤立主義的な議会と世論に掣肘されていた．

この間，上海地区では，中国は中央系精鋭軍数十万人を投じ，強固に構築された陣地と地形を利用して，8月以来数カ月にわたって頑強な抵抗を行ったが，11月，日本軍の杭州湾上陸以後，総退却の情況となった．上海戦で多大な損耗を受けて敗れ

*1 『主要文書』下369-370頁．日本は国際的非難や米中立法適用による貿易制限を恐れ，正式の宣戦布告を行わずに戦争を続行，拡大した．

た以上,南京防衛が難しいのは明らかであった.11月17日,国防最高会議は,長期対日抵抗のため,暫時,国民政府および国民党中央党部を南京から長江上流の四川省重慶に移転することを決定した.南京に関し,軍首脳の多数は早期撤退,兵力温存を主張したが,蔣介石は,「南京は首都であり,国際的注目を集め,全国人心にも重大な影響をもつ」ことを理由に,その死守を指示し,唐生智を首都衛戍司令長官に任じた.だが,首都防衛戦は全くの失敗に終わり,12月13日,南京は陥落し,中国軍は退路を断たれて大量の死傷者と捕虜を出した.

すでに,日本軍は上海から南京に至る進軍途上でも,激戦による精神的荒廃と軍紀弛緩,無計画な急進撃による補給難により,略奪,暴行を繰り返していたが,南京占領後は,大量の中国軍捕虜,逃亡兵を処刑したのみならず,多数の一般市民に対する暴行,虐殺を行った.この「南京大虐殺」は,当時の国際世論に衝撃を与えたばかりか,今日に至るまで,日本の中国侵略の象徴的事件として歴史の記録に残ることとなった*1.

この間,1937年秋から38年初めにかけて,ドイツ大使トラウトマン*2の仲介で日中和平交渉が行われた.ドイツは日本と防共協定を結んでいたが,1927年以来,中国に軍事顧問団を派遣し,国民政府の国防工業建設を支援しており,日中戦争開始当初は中立的立場を取っていた.ドイツの仲介した日本の講和条件は,最初は事変の早期解決を目指した温和なものであり,中国政府は一時受け入れを考慮した.だが,南京攻略後,日本側の要求は全中国での利権獲得,軍隊駐屯を目指す厳しい条件にエスカレートし,中国側の受け入れは困難であり,和平交渉は打ち切られた.

*1 犠牲者数は確定しがたいが,一説に30万人以上,近年の研究では数万~十数万人と推定されている.
*2 Oskar P. Trautmann 1877-1950. 1931年ドイツ駐華公使,ついで大使. 38年6月召還.

図2-15 日本軍を迎撃する中国軍

3 抗日戦争と中国の戦時体制

抗日戦争の長期化と第二次世界大戦

1938年1月16日，日本の近衛文麿首相は，今後国民政府を相手にしないという声明*1を発表し，政治的解決の途を閉ざしみずから長期戦にはまりこんだ．この声明は，戦争の早期終結のため交渉継続を主張する参謀本部側の意見を政府側がおさえて出されたものであり，中国を一撃で屈服させるという当初の目算が完全にはずれたことを意味していた．

*1 『(世)史料10』324頁．

3月，山東省の日本軍が，台児荘で中国軍に攻撃され大きな損害をだした．国民政府はこれを日本軍に対する最初の勝利として大いに宣伝した．これに対し日本側は，華北と華中の占領地を連結させ中国軍を包囲殲滅するために徐州作戦を発動した．5月19日，日本軍は徐州を占領したが，中国軍を捕捉できなかった．退却する中国軍を追って日本軍が河南省へ入ると，蔣介石は黄河の花園口の堤防の爆破を命じた．この戦術により日本軍の鄭州進攻を遅らせることはできたが，3000 km^{2}以上の土地が水没し，中国民衆にも大きな被害を与えた．

徐州占領の後，日本軍は攻撃の中心を湖北省の武漢に向けた．武漢は南京陥落後国民政府の各機関が移動してきており，事実上一時的に首都の機能をはたしていた．8月22日，日本の大本営は武漢作戦を発動し，9個師団約30万の兵力を動員し一大攻撃を行った．激戦の末10月27日，武漢三鎮*2が陥落した．陥落前に蔣介石はじめ中国政府要人は重慶に移動し，以後さらに奥地の重慶が名実ともに中国の臨時首都として機能した．

*2 漢口，武昌，漢陽の3地区をあわせて武漢三鎮という．

日本軍は武漢作戦と同時に広東省の広州を攻撃し，10月21日に占領した．香港を通じる外国からの中国援助ルートを遮断するためであった．

武漢・広州作戦によって日本軍は中国の大部分の重要都市を

占領したが，中国を「膺懲(ようちょう)」し「支那事変」を解決することにはならなかった．そればかりでなく，日本の軍事動員力は限界に達しており，中国に 100 万近い軍隊を送り込んだので，国内に残されたのは近衛師団だけというありさまであった．日本軍にとってこれ以上中国の占領地を拡大することは事実上不可能になったのである．抗日戦争は完全に長期持久戦の様相を呈するに至り，日本軍の攻勢の段階から対峙の段階へと転換した．

このように，首都をはじめ主要都市を失ったとしても，広大な中国の国土を背景に長期持久戦にもちこみ，侵略してくる日本軍を消耗させるという戦略は，抗日戦争以前から中国で主張されていた方針であった．蔣介石は 1934 年の段階で，将来日本軍が攻撃してきた場合「たとえ武力で首都を占領したとしても，中国の死命を制することは出来ない」と述べていた[*1]．1938 年には共産党の毛沢東も「持久戦を論ず」という論文を著し，遊撃戦術を中心にして日本軍を消耗させ，最終的に国際的な圧力によって日本軍を屈服させるという見通しを示した．

*1　1934 年 11 月,『外交評論』誌に徐道鄰の名で発表した「敵か, 友か」.

これに対し日本は中国の抗日力と長期持久戦略を軽視し，せいぜい数カ月で中国軍主力を殲滅し，国民政府を屈服させることができるとみなしていた．武漢・広州占領までの日本軍の攻勢は，短期決戦を想定した当初の構想の失敗を根本的に見直す余裕を失わせた．各作戦に兵力を逐次投入し，中国の各都市を占領して「勝利」を喜びながら，戦争全体は実は泥沼にはまり込むという結果を招いたのである．

武漢・広州占領後の 1938 年 11 月 3 日，近衛内閣は声明を発表し，東亜新秩序の建設をうたい，国民政府であっても東亜新秩序建設に参加するならば拒否しないという声明を発表した．1 月の近衛声明を事実上撤回したのも同然であったが，これは汪精衛派との提携による戦争の解決に期待をかけていたからであった．

11 月 20 日，上海で汪精衛派の高宗武外交部前亜州司長，梅

思平国民党宣伝部専員と日本の影佐禎昭軍務課長，今井武夫参謀本部支那班長の間で「日華協議記録」が調印され，日華防共協定締結，満洲国承認などの引き換えに治安回復後2年以内の日本軍の撤兵などが約された．汪精衛は12月18日，重慶を脱出しベトナムのハノイに移動した．日本政府は22日，汪らが樹立を予定する政権との「関係調整」や「善隣友好」をうたった声明を発表したが，「日華協議記録」にあった日本軍撤兵の文字はなかった．また汪精衛が期待していた雲南省の龍雲ら反蔣介石派の地方実力者による同調の動きも起こらなかった．

1939年9月1日にドイツがポーランドへの侵攻を開始し，3日に英仏がドイツに宣戦を布告したので，第二次世界大戦が開始された．当初はドイツ，イタリアに有利な戦局が展開し，オランダ，フランスなど東南アジアに植民地を持っていた国々は，日本と同盟関係にあったドイツの占領下に置かれることになった．そうした状況の下，汪精衛を中心に新たな対日協力政権を樹立する動きが本格化し，1940年3月，日本軍占領下の南京に汪精衛派らによる国民政府が成立した．この汪精衛政権は，それまで日本軍占領地域にあった，あまり実体のない対日協力政権とは異なり，後述するようにかなりの体制を整えた対日協力政権になっている．しかし，中国の人々が主導権を持つ自立的な政権に発展することはなかった（102頁）．

日本の東亜新秩序声明はまた，それまでの九カ国条約を支柱とする国際秩序への公然たる挑戦として，米英の日本への反発と中国の抗戦への支援の態度を明確にさせるという結果をもたらした．広州陥落によって香港からの中国援助ルートが遮断されると，仏印（フランス領インドシナ）とミャンマーを通じるルートに重点が移った*1．

すでに国民政府とソ連との間では，抗日戦争開始まもなくの1937年8月21日に中ソ不可侵条約が締結され，中国に対するソ連の軍事的経済的支援が行われていた．ソ連は借款の供与*2，

*1 ドイツのフランス占領後，1940年日本軍は北部仏印に進駐し仏印ルートを断った．
*2 武器代金として1938-39年に3回計2億5000万ドル（一部未実施）．茶葉など現物で返済．

武器の提供，空軍パイロットと軍事顧問の派遣などの方式で中国の抗戦を援助した．米英などの対中支援が少なかった抗戦初期，ソ連の援助は中国にとって大きな意味をもつものであった．

　武漢と広州陥落の1938年11月，国民政府軍事委員会は湖南省南岳で軍事会議を開催した．蔣介石は中国の防禦段階である抗戦の第1期が終わりをつげ，今や持久戦をとり続け守勢から攻勢に転じる第2期に入ったと述べた．そのために日本軍占領地区内で遊撃戦を展開すべきことを強調した．翌年1月重慶で国民党第5期第5回中央委員会が開かれ，党と政府と軍の指揮を統一する国防最高委員会の設置を決定し，蔣介石が委員長に任命された（95頁）．

　武漢と広州占領後，その動員力が限界に達した日本軍は，それまでのような大規模な作戦を行うことが難しくなった．中国戦線は基本的に対峙の段階に入ったのである．しかし同時に中国の抗戦意欲をくじくために1939年5月から10月にかけ，戦時首都である重慶への無差別爆撃が行われ，それ以降も繰り返された．華中では3月に江西省の南昌を占領し，9月に湖南省の長沙への作戦を発動したが，中国軍の頑強な抵抗にあい目的を果たせなかった．華南では中国への物資供給路線（援蔣ルート）を遮断するために11月，広西省の南寧攻略作戦を展開したが，ここでも中国軍の反撃にあった．

　華北では共産党の八路軍の活動が活発になった．1940年8月から秋にかけて八路軍は115連隊40万の兵力を動員して日本軍支配下の鉄道や炭鉱を襲撃し，日本軍に大きな被害を与えた．これを百団大戦という．これに対し，その後華北の日本軍は，共産党の抗日根拠地に対し，国際法違反の毒ガス兵器使用も含む掃蕩作戦を繰り返した．日本軍の作戦はしばしば住民の大量虐殺，村落の焼き討ちをともなうものであった[*1]ので，中国側から厳しく非難された．

　1941年12月8日，日本軍の真珠湾攻撃を契機としてアジア

*1 「三光作戦」（焼きつくし，殺しつくし，奪いつくすという意味）と呼ばれた．

3　抗日戦争と中国の戦時体制

太平洋戦争が始まると，9日，国民政府は日本・ドイツ・イタリアに対して正式に宣戦を布告した．中国の抗日戦争はアジア太平洋戦争の一部となり，第二次世界大戦の帰趨を決する重要な場になったのである．1942年1月には蒋介石を最高司令官とする連合国の中国戦区が確定し，3月にはその参謀長としてアメリカのスティルウェルが重慶に着任した*1．

*1 Joseph W. Stilwell 1883-1946. 米の軍人．第一次世界大戦に従軍．中国勤務経験も長かった．

アジア太平洋戦争が始まると，日本軍は「孤島」と称されていた上海の租界を接収し，12月25日にはイギリス領の香港を占領した．また翌年，日本軍はミャンマーへの進攻作戦を実行した．5月にはミャンマー北部を占領して，中国への支援ルートを封鎖した．中国側は，上海や香港との金融的なつながりも，物資を確保するミャンマー・ルートも断たれた．これらは，連合国の一員となったものの中国の対日抗戦をめぐる環境が決して順調なものでなかったことを示している．日本は汪精衛の対日協力政権の主体性を装う意図から，1943年1月，不平等条約を撤廃して新たな条約を結び，上海などの租界を汪精衛政権側に返還している．この動きを黙視することはできなかった英米側も，急遽，重慶国民政府との間で新条約を結び，19世紀半ば以来続いていた中国の不平等条約体制は解消した．

一方，日本の大本営は，1942年9月，重慶攻略作戦の準備を命じ，中国の抗戦体制へ致命的な打撃を与えることを計画したが，ガダルカナル島の戦局悪化のため12月に作戦中止を発令せざるをえなかった．1944年4月から日本軍は，平漢線（北平―漢口），粤漢線（武昌―広州），湘桂線（衡陽―柳州）を打通し，桂林・柳州などの中国の空軍基地を壊滅させる一号作戦（大陸打通作戦，中国名豫湘桂戦役）を展開した．この作戦は日本軍約16個師団51万人を動員した抗日戦争を

図 2-16　日本軍の重慶爆撃（1939年頃）

通じての最大の作戦であった．日本軍は6月18日長沙，8月8日衡陽，11月10日桂林・柳州，24日南寧を占領し，中国軍は大きな打撃を受けた．しかし戦線を伸ばしすぎた日本軍の勝利は長続きせず，空軍基地も45年5月までにほとんどすべてが中国側に奪回された．

他方，この時期アメリカ軍の援助のもとで訓練されたスティルウェル将軍の指揮下の中国軍は，インドからミャンマー北部へ進撃し，44年7月，フーコン渓谷を占領した．また同年5月，ミャンマーのミートキーナ飛行場を急襲し，同地の日本軍を8月3日全滅させた．

1945年2月，クリミア半島のヤルタで米英ソ三国首脳会議が開かれた．このヤルタ会談に中国は出席していなかったが，ソ連の対日参戦の代償として，外モンゴルの現状維持，サハリン南部のソ連への返還などとならんで，大連・旅順に対するソ連の権益保障，中東鉄道・満鉄線の中ソ合弁とソ連の特殊権益の保障などが秘密裏に取り決められた*1．

*1 『(世) 史料10』399-401頁．

45年8月15日，昭和天皇の放送により日本のポツダム宣言*2受諾が発表され，約8年続いた抗日戦争はようやく終わることとなった．中国では日本政府が条件付きながらポツダム宣言受諾を連合国に通告した8月10日に，国民に戦勝の知らせが伝えられた．9月9日南京で中国戦区における日本軍の降伏文書調印式が行われた．

*2 『(世) 史料10』402-405頁．

抗日戦争の勝利は中国国民に喜びをもって迎えられたが，それは膨大な人命の犠牲と経済的損失の代償をともなったものであった．現在の中国では，「抗日戦争中の中国軍民の死傷者は3500万人以上に達し，財産の損失は600億ドル余り」としている．この数字は大まかなものであるが，1947年の国民政府の発表でも東北地方と共産党地区を除いて死

図2-17 ヤルタ会談の3首脳（1945.2.4）
（左からチャーチル英首相，ローズヴェルト米大統領，スターリンソ連共産党書記長）

3 抗日戦争と中国の戦時体制

者1000万人, 物的損害556億ドルとしている. もとより正確な数字をあげることは困難であるが, 日本の侵略により数え切れない戦争犠牲者と膨大な被害が生じたことは, 忘れてはならないことである.

国民政府の抗戦体制

1938年3月29日から4月1日まで武漢で国民党臨時全国代表大会が開かれた. 新たに設置された国民党総裁に蒋介石が, 副総裁に汪精衛が選出された. 総裁は中央委員会の決議に対して最終決定権をもつものとされ, 蒋介石の指導体制が強化された. 大会では「抗戦建国綱領」*1 が採択され, 対日抗戦と国家建設を同時並行的に行うこととされた. この綱領は, 国民党と蒋介石の指導を前提としながら戦時の外交, 軍事, 政治, 経済, 民衆運動, 教育などの各側面で新しい方向を示していた.

*1 『(世) 史料10』325-327頁.

図2-18 戦時下工場労働者への民権主義講義
(各工場にも国民党組織が設置され, 三民主義や抗戦目的などの宣伝が行われた)

たとえば, 民衆運動では各種職業団体を組織し動員をはかること, 言論・出版・集会・結社について合法的で十分な保障を与えるとしていた. すでに1937年9月23日, 蒋介石は「国内のいかなる党派に対しても, 救国への誠意があり国民革命と抗敵禦侮の旗のもとで共に奮闘することを望む者でありさえすれば, 政府は必ず誠意をもって受け入れる」と談話を発表して共産党の活動を事実上認め, いわゆる第2次国共合作を成立させていた (86頁, 98頁). 抗日戦争の時期を通じて共産党は, 武漢や重慶で公然と事務所をかまえ, 『新華日報』や『群衆』という共産党の新聞や雑誌を発行することができた.

国民党臨時全国代表大会ではまた, 全国民の力を結集させるための戦時議会である国民参政会の招集

図2-19 国共合作・一致抗日を示す漫画

が決められた．国民参政会は立法機関ではなく，参政員が選挙で選ばれるわけでもなかったが，政府の重要政策は国民参政会の決議に付されねばならず，また政府への「建議案」の提出権をもっていた．1938年7月に開催された第1期第1回国民参政会の参政員は，圧倒的多数が国民党の代表ではあったが，毛沢東・陳紹禹（王明）*1・秦邦憲（博古）*2 など7名の共産党代表が入っていたし，その他に青年党*3・国家社会党*4・救国会・職業教育社・郷村建設派などの小党派の代表も参政員となった．こうした各派が議論する機会が作られたのは，中国の近代政治史のうえで画期的なことでもあった．

このような民主化とみられるような施策がとられる一方で，戦争という環境は中央権力の一元的支配の強化，トップダウンの指導方式を必要とした．1939年1月の国民党第5期第5回中央委員会では，党と政府と軍を一元化した国防最高委員会の設置が決定され，蔣介石が委員長に選任されるとともに，「一人の指導者，一つの主義，一つの政党」という方針が確認された．抗日戦争の展開のなかで，地方勢力が次第に弱体化したことも，集権化を可能にした要因であった．また，実際に効果をあげたのは四川など一部の地方に限られていたとはいえ，1939年には省政府から県政府に一部の権限を委譲し，保甲制を基礎に据えた新県制が実施され，地方行政に対する中央政府の掌握度が確実に強化された．

こうしたなかで，華北や華中の日本軍占領下の農村などで独自の遊撃戦によって勢力を拡大してきた共産党は，国民政府から見れば統一的な対日抗戦の攪乱者と考えられるようになった．国共関係は，抗日戦争初期の協力から対立をはらむ関係へと変化していくようになったのである．第5期第5回中央委員会で国民党が「異党活動制限辦法」を決定し，共産党の活動を制限しようとしたのは，そのような理由からである．

国民参政会設置は政治の民主化を示すものであったが，訓政

*1 1904-74 安徽．本名は陳紹禹．1925年国民党に入りソ連留学(-29年)．26年共産党入党．
*2 1907-46．1925年共産党に入党．26-30年ソ連留学．30年代の共産党幹部．46年事故死．
*3 曽琦，李璜らによりパリで1923年成立．国家主義と全民政治を主張．
*4 張東蓀，張君勱らにより1934年天津で成立大会．国家社会主義を提唱．

の名による国民党の一党支配に変更はなかったので，国民参政会のなかでは訓政から憲政への早期移行を要求する声が高まった．1939年9月の第4回国民参政会では，国民大会を開いて憲法を制定し憲政を実行する提案が通過し，同年10月には青年党・国家社会党・救国会・職業教育社などを代表する曽琦，羅隆基*1，沈鈞儒，黄炎培*2，張瀾*3らが統一建国同志会（1941年3月，民主政団同盟に改組）を結成している*4．その後，西南の各都市で憲政運動が展開されるようになった．これを敵視し厳しい態度をとった国民政府は，1942年3月国民参政会を改組して民主政団同盟の一部のメンバーを排除し，国民参政会を弱体化させるとともに，「国家総動員法」を公布して，言論や出版への統制を強化した．

　一方，こうした統制強化に対する反発と自由主義的な戦後秩序を模索する国際的な動きを背景に，1943年以降，再び憲政を求める世論が高まった．新たな対応策を迫られた国民党は，同年9月の第5期第11回中央委員会で抗戦勝利後，1年以内の憲政実施を約束し，11月には孫科，王世杰*5，黄炎培らによる憲政実施協進会を発足させている．その後の憲政運動の活発化を背景に，1944年9月19日には，民主政団同盟が，無党派の個人加盟も認める中国民主同盟に改組された．共産党は連合政府をよびかけており，民主同盟と共産党は，国民党の一党支配の廃止という点で同一歩調をとることとなった．国民党内にはこれを敵視する動きも生じたが，それは国民党の支持基盤をむしろ縮小させる結果を招いた．日本軍の大陸打通作戦を何とか退けた国民党政権は，第二次世界大戦が連合国側の勝利に帰すことが明確になってきた1945年5月，憲政実施の道筋と戦後の復興プランを改めて明確にし，国内世論の支持を取り戻すべく，重慶で国民党第6回全国大会を開催した．憲政実施と経済復興に向け，人々の期待は高まっていく．

　重慶を戦時の首都として抗日戦争を続けるためには，国民政

*1　1898-1965 江西．英米に留学．『新月』編集．国家社会党に参加．後に民主同盟副主席．
*2　1878-1965 江蘇．江蘇省教育会指導者．1917年に中華職業教育社設立．後に民主同盟で活躍．

*3　1872-1955 四川．日本留学．立憲運動，新文化運動に参加．成都大学設立．民主同盟主席．
*4　『（世）史料10』333-334頁．
*5　1891-1981 湖北．英仏に学び1917年パリ大で法学博士．北京大教授，国民参政会秘書長．

府は奥地（内陸部）の経済開発を推進する必要
があった．近代工業で全中国の数％にすぎなか
った奥地の開発で重要な役割をはたしたのは，
国民政府の資源委員会であった．民間資本はも
ともと少なく，また沿岸都市からの資本の移動
も少なかったから国家資本に依拠して重化学工
業を奥地で育成したのである．四川省，貴州省，
雲南省などで機械工業，石炭石油産業，電力産
業などが展開された．タングステン，アンチモ
ニーなど中国特産の戦略物資の輸出が資金源にあてられ，その
見返りとして工業設備が輸入された．

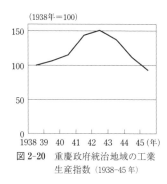

図 2-20　重慶政府統治地域の工業生産指数（1938-45年）

そのほか上海など沿海・沿江の都市から工場と技術労働者が
奥地へ移転した．また小資本で手工業を発展させ，あわせて難
民救済も行おうとする協同組合式の工業合作社も作られた．ま
た経済開発にとって奥地の道路建設は重要であり，外国からの
援助を受け入れるため，雲南からミャンマーへ向かう道路や新
疆を経てソ連へ向かう道路も建設された．さらに奥地の軍需と
財政を支え法幣の通貨価値を維持するため，1939年以降，米
英から巨額の借款*1が供与された．

*1　米から5回，計6億2000万ドル，英から5回，計約5800万ポンド．総額の7割は財政支援．

しかし，経済の中心地域であった沿海・沿江都市を失った奥
地の国民政府支配地域では，商品の絶対的不足，通貨（法幣）
の増発によるインフレーションは避けられず，給与生活者の生
活を圧迫した．それにつれて公務員や国民党員による汚職や不
正も増大しつつあった．

政府の財源は，関税収入などが激減したため農民から徴収す
る田賦（土地税）に依存する割合が大きくなった．1941年6
月，田賦を省から中央政府に移管するとともに金納から現物納
に改めた．これによって財政上の集権化は推進されたが，徴収
方法が整えられておらず，農民の不満がくすぶっていた．

3　抗日戦争と中国の戦時体制

中国共産党と抗日根拠地

西安事変後会談を重ねていた国民政府と共産党は，抗日戦争が始まるといわゆる第2次国共合作を正式に成立させた．1937年8月15日，共産党は「国共合作を公布するについての宣言」を国民政府に手渡し，三民主義の徹底的実現，反政府暴動や赤化運動の取りやめ，地主の土地没収の停止，中華ソヴェト政府の取り消し，紅軍の呼称の取り消しなどを約束した．

8月22日，国民政府は西北の紅軍を国民革命軍第八路軍（朱徳総司令，彭徳懐*1副総司令）に改編すると公布した．10月1日には華中の紅軍が国民革命軍新編第四軍（新四軍，葉挺*2軍長）となった．9月22日，国民党の中央通訊社が共産党の国共合作宣言を公表し，翌23日，蔣介石がこの宣言を受け入れるとの談話を発表した．こうしていわゆる第2次国共合作が成立したのである（86頁，94頁）．

共産党の本拠地であった延安のある陝西省北部を中心とした地域は，陝甘寧辺区として辺区政府がおかれ，国民政府行政院管轄下の特別地域とされた．国民政府側から共産党支配地域に対し財政支援も行われるようになった．実質的に共産党の軍隊である八路軍と新四軍は，国民政府軍事委員会（委員長：蔣介石）の指揮下に入り，形式的には共産党の政府と軍は中華民国の一部となったが，毛沢東は共産党の活動は必ずしも国民政府（中央政府）にしばられるものではないと考えていた．それが「独立自主の遊撃戦」という方針である．それは八路軍が状況に応じた兵力使用の自由，民衆を動員し根拠地を作る自由，中央政府の規定した戦略を執行する一切の自由をもっているというものである．こうした自由には地方政権や国民政府軍は干渉してはならないと考えられていた．これに対し，コミンテルンの執行委員にも選ばれていた王明は，反ファシズム統一戦線を重視する立場に立ち，国民党との協調関係にも配慮しようという意識が強かった．この相違は後に共産党の内部で王明たちが

*1 1898-1974 湖南．軍人．国民革命に参加．1928年共産党に入党．人民共和国で国防部長．

*2 1896-1946 広東．軍人．1924-25年ソ連留学，共産党に入党．国民革命で活躍．

批判される大きな理由になった．

こうして共産党は，華北の日本軍占領地域に次々と抗日根拠地政権を作っていった．最初に成立したのは，1938年1月に誕生した晋察冀辺区*1である．その後冀南，冀中，山東，太岳などの地方根拠地政権が生まれ，のちにこれらは晋冀魯豫辺区政府*2となった．

図 2-21 抗日根拠地の民兵（銃ではなく槍を持っている兵士も多い）

日本軍の侵入によって華北では従来の省政府，県政府などの地方行政機関が崩壊し，日本軍支配下の治安維持会などの組織も脆弱であったから，一種の混乱状態，無政府状態が現出している場合が多かった．そこへ八路軍や共産党の影響下の地方部隊が入り，民衆と協力してこうした根拠地政権が作られていったのである．共産党はその支配地域において共産党の突出を避け，地元の有望家たちを政権に参加させる仕組を整えたり（三三制）*3，小作料や借金の利息を引下げる政策（減租減息）などを実施し，農民を主体とする支配地域住民の支持を獲得していった．

しかし共産党とその軍隊の独自性を優先させる毛沢東たちの戦略は，国民政府との間の緊張関係を厳しいものにさせた．そして1941年1月には，安徽省南部と江蘇省北部の境界地域で新編第四軍（新四軍）と呼ばれていたその地域の共産党の軍隊が国民政府軍側の制止命令を無視して移動を続けたことを直接の契機として，両軍が衝突し，共産党の軍隊が武装解除されるという事態まで発生した（新四軍事件，皖南事変*4）．国共間の衝突を憂慮する内外の抗日世論の圧力の下，事態のそれ以上の悪化は避けられたとはいえ，国共間の相互不信は強まり，国民政府側から共産党軍に対する援助の多くは打ち切られた．そのため共産党はその実質的な支配地域で軍隊も動員して農地の

*1 晋（山西省の別称），察（察哈爾チャハル省），冀（河北省）にまたがる地域．チャハル省は現在の河北省西北から内モンゴル自治区の一部にかけての一帯．
*2 晋，冀，魯（山東省），豫（河南省）にまたがる地域．
*3 開明的郷紳等の中間派，知識人等の進歩派，共産党から3分の1ずつ代表を選ぶ制度．

*4 皖は安徽省の別称．

開墾と増産に努める（大生産運動）とともに，整風運動*1・搶救運動*2などとして知られる党内の政治指導体制の強化策を推進し，危機を乗り切っていった．1943年3月には毛沢東の党内「最終決定権」が確認された．43年5月にコミンテルンが解散されたことも手伝って，「マルクス主義の中国化」の名の下，毛沢東の党内指導権は絶大なものとなった．「毛沢東思想」という言葉が提唱され，個人崇拝の出発点が築かれたのもこの時のことである．

*1 共産党の活動スタイル改善を呼びかけた1942年1月の毛沢東演説が契機になった．
*2 「（道を誤った青年を）急いで救う」と称し，「党内に潜入したスパイ」摘発を推進した運動．

　国民党が第6回全国大会を開催し戦後構想を提示した（96頁）のと同じ時期，共産党も1945年4月から6月まで第7回全国大会を延安で開催し，連合政府論として知られる独自の戦後構想を示して国民の支持を獲得しようとした*3．戦時期の憲政運動を踏まえ，訓政という国民党の一党独裁体制に終止符をうつとともに，国共両党を含む多党派の連立政権を樹立し，戦後再建を推進しようと呼びかけたのである．戦後政治をめぐる主導権争いは，すでに戦争終結以前から始まっていた（130頁）．

*3 『原典中現1』26-28頁参照．[毛里和子ほか編『原典中国現代史』全9冊，岩波書店，1994-96年（以下，『原典中現1〜9』と表記）]

日本占領地区と東北

　一方，中国の沿海部・平野部一帯を侵略占領した日本も，日中戦争の意想外の長期化に直面し，中国の占領地域に本格的な占領地統治の体制を築き，侵略戦争を支える軍需経済を整える努力を始めるとともに，東北における計画統制経済も日本本国向けに強化していく．

　中国に攻め入った日本軍は，当初，日本に早々と協力する意志を示した一部の中国人政客・軍人らを用いて各地に対日協力政権を設立し，占領地統治を円滑に進めようとした．華北地域の場合，1937年12月，北京*4に王克敏，湯爾和らの中華民国臨時政府が成立している．同政府は国民政府によって打倒された1928年以前の中華民国北京政府が制定していた国旗である五色旗を掲げ，北京政府時代の国歌を復活させるなど，反国民

*4 日本軍占領時代は，国民政府時代の北平から北京に名称が回復された．

政府・反国民党的な立場を鮮明にしていた．また1938年3月には，南京に梁鴻志，温宗堯らの中華民国維新政府が成立し，華中の占領地域の統治に当たろうとした．しかしこうした当初の対日協力政権に加わったのは，その大部分が日本軍によって担ぎ出された古いタイプの政治家や軍人であり，国民政府時代には政権から遠ざかっていた，いわば忘れられた存在に過ぎず，一般民衆からの声望もない人々ばかりであった．そして政権運営の重要事項は日本人顧問によって決められていた．

図 2-22　占領下鎮江の小学校

したがって，日本軍が期待したような円滑な占領地統治など，望むべくもなかったのである．

　それに対し，1940年3月に南京に成立した汪精衛政権は，いささか様相を異にしている．これまで何度か触れてきたように，汪精衛は元来，首相に当たる行政院長をつとめたこともある国民政府の有力者であった．その彼が，蔣介石との対立を背景に，日本側との長期にわたる秘密の接触を経て，さまざまな約束を頼りに日本軍占領地域に脱出し，孫文の三民主義を掲げ，「中華民国国民政府」を標榜する新たな対日協力政権を南京に樹立した，という経緯があったからである*1．

*1　汪精衛政権『(世) 史料10』330-332頁．

　陳公博，周仏海，何炳賢などをはじめ国民党の幹部だった人物や有能な実務経験者も政権に参加した．ヨーロッパ戦線におけるドイツ軍，イタリア軍の優勢が伝えられ，日本軍の占領が長期化する中，占領地域において，汪精衛政権の成立によって当面の生活や経済活動が安定化することを期待した人々が少なからず存在したことは事実である．汪政権の成立によって日本軍占領下の中国沿海地域と東南アジア地域との貿易が拡大することを期待した人々もいたし，紡績工場など日本軍が接収していた施設を中国側に返還する仲介役を汪政権に期待する人々もいた．教育や社会事業が常態に復することを求める要求も根強

かった．それまで南京にあった不人気の中華民国維新政府や北京にあった中華民国臨時政府は汪政権に吸収された．

しかし，汪精衛政権が占領地の人々の期待に応えられたのは，きわめて僅かな範囲の問題に限られていた．多くの場合，現実には日本軍の都合によって振り回され，汪政権側の主体性は尊重されず，見込み違いの結末を迎えていく．

そのほか，いわゆる内モンゴル地域では，すでに 1937 年 10 月に設立されていた蒙古連盟自治政府[*1]などを基礎として，1939 年 9 月，デムチュクドンロプ（徳王）らによって張家口に蒙古連合自治政府が樹立されている．チンギスハン紀元を採用するなど，モンゴル人の主体性を尊重することを装いながら，日本の軍人を政府顧問に据え，対日協力政権としての使命を果たすことが期待された存在であった．

*1 『(世) 史料 10』329-330 頁．

一方，日本本国では，中国占領地を統治するため，総理大臣を総裁とし，省庁並みの権限を持つ国家機構として，興亜院が 1938 年 12 月に設立された（4 年後の 1942 年 11 月，大東亜省に吸収）．東京の本庁のほか，北京・上海など中国各地に連絡部が 4 つと出張所が 1 つ設けられ，それぞれに政務・経済・文化を扱う部局が設置された．トップには陸海軍の軍人が就き，実際に活動を担ったのは大部分，陸海軍や大蔵省・外務省など他省庁からの出向者であった．東京の本院の職員定員が約 150 人だったのに対し，華北連絡部は約 300 人，華中連絡部は約 200 人の定員を擁し，それぞれの担当地域は軍の配備状況並びに対日協力政権の設立状況と対応していた．ただし，対中国政策をめぐる軍の動きと，それを牽制しようとする外務省の思惑などが絡まりあい，興亜院は，結局，政治的には大きな権限を持つことができず，経済開発のための調査事業や文化事業などで，ある程度の成果を挙げるにとどまった．

すでに興亜院が本格的に動き出す前から，中国現地では経済開発のための国策会社が活動を開始している．1938 年 8 月，

日本政府が半額を出資し，残りは民間企業から資金を募る形で，資本金1億円の中支那振興株式会社が発足した．華中地域の交通，通信，電力，鉱業，水産業などの開発に当たろうという日本の国策会社である．また11月には，同様の形式で資本金3億5000万円の北支那開発株式会社が発足し，傘下に華北交通，華北電業（電力産業），華北電電（電報・電話）などの子会社を抱えながら，華北地域の交通，通信，電力，鉱業，製塩業の開発に当たった．こうした国策会社の支援を受け，1939年から41年にかけ一般の民間企業も大挙して中国に進出した．とくに華北の占領地域では石景山の製鉄所（現在の首都鉄鋼公司の前身）が再建され，豊田自動車，小糸製作所などの機械工場など，各種の重化学工業施設が建設されている．華中地域でも日本軍が接収していた上海の江南造船所などでも，溶接工程など既存設備の生産力増強が試みられていたことが知られる．

　また東北地域では，すでに日中全面戦争が開始される以前に，「日満自給自足的経済の確立」「日満一体的国防経済の樹立」を政策目標に掲げた満洲産業開発五カ年計画が策定されていた．その大綱自体は1937年1月，日本軍の東北駐屯部隊である関東軍によって決定されていたものであり，「満洲国」の総合的な経済開発に重点が置かれたものであった．しかし同年7月，日中全面戦争が突発した後になると，日本に鉄鋼，石炭，マグネシウムなどの軍需物資を大量に供給すべく，日本本国の側からこのプロジェクトの飛躍的な規模拡大が要請され，鉱工業部門を中心に資金総額が約50億円に倍増されるとともに，年を追って重点主義的な資源開発の傾向が強まっていく．この結果，中国国内の他地域の経済からは切り離された形で，鉄鋼業，石炭産業などが肥大化した．い

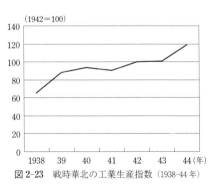

図2-23　戦時華北の工業生産指数（1938-44年）

3　抗日戦争と中国の戦時体制

びつな産業構造が遺産として残されることになった．

4　近代教育と都市文化の展開

大衆文化の活況

政情不安のなか，相対的に平穏だったのが都市，とくに上海・天津などの大都市である．「租界回収」を叫ぶ民族運動の昂揚とは裏腹に，これらの都市は，租界やそこを拠点とする工業・貿易によって繁栄を謳歌し，華やかな都市大衆文化が花開いた．その代表が上海である．

上海では1843年のイギリス租界設置以来，共同租界（1863年イギリス租界とアメリカ租界が合併して成立）・フランス租界（1849年設置）および華界（中国主権地区）が近代都市の建設を競いあった．その結果，1935年当時，3地区の総人口は370万人に達し，人口規模においては世界有数の巨大都市となっていた．租界には早くから馬路（大通り）や街灯・水道が整備され，公共の憩いの場として公園も整備された．ただし1928年まで，公園の多くに中国人は立ち入ることができなかった*1．

*1　元来，租界に住む外国人のために整備され，「外国人用」という趣旨の立て札があった．

20世紀にはいると，電気・ガスも普及し，市電やトロリーバス，やがてバスも運行された．上海県城を中心とする華界もこうした都市建設にならい，19世紀末にはインフラ整備を始め，1905年に地元エリート主導の上海城廂内外総工程局が設立される．インフラ整備・都市建設が都市自治へと発展したのである．総工程局は，辛亥革命後の1912年，上海市政庁となり，全国に先駆けて城壁を撤去して環状道路を築く．相前後して，華界でも市電が運行を始めた．

こうして上海では，20世紀初頭には，共同租界黄浦江西岸の外灘（ワイタン，バンド）を中心に商業地区が発展し，その西側に住宅地区が広がり，さらにその外側に工業地区と工場労

働者のスラム街が形成されていった．商業地区の中心，外灘や南京路のビルは次第に高層化し，茶館や映画館・ダンスホールのような娯楽施設が林立するようになった．

上海において外国人は人口の 1〜2% を占めるにすぎなかったが（しかもその過半は日本人），本国の最新の流行をもたらした．中国人は，最新流行にあこがれ，競ってそれを取り入れる一方，「中国的」様式も模索した．そして，両者の間にさまざまな「中洋折衷」の様式が生み出された．

図 2-24 上海華界の市電
（1913 年開業）

建築を例に取ると，上海ではそのときどきに欧米で流行した様式が建築に取り入れられた．1920 年代に流行したのがアールデコ様式の建築で，30 年代にかけて高層化し，外灘や南京路などでは，マンハッタンを思わせるような摩天楼が林立するようになる．そのうち東洋一の高さを誇ったのが四行儲蓄会大楼（パークホテル）で，中国系 4 銀行が施工主だった（図 2-25 左奥）．他方で 20 年代後半以降，鉄筋コンクリート造りの近代的建築でありながら瓦屋根や雷文など中国的意匠を凝らした「宮殿式」とよばれる建築が首都南京を中心に各地で建設される．上海においては，1937 年に外灘に租界上海の象徴である沙遜大廈（サッスーンハウス）の北隣に中国銀行本店ビルが建てられ，その高さをめぐって沙遜大廈と摩擦も起きている（図 2-26）．こうした建築・都市建設におけるナショナリズムの集大成が，「大上海計画」だろう．それは租界上海の北側，より海に近いいわばのど元に，整然とした都市計画にもとづく新市街を建設し，市政府をはじめとする行政機構や港湾施設を作って，租界を封じ込めてしまおうとする壮大な計画だった．その中心には宮殿式の市政府庁舎などが建設されたが，計画は 1937 年の第 2 次上海事変で頓挫することになる*1．

住宅地区には，庶民の集合住宅である里弄式住宅（弄堂）が

*1 上海を占領した日本も新たな大上海計画を立案したが，実現せぬまま敗戦を迎えた．

4 近代教育と都市文化の展開 105

建てられた．里弄式住宅は 2〜3 階建ての長屋式集合住宅で，江南民家の基本的要素を保持しつつ洋風のデザインも取り入れ，東洋一の摩天楼とともに上海独特の景観を形成していく．なお，欧米人の憩いの場として作られた公園が中国人の立ち入りを禁じた一方，中国人が私的庭園を公園化する動きがあり，そうした公園は娯楽の場であるとともに，時に政治集会の場ともなった．こうした公園が，上海を始め各地で作られる．このほか，上海租界の総合娯楽施設として有名なのが大世界（1917 年開業）である．また 1910 年代から 30 年代にかけて南京路には四大デパートがそろい，商業・娯楽施設として，またファッションの発信基地（デパートの店員がモデルとなった）として上海の繁栄を演出した．

図 2-25　1936 年の上海南京路

図 2-26　沙遜大厦（左）と中国銀行本店ビル
（沙遜大厦は 1927 年竣工，中国銀行本店ビルは 1937 年竣工）

　清末から民国初期の風俗の変化として，目につくのは髪型や服装である．清代，漢人男性は前頭を剃り辮髪を編んでいたが，これは清朝が臣従の証として強制した満洲人の髪型が習俗化したものである．ところが，清末になると欧米人から "pigtail（豚のしっぽ）" と嘲笑されたことから，辮髪を切るべきか議論が起きる．辛亥革命後，革命政府が「剪髪令」を発したため，辮髪は急速に姿を消していったが，なお辮髪に固執する人もいた．中国女性の特異な習俗である纏足[*1]も，清末に宣教師などを中心として廃止運動が起こり，民国期になると急速に消えていった．とはいえ，纏足を好む男性がいるため，農村部を中心に纏足は残り，1980 年代になっても纏足の老婦人を見かけることがあった．一方で，新しい女性の象徴となったのが短髪で，近代教育を受けた自立心の高い女性が断髪をした．

　髪型に比べると服装の変化は緩やかで，男女とも「洋服」着用者が都市部を中心に徐々に増えていったとはいえ，多くの人

*1　幼児のうちに女性の足の骨を折り曲げて布で縛り，小さくする習俗で，宋代から流行した．

は革命後も依然，満洲風の服を着ていた．このうち女性服では，近代独特の「旗袍(チーパオ)」，いわゆるチャイナドレスが生まれる．旗袍は，満洲旗人の袍（パオ，長衣）をドレス風にアレンジしたもので1920年代に形成され，さまざまなバリエーションを生み出していった．男性服では，孫文が日本の学生服から考案した「中山服」*1（いわゆる人民服）が，ナショナリズムの高まりのなかで，中国独自の服として中流以上の階層に着られるようになった．

*1 孫文の号の「中山」をとって命名された．

このように社会の変化にともなって，洋風ないし中洋折衷的なものが次々と誕生し，都市の消費文化の拡大とともに広がっていった．伝統的な演芸は，「雑技」（曲技）や「評書」（講談），芝居などがあるが，たとえば，浙江省紹興の民間劇である越劇は，伝統劇として男が男女の恋愛などを演じていたが，1910年代に京劇などの要素を取り入れ，20年代になると女性が加わるようになり，やがて女だけの劇に変わっていった．大都市においては，伝統演芸に加えて，新劇や後述する映画など新たな娯楽が成長する．

*2 1868-1940 浙江．反清革命運動に参加．ドイツ留学．中央研究院院長の傍ら人権を擁護．

教育普及の模索

1912年，中華民国臨時政府の初代教育総長（文部科学大臣に相当）に就任した蔡元培*2は，独自の美感教育などを提唱し，臨時教育会議を開催するなど，共和制にふさわしい教育の樹立に意気込んだ．だが，蔡元培は袁世凱との軋轢でまもなく辞職し，以後の教育総長も目まぐるしく交替した．学制は清末のものを踏襲しているが，小学・中学（高校を含む中等教育）・大学の年限が短縮されるなど簡素化され，清末より日本の学制に近いものとなった．

袁世凱は，政権を強化するに当たり，儒教倫理を強調する復古主義的な教育方針を打ち

図2-27 民国初期の新式学校（小学校の中には校舎に民家や寺廟を流用したものも多かった）

4 近代教育と都市文化の展開

出した.そして,1913年の憲法草案(天壇憲法草案)に「国民教育は孔子の道を修身の大本とする」という一節を入れ,革命後廃止された儒教の経典を教授する「読経科」を復活させるなどした.こうした復古主義的政策の多くは,袁世凱の死後廃止されるが,儒教倫理や「読経科」・女子教育などをめぐる保守派と進歩派の対立は,この後も続くことになる.他方で袁は,教育の普及も重視しており,義務教育の実施もめざして,小学校を「国民学校」に改めている.義務教育はまず省レベルで試みられ,とくに山西省では閻錫山の強力なイニシアチブの下,1918年から4カ年計画が実施され,就学率が上昇して注目された.教育部も,これを受けて8カ年の義務教育実施計画を立てたが,本格的な着手には至らなかった.

このように,民国初期の教育は,政治情勢が不安定なため,教育方針も一定せず,中央から地方の教育行政機構もその財源も不安定なものであった.それでも,図2-28に見るように,教育は徐々に拡充されていった.だが1920年代になると,各地で教育経費の不足から教員給与の遅配・欠配が頻発し,普及どころか維持も困難となっていった.このころになると統計も欠落しており,教育部が全国の教育を把握できなくなってきていることがわかる.

こうしたなか教育の革新と普及に貢献したのが,「法団」で

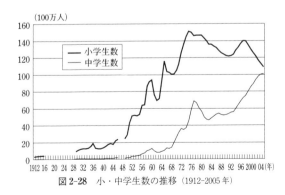

図2-28 小・中学生数の推移(1912-2005年)

	小学生(人)	中学生(人)
1915年	4,140,066	126,455
1936年	18,364,956	627,246
1946年	23,813,705	1,878,523

ある各地の教育会やその他民間の教育団体である．教育会は毎年全国教育会連合会を開催し，さまざまな教育課題を検討し，教育部へ建議するとともに，教育内容や普及策を研究・実践していた．教育界では，共和制にふさわしい教育として，アメリカの教育思想や制度を積極的に紹介し，その結果として，1922年には全国教育会連合会の草案を受けて，教育部が「壬戌学制」とよばれる新学制を実施するに至る．壬戌学制はいわゆる6・3・3・4制，当時のアメリカの最新の教育理論に基づくもので，これは中国の教育が従来の日本モデルからアメリカモデルへ転換したことをしめす．

アメリカの教育思想としてもっとも影響力があったのがプラグマティズムである．プラグマティズムは黄炎培らによって「実用主義」として1910年代から教育界に紹介され，やがて胡適や陶行知*1，晏陽初*2らによって教育界の大きな潮流を形成するようになる．胡適ら3人はいずれも1910年代相前後してアメリカに留学し，プラグマティズム運動の中心的指導者であるJ・デューイ*3に師事した．とくに胡適と陶行知は，1919年のデューイ訪中の際，同行して通訳を務めている．ちなみにこの訪中は，本来訪日した機会に中国教育界から招待された「ついで」の旅であった．ところが，到着早々五・四運動の波に遭遇し，彼は若者を中心とした新中国の胎動に惹きつけられ，以後，2年間滞在して全国11省で講演をおこなうことになるのである．これは新文化運動以降の科学と民主主義を求める思想潮流や苦悩する教育界とデューイとの共鳴現象であった．

デューイのプラグマティズムは，児童一人ひとりに実践的な問題解決能力を身につけさせ，真の共和国を築き上げるものとして歓迎された．そして，旧来の知識偏重の教育ではない，生活に根ざした教育，体験や実験を重んじる教育，児童自身が学級生活を管理する児童自治などが提唱・実践された．また学校教育が財政難で急速に拡充できない状況下で，より実践的な教

*1 1891-1946 安徽．金陵大学・コロンビア大卒．教育科学研究や平民教育運動を展開．

*2 1893-1990 四川．イェール大・プリンストン大（院）卒．平民教育運動を指導し農村へ展開．

*3 John Dewey 1859-1952．アメリカの哲学者，教育学者．プラグマティズム運動の中心的指導者．

育普及策として，陶行知や晏陽初は平民教育を提唱する．陶と晏は 20 年代後半以降それぞれ教育普及から取り残された農民に着目し，識字運動や農業教育などの教育を軸とした農村社会の改良に取り組むようになる．こうした穏健な方法による農村改良運動は「郷村建設運動」と総称され，かつては，共産党の土地革命に対抗する反動的な改良運動として批判されたが，「三農」問題が深刻化する現在，再評価されるようになっている．

一方で，1920 年以降の教育行政機能の低下は，「法団」を中心とした教育界が，教育行政に直接関与する状況を作っていく．前述の「壬戌学制」の制定は，全国教育会連合会の草案を受けたものであったが，全国教育会連合会には，北京政府の実効支配が及ばない南方政府下の広東・広西両省教育会も参加しており，いわば全国教育会連合会こそが，民国教育の一体性を担保していたといえるのである．地方においては，省や県の教育予算が軍事費などに流用されることを阻止するため，地元の教育界が教育経費を管理する県が現れ，やがて，教育行政そのものを一般行政から切り離して教育界で管理しようという「教育独立論」が拡がっていく．

1927 年 4 月，南京国民政府が成立すると，蔡元培は 7 月に「大学院」を設立する．これは，全国の教育行政と学術機関をあわせた「最高学術教育行政機関」で，全国をいくつかの「大学区」に分けて大学が区内の教育行政もおこなうというもので，区内の小・中・大学教員の代表が直接行政に関与する「教育独立論」にもとづく教育行政機関であった．だが，大学院・大学区は教育行政と教育事業を一手に行うため混乱が多く，また，党の指導からも独立していることから国民党左派の批判を受け，まもなく廃止される．しかしこの間，全国教育界を結集した全国教育会議を開催して，教育の課題を議論し教育政策の基本方針を固めたことの意義は大きかった．また行政機構の運用は頓

挫したが，教育・学術の独立という理念は中央研究院（112頁）に継承されるなど，アカデミズムの確立に寄与している．

　教育の普及は，以後大きく進展する．国民党は，1929年の第3回全国代表大会で「中華民国の教育は，三民主義にもとづく」とする「教育宗旨（基本方針）」を議決し，翌年の第4回全国代表大会では義務教育実施案を議決している．三民主義のイデオロギーを浸透させるためにも，党として教育の普及に力を入れることになる．これに対し国民政府も教育経費の確保に努め，中央予算に占める割合を1929年度の2.30%から1936年度の4.29%まで増やし，そのかいもあって，図2-28のように学生数は急速に上昇していくことになる．そして1935年，教育部は「義務教育実施暫行辦法大綱」を公布する．それは，1935年から1940年までの5年間で1年制義務教育を実施し，1944年までに2年制に延長し，1944年以降4年制の初級小学を義務化するというものだった．

　また1936年の憲法草案，いわゆる「五五憲草」（72頁）でも「第七章教育」において，人民の教育機会の平等を謳い（第132条），6歳から12歳までの学齢児童が一律に無償の基本教育を受けること（第134条），学齢を過ぎて基本教育を受けていない人民は一律に無償の補習教育を受けること（第135条）とし，また教育経費の最低限度を中央予算の15%，省区・県市予算の30%と，教育基金により保障する（第137条）としている．

　しかし，日中戦争の勃発は，これらの計画をすべて打ち砕いてしまう．多くの大学は戦火を避けて奥地へ疎開したが，それは船や鉄道を使いつつも多くは徒歩による苦難の移動であり，その後も不自由な奥地の生活が彼らを待っていた．だが，疎開できたのはごく一部であり，多くの小・中学校は戦火にさらされ，ついで日本の占領下に組み込まれた．その一方で，重慶国民政府は奥地における基盤を固めるため教育普及に努め，1943年度には小学生数が国民政府統治地区だけで戦前の最高値を上

回っている．

アカデミズムの成立

ここで清末以来の学術について見てみよう．ヨーロッパ近代諸科学は，洋務運動以降中国に徐々に取り入れられていったが，それはあくまで技術としてであり，学問として基礎が築かれるのは変法運動以降である．とくに20世紀初頭の日本留学ブームにより，多くの学術が日本経由で導入された．現代中国語の学術用語の相当部分（たとえば「社会」や「革命」など）が，欧米学術用語の訳語として日本で作られた「和製漢語」である．ただ，多くの学生は「昇官発財」のために進学・留学したのであり，京師大学堂から1912年に改称した北京大学も官吏養成機関の性格が強かった．だが，1917年蔡元培が北京大学校長に就任すると，新進気鋭の学者たちを集め，学問の府に改めていった．このなかには陳独秀や胡適のように，新文化運動やその後の政界・言論界・学術界で活躍する人物が多く含まれている．

こうして辛亥革命後，とくに1920年代以降，諸分野で留学帰国組を中心に各種学会*1が結成され，各大学においても学術面における人材養成の成果が出はじめる．初期の主な学会を結成順に挙げると，中華薬学会（1907年）*2，中華全国鉄路協会（1912年），中国科学社（1914年），中華医学会（1915年），中国農学会（1917年），中国工程学会（1917年），中国天文学会（1922年），中国化学工業会（1922年），中国経済学社（1923年），中国気象学会（1924年）などがある．ただ，国立の研究機関は大学所属の機関を除くと，1913年に工商部（経済産業省に相当）が設立した地質研究所しかなかった．

南京国民政府が成立すると，1928年，前述の大学院が最高学術研究機関として中央研究院（アカデミア・シニカ，すなわち中国アカデミー）を設立する．中央研究院は独立機関で評議

*1 19世紀末の政治結社的ないし教育団体の要素が薄まり，純然たる学術団体が登場した．
*2 中国人留学生によって東京で結成され，1912年に北京に移転し中華民国薬学会と改称，26年に上海へ移った．

会によって運営され，南京に本部および地質研究所，自然歴史博物館，天文研究所，気象研究所，社会科学研究所を，上海に物理研究所，化学研究所，工程研究所，北平（北京）に歴史語言研究所，心理研究所を置いた（その後研究所は増加する）．初代院長には蔡元培自らが就任し，その死まで在任した．29年には，中央研究院の地方版として，国立北平研究院も設立され，物理・歴史など8研究所を擁した．

図 2-29　中央研究院総辦事処（1947年竣工．各研究所を統轄する本部．現在は中国科学院江蘇分院）

アカデミズムの発展の一例として歴史学を見てみよう．中国において，歴史は有徳の為政者の実践と徳の喪失による為政者の交替の連続ととらえられてきたが，清末になると，歴史的事実を確認し，因果関係，さらには法則性を解明する近代歴史学が開始された．その先駆となったのは梁啓超や日本の近代歴史学の影響を受けた羅振玉*1，王国維*2で，ついで蔡元培によって北京大学に史学科が設置され，顧頡剛*3のような研究者が組織的に養成されるようになる．顧頡剛は「史記」以来の史書の記述に懐疑的な「疑古派」とよばれ，その成果は『古史辨』(1926-41) にまとめられる．

1928年に中央研究院の下に歴史語言研究所が設立されると，大型の研究事業が実施されるが，その一つが1928年に始まる殷墟の発掘であり，こうした成果は，同時期の北京原人の発見（1927年）などとともに，社会的には中国ナショナリズムを高揚させる効果ももたらした．

中央研究院を中心として成長しつつあった中国アカデミズムは，日中戦争によって大打撃を受けることになる．戦火を避けて，中央研究院をはじめとする研究機関も奥地へ疎開した．困難な状況下での研究活動を強いられたが，その一方で，今まで充分な調査ができなかった西北や西南の地質調査・社会学調査などが行われ，新世代の研究者が育っていった．

*1　1866-1940 浙江．清末の教育官僚．辛亥革命後，日本に亡命．1919年帰国．その後溥儀の師．1932年満洲国監察院長．

*2　1877-1927 浙江．辛亥革命後，師である羅振玉と共に日本に亡命し，近代歴史学を学ぶ．

*3　1893-1980 江蘇．北京大卒．1928年歴史語言研究所研究員，49年科学院研究員．

抗戦勝利後，日本が戦時中に占領下の中国に設立していた上海自然科学研究所[*1]などの学術研究機関は，中国側に接収される．だが，それもつかの間，今度は内戦の結果，中央研究院が台湾へ移転することになる．中央研究院や北平研究院の建物は中華人民共和国科学院（1949年設立）によって接収され，研究員たちも台湾へ渡る者，とどまる者，第三国へ行く者に分かれた．中央研究院社会科学研究所のように機関単位で大陸にとどまったものもある．現在の中国科学院・中国社会科学院（1977年，科学院より独立）は，こうした基礎の下にできたのである．

[*1] 北京人文科学研究所と共に日本が義和団賠償金で設立．中央研究院に接収された．

　最後に故宮博物院についても見ておこう．宣統帝溥儀の退位の際，「清室優待条件」により，溥儀は居所として紫禁城（宮城）の北半部の内廷（皇帝の私的空間）を保持し，宮中の文物（収蔵物や文書）も内廷に保存された．1924年，北京政変で馮玉祥は溥儀を内廷より退去させ，翌25年に故宮博物院を設立し，宮中文物を公開した．1928年，国民政府が故宮博物院を接収し，文物の整理・展示のほか学術書の出版も行うようになる．だが，九・一八事変以後，戦乱を恐れて文物は南方へ運ばれ（南遷），ついで1937年日中戦争の勃発で奥地へと運ばれる．1933年，故宮博物院とは別に国民政府は南京に中央博物院の籌備処（準備機関）を設立し，独自に文化財の調査・収集を行い，抗戦期も西北・西南で調査を行った．

　終戦で，故宮博物院・中央博物院の文物は南京・北京に移されるが，まもなく内戦で国府軍が劣勢となったため，両博物院の文物のうち逸品を中央研究院・中央図書館の稀少史料とともに台湾に運んだ．大陸に残された宮中文物は再開した故宮博物院に戻され，中央博物院は1950年南京博物院と改称された．現在，台北の故宮博物院に所蔵されている宮中文物は，明・清から継承した中華文明の粋であり，長らく台湾政府の中国政府としての正統性を示すものとして機能してきたのである．

近代メディアの発展

　近代教育の普及や学術の発展と密接不可分なのが，近代メディアである．中国でもっとも古い近代漢字日刊紙は，イギリス統治下の香港で創刊された『中外新報』(1858 年，当初は隔日刊)といわれる．1872 年に上海で創刊された『申報』はしだいに発行部数を増やし，上海のみならず中国を代表する新聞となる．だが，これらはいずれも外国人の経営によるものだった．1900 年以後，新政改革の進展のなかで中国人経営の新聞社が各地に登場し，『申報』も 1912 年に中国人の経営となった．国民党機関紙の『中央日報』(1928 年創刊) のような特殊な新聞を除き，近代中国には全国紙はなく，北京の『晨報』(1916 年創刊，1918 年までは『晨鐘』)，天津の『大公報』(1902 年)，上海の『申報』，『新聞報』(1893 年創刊) など，有力地方紙のほか，各地方都市に無数の地方紙が生まれていった．このうち『申報』は，1930 年代になると副刊「自由談」が言論界にも影響力を持った．

　変法維新運動においては，全国各地の学会が啓蒙宣伝の一環として上海の『時務報』(1896 年創刊，旬刊) のような「報紙」(新聞) を発行した．これらは，時事消息なども載せているが新聞というよりは政治的主張中心の雑誌であった．20 世紀初頭には亡命者や留学生が日本で相次いで雑誌を創刊し，それぞれに自派の論陣を張った．とくに梁啓超らの『新民叢報』(1902 年，横浜にて創刊) や中国同盟会機関誌『民報』(1905 年，東京にて創刊) は，留学生の支持獲得を争った．また，留学生発行の雑誌には『江蘇』，『浙江潮』(ともに 1903 年創刊) のように留学生の出身地単位で発行されたものも多く，密かに故郷に運ばれ影響を広げた．こうした新聞雑誌類は多くが回し読みされたため，発行部数 (1935 年当時の『申報』・『新聞報』の発行部数はともに 15 万部) よりはるかに多くの影響力を持っていた．

　上海を中心とした都市文化の発展とともに，商業的な出版メディアも隆盛を迎える．その代表が，聖書の印刷・出版から商

業出版に転じて巨万の富を築いた宋嘉樹*1である．海南島出身の宋は，上海で出版事業を展開する傍ら，広東出身の革命家孫文を支援し，一方で自分の子どもたちの教育にも熱心で，アメリカへ留学させる．後に孔祥熙(こうしょうき)と結婚する宋靄齢(そうあいれい)，孫文と結婚する宋慶齢，蔣介石と結婚する宋美齢，国民政府の財政部長として辣腕を振るう宋子文は，みな嘉樹の子である．

図 2-30 商務印書館の鉛版印刷工場（写真は清末．1914 年当時 184 名の印刷工で年間 21 億頁印刷できた）

　さて，近代中国最大のメディア企業が商務印書館である．商務印書館は 1897 年に夏瑞芳*2ら 4 人によって上海に設立された．折しも近代教育が本格導入される時期に当たり，小・中学校の教科書出版で経営の基礎を固め，清末の新政改革の波に乗って急速に成長した．やがて総合雑誌『東方雑誌』（1904 年創刊），教育専門誌『教育雑誌』（1909 年創刊），文芸誌『小説月報』（1910 年創刊）など，中国を代表する雑誌を次々と発刊する．書籍出版も実用書から古典まで多種多様で，一時は国内出版物の半分を占めたといわれる．また東方図書館を設立して，出版に使用した古典籍や各国の書籍を収蔵し，その蔵書量は東洋一であったが，1932 年の上海事変の戦禍で本社もろとも破壊されてしまう．1934 年には出版を再開するが，まもなく日中戦争が始まり，奥地へ疎開して出版を続けた．

　商務印書館のライバルが中華書局（1912 年，上海に創立）である．中華書局の創立者陸費逵(りくひき)*3は商務印書館の教科書編集のかたわら反清活動に関与し，中華民国が成立すると，密かに準備した共和国向け教科書をいち早く出版し，経営の基礎を築く．以後，商務・中華の二大出版社を中心に，上海の出版社が全国をリードする時代が長く続く．商務・中華両出版社は，1949 年の中華人民共和国成立前後にそれぞれ台湾と大陸に分かれ，

*1　1861-1918 広東．祖籍は山西．少年時代アメリカに渡りメソジスト教会に入信．
*2　1871-1914 江蘇．教会学校卒業後，英字紙の植字工．植字工仲間と商務印書館を設立．
*3　1886-1941 浙江．漢口の地方紙主筆となるが弾圧され，上海に逃れ 1908 年商務印書館入社．

台湾では有力出版社として活動を続けるが，大陸ではともに北京に移され古典・学術書・辞書類の出版社に縮小されて今日に至っている．

これら大手出版社の影響力は大きく，新文化運動を経て，1920年代になると，文体の口語化が急速に広がっていき，欧米風に横書きも取り入れられ始める．だが，言論界をリードしたのは必ずしも彼らではない．むしろ同人誌的な雑誌が，『新青年』のように各地に読者サークルを形成し，論争や社会運動を引き起こした．1920年代以降では，『現代評論』，『新月』，『独立評論』，『観察』（それぞれ1924年，1928年，1932年，1946年創刊）などが代表的言論誌として，国民党や中共とも異なる多様な政治構想を主張する場として機能する．

1920年代になると，ラジオや映画，レコードなど新たなメディアが普及してくる．まずラジオ放送は，1923年にアメリカ人の経営する中国無線電公司（上海）が最初で，1927年には上海のデパートでもラジオ放送が始められる．28年には国民党中央宣伝部がラジオ放送を開始する．教育部も映画・ラジオを教育普及に活用しようとし，教育映画の巡回やラジオ講座なども行った．だが，ラジオの受信機が高価なこともあり，あまり進展はしなかった．

映画は，1896年に上海で初上映され，1920年代以降，各地に映画館が誕生し，ハリウッド映画が流行する．中国における映画製作は，1912年の辛亥革命の記録映画などが先駆であり，20年代になると，商務印書館なども映画製作に乗り出し，本格的な劇映画が製作され始める．「火焼紅蓮寺」（1928年）のヒットにより，商業映画が確立する．1930年代になると，マンネリ化を打破しようとする映画会社の思惑もあって，新劇で活躍していた左翼系の劇作家や俳優たちが起用されるようになる．これにより，政治的メッセージを秘めつつ，ハリウッド風の演出で娯楽性も豊かな「馬路天使（街角の天使）」（1937年）のよ

うな名作が次々と生まれ，その挿入歌が流行し，さらにレコード化されて広く愛唱されるようになる．

中華人民共和国の国歌である「義勇軍進行曲*1（義勇軍行進曲）」は，映画「風雲児女（嵐の中の若者たち）」(1935年) の挿入歌で，抗日デモの中で全国に浸透していった歌である．作詞をした田漢*2は日本留学中に，小劇場や映画館に入り浸り，帰国後，左翼運動の一環として演劇や映画において活躍した．また，作曲者の聶耳（ニエアル）*3は，若くして天才を発揮し映画音楽を中心に民族色の濃い名曲を数多く作った．聶は当局の弾圧を逃れて出国し，日本に滞在中，藤沢の鵠沼海岸で溺死した．同様に，映画封切りと同時に空前の大ヒットとなり，後世に歌い継がれている歌に「何日君再来」がある．これは映画「三星伴月」(1937年) の挿入歌で，男との別れを惜しみ再会を願う恋の歌だが，映画も主演した人気スター周璇*4（「馬路天使」も主演）が情感を込めて歌っている．抗日戦中には，「君」の発音が「軍」と同じであることから，日本占領下の人々は「軍」＝蔣介石・国府軍の再来を願ってこの歌を歌ったといわれている．

図 2-31 「馬路天使」の周璇（右）（上海の下層社会で懸命に生きる若者たちを描く．）

このように，上海映画界は左翼とエンターテインメントの融合，演劇界やレコード業界との提携により，黄金期を築いた．この繁栄は，日中戦争で打撃を受け，戦後つかの間の復興ののち，中華人民共和国の成立によって失われる．非左翼系の映画人は活動の場を香港に求め，戦後香港映画の繁栄の基礎を築くことになる*5．

*1 『(世) 史料10』243-244 頁．
*2 1898-1968 湖南．東京高等師範留学．1922 年帰国後演劇活動．文化大革命で獄死．

*3 1912-35 雲南．左翼運動に参加し革命歌を創作．1930 年上海に移り多数作曲．
*4 1920-57 江蘇．幼時に両親が離婚し 1931 年上海の歌舞団に入る．「金の喉」といわれた．
*5 香港映画人の 1930 年代上海映画への想いを示した作品に「ロアン・リンユィ阮玲玉」(1991)．

5　植民地台湾の発展

台湾の近代

台湾は，中国東南海岸から約 150〜200 km 幅の海峡で分か

たれ，また日本列島からフィリピン諸島に至る環太平洋弧の一部をなす海島である．この自然的条件に規定されて，台湾では，中国世界に遅れて編入された東部辺疆であるとともに，太平洋海域世界の一部であり，外界の影響を多く受けるという，独特の複合的な歴史が展開されてきた．

台湾の先住民はオーストロネシア語族系の互いに異なる言語，習慣，文化を持つ人々で，現在，16族が公式に認められている．ついで，17世紀以降，対岸の福建，広東両省から漢族が続々と渡来し，閩南（福建省南部）系，客家系の激しい抗争（分類械闘）をともないつつ，着々と開拓を進め，やがて先住民を圧倒あるいは吸収して，地域の漢族社会化を進めていった．この過程で平地の先住民（平埔族）はほとんど姿を消したが，今日なお先住民は約56万人を数え，台湾の「原住民」*¹とよばれている．

中国の王朝は，長く台湾を「蕃人」の住む「化外」の地として，特に関心を示さず，元・明代に台湾海峡両岸を根拠地とする海商・海賊の取締のため，一時，澎湖諸島に役所を置いたのに止まった．だが，16世紀中頃以降，ヨーロッパ人の東アジア進出とアジア貿易の活発化は，台湾に大きな影響を与えた．16世紀中頃，ポルトガル人が台湾周辺を航海し，「麗しき島」（イラ・フォルモサ）と名付けた．17世紀初めにはオランダが台湾に進出し，最初澎湖島を狙った後，1622年に台湾南部の安平，台南に城堡を築き，貿易と支配の拠点とした．オランダは，この頃，台湾北部の鶏籠（基隆）等に根拠地を築いたスペイン人も追い出した．

ついで，1661年には，福建省沿海を根拠地とした武装海商の鄭成功*²がオランダ軍を攻撃し，台湾を支配し，その反清復明闘争の

図2-32 台湾東部アミ族の少女

*1 中国語の「原住民」は元々の住民という意味で，差別的な意味はない．

*2 1624-62 日本の平戸生まれ．父鄭芝龍，母は田川氏．

図2-33 ゼーランジャ城

5 植民地台湾の発展　119

根拠地とした．鄭氏は福建から多くの移民を招き入れて開拓を進め，台湾に初めて中国式の統治をしいた．だが，1683年には鄭氏は清朝に降り，台湾は初めて中国王朝の版図に入ることとなった．清朝は，台湾を福建省に属させ，台湾府（台南）など1府3県を置き，多くの水師（海軍部隊）を置いてその支配に努めた．清代中期以降，台湾には漢人が多数渡航，移住し，先住民地域を侵食し，開拓を進めた．こうして，近代以前，台湾西部の平野部のほとんどは漢族社会に包摂され，中国的王朝・官僚秩序の下で統治されるようになった．

19世紀後半，近代西洋の勢力は再び台湾に侵入してきた．1858年には天津条約の規定により，台湾では台南，淡水，高雄，基隆の4港が開港されることとなった．台湾は農業的に豊かで，米作とサトウキビ栽培が盛んで，米と砂糖を中国本土に移出してきたが，開港後は茶や樟脳の輸出がこれに加わった．また，この時期，アメリカ，イギリスなどの艦隊による砲撃や侵犯事件が相次いだ．日本も1874年，台湾先住民による漂着琉球人の虐殺事件を口実に台湾南部に派兵し，清朝との交渉で有利な条件を得て撤兵した．これ以後，清朝はようやく台湾を守り，海洋からの脅威に備えることに関心を払うようになり，福建船政大臣沈葆楨*1を欽差大臣に任命し，台湾防衛に当たらせた．さらに，1884年に起きた清仏戦争では，フランス艦隊は福州の清朝水師を潰滅させたほか，台湾各港，澎湖諸島を攻撃し，清朝支配者に深刻な危機感を与えた．

その結果，1885年，台湾は福建から独立した1省となり，劉銘伝*2が台湾巡撫に任命された．劉は李鴻章系列の開明的官僚であり，翌年の着任以来，鉄道建設，炭坑開発，樟脳等の専売，郵便事業，先住民統治（理蕃）政策，土地調査などの新政を精力的に展開した．とりわけ，土地調査は重要な意味を持ち，清朝による台湾領有後初めての調査を全面的に実施し，課税対象たる耕地の存在，所有情況の正確な把握と，複雑な台湾の土

*1　1820-79　福建．進士．福州船政大臣．両江総督兼南洋通商大臣等歴任．

*2　1836-96　安徽．1864年直隷提督．1885-91年台湾巡撫．

地制度の整理を行おうと意図したものであった．だが，土地調査は在地の支配者の激しい反発を招き，また建設事業は資金不足に苦しみ，完成することはできなかった．1891年には劉は離任したため，台湾における新政は中断されたが，これらの諸改革は台湾近代化の最初の試みとして高く評価されている．

日本の植民地統治

台湾は，1895年から1945年まで半世紀にわたり日本の植民地となり，中国全体の歴史的あゆみから切り離されることとなった．

1894年8月，朝鮮権益をめぐり始まった日清戦争の結果，1895年4月17日，下関条約により台湾・澎湖諸島は日本に割譲されることとなった．だが，台湾紳民は清朝による対日譲渡に憤慨して，1895年5月23日には巡撫唐景崧を総統とする「台湾民主国」独立を宣言し，断固抵抗の構えを見せた．日本軍の侵攻開始後，まもなく唐総統は逃亡し，「台湾民主国」は崩壊したものの，全島各地で激しい抗日ゲリラ闘争がくりひろげられた．同年11月，日本軍は平定宣言を発したものの，その後も数年以上にわたり山麓地域を中心に執拗な抗日ゲリラ活動が続いた．

このように日本の台湾統治は，征服戦争をもって始まり，当初は軍事的，専制的色彩が強いものであった．台湾には総督府が設置され，総督は天皇が直接任命する親任官とされ，1919年までは陸海軍大将，中将が就任し，植民地の政治と軍事の全権を統括した．また，台湾では日本内地の法令は一部を除き適用されず，総督は法律と同等の効果を有する命令を下す権を有した．まさしく，総督は天皇の代理として絶大な権限を行使することが

図2-34　総督府庁舎（右）
（1919年竣工．1949年以来，総統府庁舎として利用されている）

5　植民地台湾の発展

できたのである.

　20世紀初め，児玉源太郎総督と後藤新平[*1]民政長官の施政時期（1898-1906）から，日本側はようやく治安を確立し，殖産興業政策に乗り出すことができた．後藤は衛生学者として，現地の情況に適応した「生物学的原則」に基礎を置く植民地政策を強調し，まず台湾の旧慣調査を実施して，旧制度，社会慣行の把握に努めた．また，日本はアヘン厳禁政策の緩和[*2]，地域の有力者への饗応，紳章[*3]付与，経済的特権付与等により彼らを懐柔し，植民地統治に協力させた．たとえば，台北開城に協力した辜顕栄（こけんえい）は，総督府から食塩等の専売特許を得て巨富を積んだほか，たびたび叙勲を受け，1921年には総督府評議員，1934年には台湾人初の貴族院議員に任じられた．他方，総督府は抵抗する者は厳しく弾圧し，1897-1901年の間に「土匪」8030人を捕らえ，3473人を殺戮し，1902年の大討伐では4582人を殺戮した．また，総督府は保甲制を全土に実施し，警察の監督下におき，治安確保と行政補助に当たらせた.

　日本側は，さらに全島の土地調査事業を行い，土地を正確に掌握して在地社会への支配を確立するとともに，歴史的に形成されてきた土地に関わる複雑な諸権利を整理し，近代的土地所有権制度を確立した．さらに総督府は，アヘン，塩，酒，煙草などの専売制により財源を確保し，鉄道，道路，港湾，水道等のインフラ建設と度量衡，貨幣の統一などにより，「台湾資本主義化の基礎工事」（矢内原忠雄）を行った．もともと，台湾では劉銘伝の建設した基隆―新竹間の鉄道があるだけであったが，1898年以後，南北縦貫鉄道の建設が進められ，1908年には基隆―高雄間が完成し，1924年には基隆から蘇澳に至る宜蘭線が開通するなど鉄道網が整備され，島内の経済的一体化に貢献した（表2-1参照）.

　また，総督府は，製糖業を中心として産業育成策を展開し，サトウキビの品種改良，製糖技術の革新，日本企業の投資を促

[*1] 1857-1929 岩手県水沢．医学を学ぶ．台湾総督府民政局長，満鉄総裁，外務大臣等歴任．

[*2] 登録したアヘン吸引者のみにアヘン購入，喫煙を認め，漸減政策をとった．
[*3] 紳士の勲章．在地有力者の威信を高めた．

し，台湾製糖等の会社組織による大規模な製糖業を発展させた．砂糖生産の増大とその専売は総督府財政に貢献し，以後，日本は領外から砂糖を輸入する必要がなくなり，貿易赤字を軽減させた．さらに台湾西部平原での大規模な水利工事による農作の安定と，日本米

表2-1 台湾の鉄道の発達 (1899-1944)

年度	年度末営業キロ数	指数 (1899=100)
1899	97.3	100
1908	436.4	448.5
1917	534.1	548.9
1926	834.5	857.7
1935	881.7	906.2
1944	898.3	923.2

を台湾の風土に適合するべく改良した蓬萊米の生産，輸出の増加は，台湾を日本のための安定した食糧基地とするものであった．このように，台湾では初期の武力征服が一段落すると，植民地的近代化が展開され，かなりの成果をあげることになった．

日露戦争後，日本が南満洲の権益を獲得すると，1906年，後藤新平は台湾を離れて南満洲鉄道会社（満鉄）初代総裁となり，満洲経営にあたった．台湾統治はその後の日本の植民地統治のモデルとなったのである．

社会統合と民族運動

では，日本の植民地統治とその下の経済発展は，台湾の社会にどのような影響をもたらし，また台湾の人々はどう反応したのであろうか．

植民地的近代化の中でも，産業振興，交通建設，度量衡統一，医療・衛生，司法，学校制度の整備，洋風建築，纏足・辮髪の廃止等は普遍的・合理的なものであり，台湾社会は近代化の便益を享受した．鉄道，道路，電信，電話など交通・コミュニケーションの発達は，これまで地域的に分断されていた台湾の社会統合と経済発展を大いに促進した．法制面では，財産権や商取引に関しては近代的諸法規が制定されて資本主義の発展を促したが，他方，婚姻や相続等ではなお「旧慣」が尊重された．

なかでも，植民地期の教育の発展は特筆に値する．教育機関と学生数の拡大は，表2-2にまとめた．日本の領有後ただちに

表 2-2　台湾の教育機関・学生数の拡大（1899-1944）

年度	初等教育機関		中等学校		師範学校		職業学校		大学・専門学校	
	学校数	生徒数	学校数	学生数	学校数	学生数	学校数	学生数	学校数	学生数
1899	103	10,295	0	0	1	171	0	0	1	69
1908	257	42,111	1	228	1	354	0	0	1	163
1917	472	107,092	4	1,637	1	824	2	248	1	222
1926	868	242,363	21	8,569	3	1,521	29	2,633	4	727
1935	917	407,449	24	12,241	4	1,379	46	5,552	5	1,090
1944	1,099	932,525	45	29,545	3	2,888	117	32,718	5	2,174

　日本人向けの小学校が設置されたほか，1898年には台湾漢人向けの公学校，1904年には先住民向けの蕃童教育所が設けられ，台湾住民の積極的反応を得て，初等教育は急速に普及，発展していった．1944年の小学校通学率（男女平均）は，台湾漢人71.17％，先住民83.38％に達した．台湾での中等，高等教育機関も次第に整備され，教育言語上の障害（日本語に限定）や進学上の差別にもかかわらず，これらの教育機関で学ぶ台湾人が増大した．日本内地に留学して，高等教育を受ける者も少なくなかった．こうして，台湾または日本の中等，高等教育機関で医学，農学，法学，教育等を学んだ新たな知識層が形成され，1920年代以降，台湾社会の指導層として活躍することとなった．たとえば，孫文の影響を受けて台湾社会運動の指導者となった蔣渭水（しょういすい）*1，台湾人で最初に日本の大学を出て，穏健な社会改革を志した蔡培火*2，台北帝大教授として医学の教育，研究に貢献した杜聡明（とそうめい）などである．

　さらに，教育の普及は，台湾での日本語の普及を促した．学校教育のほか，一般成人向けには国語伝習所，ついで国語講習所という社会教育施設が設置され，帝国の国語＝日本語が教え込まれた．植民地下の近代化の進展もまた，日本語の普及を促した要因であった．日本語は近代的知識を伝える媒介であり，近代化の果実を享受するためにはその習得が必要であり，また教育階梯を上り，社会階層的に上昇するためには高度な日本語

*1　1891-1931 台湾宜蘭．台北医学校卒．十数回にわたり逮捕，拘留され，40歳で病逝．
*2　1889-1983 台湾雲林．東京高等師範卒．社会運動で活躍．戦後，政務委員．

力の習得が不可欠であった．さらに，新聞，ラジオ，映画，話劇，演歌といった新たなメディアや芸能も日本語が優勢であり，この「国語」の普及を促した．1930年代からは，日本語による文学の創作を行う台湾知識人も生み出された．著名な作家に，台湾新文学運動の指導者楊逵，若くして文壇へデビューし，演劇や声楽でも活躍した呂赫若らがいる．

だが，台湾住民は日本の植民地支配に柔軟に適応しただけではない．植民地下，近代化がいかに進んだとしても，それは植民地秩序に本来的に存在する差別と不平等を消し去るものではなく，むしろ植民地支配の矛盾をいっそう増幅し，顕在化するものであり，台湾住民は日本の統治に対する反感と反抗を持続させた．

1915年には南部農村で西来庵事件が起きた．これは，伝統的な民間宗教の影響を受けた反日蜂起事件であり，本格的な蜂起に至る前に発覚し，苛酷な弾圧を受けた．それはまた，台湾漢人による最後の対日武装抵抗の試みであり，以後，台湾の民族運動は社会文化運動に転換することになる．

1921年10月には名望家林献堂*1を指導者に台湾文化協会が設立され，広範な台湾人有力者，知識層を結集し，文化的啓蒙運動と合法的な権利獲得運動を展開した．特に，1920〜30年代前半には，日本における政党内閣の発展，文官総督(1919-36)による「内地延長主義」による統治という条件を背景に，くりかえし台湾議会設置の請願運動を展開した．台湾文化協会は1920年代後半には急進的青年層の参加により左傾化と内部分化が進み，1927年には協会内の穏健派が離脱して台湾民衆党を組織し，28年には一部の急進派は謝雪紅*2らモスクワ留学派，中共代表等とともに上海で台湾共産党*3を結成した．台湾民衆党は次第に植民地支配を批判し，労農運動を推進する急進的な立場を取り，31年には当局側により強制解散させられた．また，1930年には蔡培火，林献堂らにより台湾地

*1 1881-1956 台湾台中．民族運動指導者．戦後，台湾省参議員，1949年渡日．東京で死去．

*2 1901-70 台湾彰化．女性．上海およびソ連で学び，台湾共産党創立．1931-40年入獄．二・二八事件後，中国大陸に脱出．

*3 正式には日本共産党台湾民族支部．

方自治連盟が組織され，地主，地方資産家等を吸収して地方自治の実施を要求した．35年，日本は台湾での地方選挙を実施し，37年，同連盟は任務達成を理由に解散した．

　他方，日本の台湾先住民支配の問題点を露見させたのが，1930年に勃発した霧社事件である．日本側は1906-15年，2度の「五カ年理蕃計画」をたて，山地先住民族を征服し，警察官による監視，教育，道路建設，部族指導者の籠絡などによりその支配に努めた．台湾中部山岳地帯にある霧社は総督府による「理蕃政策」の成功例とみなされていたが，先住民は日本側の林野収奪，労役動員などの圧迫と差別に不満を募らせており，1930年10月27日，モーナ・ルーダオ*1の指揮下に蜂起し，日本人139名を虐殺した．日本側は警察だけでなく陸軍力をも動員し，化学兵器と航空機も使用し，徹底的な討伐を展開し，2カ月かけてようやくこれを平定した．蜂起側の死者は自殺も含めて640名余りに及んだ．以後，日本による先住民支配はいっそう強化された．

*1　1882-1930台湾．タイヤル族マヘボ社頭目．

「皇民化」と戦争動員

　1930年代半ばには，日本の対外発展の傾向が強まり，台湾は「南進基地」として位置づけられた．また従来の農業中心に止まらず，急速な重化学工業化がはかられ，1939年には工業生産額は農業生産額を上回った．1934年に完成した日月潭ダムはそのなかでも著名であり，安価で豊富な電力を供給し，アルミニウム製造などの鉱工業発展を促進した．

　他方，1930年代日本の軍国主義の波は台湾にも及び，1936年10月には海軍予備役大将小林躋造が総督に就任し，武官総督制が復活した．小林総督の下で，台湾でも朝鮮と同様に「皇民化運動」が展開されることになり，1937年には，台湾人の母語使用を制限し，新聞の漢文欄を廃止し，日本語使用を推進する「国語運動」が本格的に展開された．とりわけ，学校での

日本語強制は厳しく，児童が母語である閩南語を話すと殴打されることがあった．他方，当局側の政策に協力し，家庭でも日本語を常用する住戸は「国語家庭」として顕彰され，配給等で有利な取り扱いを受けた．このような強制と誘導の結果，日本語はいっそう普及し，1940年には住民のうち日本語を解すものは半数に達したといわれる．

図 2-35　国防献金運動の台湾婦人

1940年には，さらに日本式の姓名に改めようとする改姓名運動が展開された．ただし，朝鮮で創氏改名が強制されたのとは異なり，台湾では各戸の申請，審査による許可制とされた．さらに，もっとも台湾住民の反感を買ったのは，日本の国家神道を押しつけ，台湾在来の宗教信仰を禁圧したことであった．台湾在来の寺廟が大幅に整理される一方，各家庭に「神宮大麻」（伊勢神宮の御札）が配付され，日本式の神社参詣や宮城遥拝が強制された．また，伝統的戯劇などの民俗芸能の上演も抑圧された．台湾では日本統治時代の建物が数多く残されているが，各地にたてられた神社は日本統治の終焉後，ほぼすべて破壊され，姿を消した．

さらに，戦時総動員体制のもと，植民地台湾でも軍事動員が行われた．第1は，軍夫，通訳などの軍属で，1937年秋の台湾駐屯軍の中国戦線出動以来，動員され，中国各地からアジア太平洋各地に派遣された．

第2は，志願兵で，1938年の朝鮮における陸軍特別志願兵制度の実施に続き，1942年には台湾でも実施され，翌43年には海軍志願兵制度も施行された．台湾での志願兵制度に対する反響はきわめて熱烈で，「血書志願」をする者もいた．軍国主義教育の青少年への影響の強さと，「志願」せざるを得ない社会的圧力の存在とを反映するものであろう．

第3は，徴兵で，戦争末期に日本は兵力不足に陥ったため，

5　植民地台湾の発展　127

1944年に植民地での徴兵制施行を決定し，翌45年1月から台湾でも実施することとなった．日本側は植民地で徴兵制を実施する代わりに，台湾，朝鮮住民にも帝国議会の選挙権，被選挙権を与えることを約束し，45年4月にはその旨の詔書が発せられた．こうして，1945年末の帝国議会選挙の際に台湾でもはじめて衆議院議員を選出できるはずであったが，その前に日本帝国は崩壊した．また，林献堂など3名の台湾人が新たに貴族院勅選議員とされたが，戦局の悪化のため日本に渡航できず，ついに議会に出席できずに終わった．

　かくして，1945年8月の日本の敗戦までに，台湾では軍人8万433人，軍属12万6750人，合計20万7183人が戦争に動員され，合計3万304人の死者を出した[*1]．彼ら「台湾日本兵」たちは，アジア太平洋各地で日本帝国のために死を賭して戦い，また危険な後方支援にあたったが，戦後，幸いにして帰郷できた者も中華民国籍となったため，日本側から軍人・軍属としての補償を得られず，また台湾でも敵国側についた者として冷遇されることとなった．さらに，連合軍による戦犯裁判にかけられて処罰された者もいた．戦争は旧植民地においても，深い傷跡を残した．

*1　1973年4月14日厚生省発表．黄昭堂『台湾総督府』教育社，1981年，269頁．

第3章
共産党中国の成立と冷戦

女性学生のデモ,上海 1949 年

1945年，中国は国民党政権の下で日本に勝利し，米英ソに並ぶ第二次世界大戦の主要戦勝国の一つになった．だがその輝かしい勝利のわずか4年後，戦後再建に失敗した国民党政権は全国を統治する力を失い，事実上，台湾の一地方政権という立場に追い込まれる．代わって1949年革命により大陸統治の座に着いた共産党政権は，東西冷戦の中，当初はソ連にぴたりと身を寄せながら社会主義に基づく国づくりに邁進しようとした．しかし共産党中国があゆんだのは茨の道であった．ソ連との関係も1950年代末から悪化し，「反右派」闘争，大躍進，文化大革命など21世紀の今に至るまで多くの禍根を残す挫折と混乱が繰り返されていく．1970年代を迎える頃には，新たな大転換が，もはや避けがたい状況になっていた．国民党から共産党へと統治政党が変わった後，東西冷戦と中ソ対立によって国際的孤立を深めながら，社会主義に基づく国づくりをめざす試行錯誤が繰り返されていく過程，それが本章の考察する時代の中国である．

1　戦後再建の試みと国共内戦

国民政府の戦後構想とその破綻

　戦後中国政治の焦点は，国民党の一党独裁体制である訓政を打破し，憲政を実施することに置かれていた．それは国民政府自身の年来の公約でもあったし，抗日戦争中に学生・知識人らの民主憲政運動が強く要求した課題でもあった．そこで国民党は1945年5月に開いた第6回全国大会などで戦後の憲政実施構想を示すとともに，国民大会を通じて党の主導権を確保するという方針を打ち出した．それに対し抗戦期を通じて力を蓄えてきた共産党は，同年4月から6月にかけて開いた第7回全国大会で，各党各政派が平等な立場で参加する連合政府構想を提起し，国民党の国民大会召集案に対置した．

国共両党の間では，日本軍部隊の投降受入れ手続きや共産党軍部隊の配備をめぐっても抗争が絶えなかった．しかし戦後中国の平和と民主化を願う国内世論は，国共両党ともに無視できないほど大きなものであった．1945年11月には中国民主同盟の張瀾・沈鈞儒・黄炎培らが重慶で各界反内戦連合会を組織している．さらに国民政府下の安定した統一中国を期待するアメリカ政府が懸命に国共両党間の調停を続け，ソ連もまた中国での内戦を望んでいなかったこともあって，1945年8月から10月まで国共両党の会談が重慶で開かれ，10月10日付の合意文書（双十会談紀要）が公表された．この合意は，国民党の指導性を承認し，「軍隊の国家」化という表現によって共産党独自の武装を否定するなど，基本的には統治政党たる国民党の優位を示し，当時における共産党の力の限界を明示するものであった．むろん合意文書には共産党の主張も反映されており，政治協商会議という新たな党派間協議の場を創設することが約束された．

図3-1　蔣介石と毛沢東の会談

1946年1月に開催された政治協商会議（以下，政協と略称）は，国民党8，共産党7，青年党5，民主同盟9に無党派知識人を加えた38人から構成され，「和平建国綱領」「憲法草案」「政府組織案」「国民大会案」「軍事問題案」など，10月10日付合意文書を踏まえて民主化プロセスを具体化した諸提案を採択し，幕を閉じた[*1]．

しかし政協が開かれている間にも国共両党間の抗争は続いた．四平街など東北地方の要衝を占領した共産党軍に対し，国民政府軍はそれに対抗する措置をとっている．1945年12月1日に雲南省昆明で共産党系の学生団体を軍の一部が襲撃した事件，1946年2月10日に四川省重慶の較場口で共産党などが開いた政協祝賀大会に対し一部の国民党員が殴り込んだ事件など，国

*1　『新中国資料集成1』196-215頁．

1　戦後再建の試みと国共内戦

民党側の暴力行為を交えながら国共両党間の摩擦は激化していく．

国民党内には政協における共産党への譲歩に対する反発が強まり，1946年3月の第6期第2回中央委員会では，「首相ではなく国民党の中央委員会が政府閣僚を選任する」決議など，政協での民主化プロセスに関する合意を修正し，国民党の一党独裁体制を維持しようとする諸決議が採択された．

図3-2　南京各界還都慶祝大会

同年6月23日には，国民政府に対する上海民衆の「内戦反対請願団」が首都南京で暴徒に襲撃されるという事件が起きた．国民党への批判を強めていた民主同盟に対しては，7月に李公樸*1，聞一多*2という雲南省支部の幹部2人に対する連続暗殺事件が発生した．こうして国民党は政治的に孤立することも顧みず，政協の合意をくつがえして1946年11月に国民大会の開催を強行し，一方的に中華民国憲法の採択公布を図った（1947年1月1日公布）．採択された1947年憲法自体は，人民の人民による人民のための政治の実現を明記して国民党の優越的な地位を認めず，立法院に対し責任内閣制の議会並みの権限を保障し，司法の独立を含む三権分立の方向性を明示するなど，抗戦期から戦後にかけての憲政運動と世論の動向を反映し，1936年に公布された憲法草案（「五五憲草」）より一段と議会制民主主義を強化させたものになっている．戦後台湾の民主化は，法制上，この憲法によって導かれたものといっても過言ではない．

*1　1902-46　江蘇．ジャーナリスト．1925年国民党に入党．アメリカ留学．抗日運動に参加．

*2　1899-1946　湖北．文学者．アメリカ留学．清華大，西南連大などで美術，文学を講義．

しかし憲法制定の国民大会には，政党としては国民党，青年党，民主社会党*3が出席したのみであり，共産党や民主同盟などは出席をボイコットした．国民党の強硬策は，一時的には国民政府の統治を固めたかに見えたものの，長期的には国民党の支持基盤を狭め弱体化させていくことになった．1948年3月に開かれた憲法施行のための国民大会ではそうした傾向が一段と顕著になり，大会代表選挙の際，首都南京においてすら147

*3　国家社会党と他の小党派により1946年8月成立．民主社会主義と国家主義を主張．

万人の有権者中8割が棄権したほどであった．共産党軍に敗北する以前に，国民政府は，政治の舞台で敗北を喫していた．

　国民政府が政治的な孤立を深める大きな要因になったのは，財政経済政策の失敗であった．ただし最初から失敗が運命づけられていたわけではない．抗日戦争期を通じ，戦後の経済再建のための有力な手がかりも形成されていた．

　その一つは，抗戦中に外国からなされた資金援助や統制貿易からの収入などにより，中国政府と政府系銀行の抱える外国為替準備が巨額に達していたことである．この条件を生かし，行政院長宋子文は経済開放政策を断行した．アメリカを中心に形成されつつあった自由主義的な国際経済秩序＝ブレトン・ウッズ体制*1に，中国も潤沢な外為準備を生かして積極的に参加し，そのことによって生産財の輸入を容易にして経済復興を早めようという，それなりの戦後経済構想を抱いていたのである．1946年2月25日，国民政府は外国為替市場の開放と貿易自由化政策を実施した．その結果は，しかし無惨なものであった．国内の復興需要を見込み，実勢よりやや高めに設定された外国為替レートにも刺激され，アメリカなどから大量の商品が輸入された．消費財を中心とする輸入品の増大は国内生産の回復を助けず，むしろそれを妨げた．1947年6月に至っても，国内の生産力水準は戦前の最高水準の35.1％にしか達していない．

　その一方，輸出は国内の生産に余力がなく，高めに設定された外為レートも障害になり，急速に落ち込んでいった．当然，巨額の貿易赤字が生まれ，国民政府の外為準備は，自由化後の5カ月半の間に1億5500万ドルも減少した．明らかに経済の自由化政策は性急に過ぎたのである．経済政策に対する不満の声が挙がり，1946年11月の中米通商条約も，アメリカ製品の中国流入に拍車をかけるものだと非難された．ついに国民政府は経済自由化政策を断念せざるを得なくなり，1947年2月16日，外為売買の禁止，日常必需品の配給制度復活などを眼目と

*1　国際通貨基金IMFと世界銀行を設けた1944年9月調印のブレトン・ウッズ協定にちなむ．

する「経済緊急措置方案」を公布するとともに，宋子文の行政院長引責辞任を発表した．

旧日本軍占領地域の経済を接収する作業も，さまざまな障害に突き当たっていた．その一つは通貨の再統一問題である．対日協力政権が発行した通貨である儲備銀行券を回収し国民政府の法幣に再統一するにあたり，国民政府は実勢レートの法幣1元＝儲備券35〜50元を大幅に上回る法幣1元＝儲備券200元のレートを設定した．その結果，旧日本軍占領地域の通貨が大幅に切下げられた形になり，上海を中心とする旧日本軍占領地域には大量の資金が流入しインフレ傾向が助長された反面，重慶など従来の非占領地域からは資金が流出し，深刻な金融難と不況に悩まされることになった．

図3-3　銀行に殺到する上海市民

また日本軍や日本資本が経営管理していた生産設備の接収も，誰がどのように接収するかをめぐって種々の思惑が衝突し，その調整作業は難航した．紡績業を例にとると，対立の調整に苦慮した国民政府は，暫定的に直接，政府自身が旧在華紡工場の経営に当たる方針を決め，中国紡織建設公司（中紡）を設立している．このように接収後の経営方針が定まらず，暫定的に国営化しておく方針が採択される場合も多かった．しかしこれに対しては，当然，民間企業側から強い不満の声があがる．経営を担当した官僚の間には腐敗現象も目立ち，国営企業とその経営担当者に対し，しばしば「官僚資本」という非難が浴びせられるようになった．

経済開放政策の破綻と旧日本軍占領地経済接収作業の混乱は，戦後国民政府の財政経済をきわめて困難な情況に追い込んだ．インフレが進んでいるにもかかわらず，国共内戦に対応する戦費確保のために膨大な赤字予算が組まれ，通貨が乱発され，インフレに拍車をかけた．物価は暴騰した．戦前に牛1頭を買えた金額で，戦後は卵1個も買えなくなったというのは，決して

誇張ではない（図3-4）。インフレ対策として打ち出された新通貨への切替え政策，すなわち1948年8月の金円券発行や1949年7月の銀兌換券発行は，いずれも新通貨の価値を維持することができずに失敗した。こうした財政経済政策の相次ぐ失敗は，国民政府に対する民衆の信任を大きく損ない，政府の政治的な孤立化を決定的なものにした。

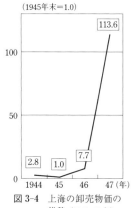

図3-4　上海の卸売物価の推移（1944-47年）

行き詰まる戦後中国外交

戦後国民政府は外交面でも大きな難局に立たされた。第二次世界大戦に勝利した連合国陣営の中に亀裂が走り，米ソの対立が表面化した結果，中国外交の行く手にさまざまな障害が出現したからである。

戦後中国が外交上，最優先課題としたのは，戦災からの復興と国内統一の回復に向け，世界各国から支持を取り付けることであった。そのことは1945年8月に抗日戦争勝利の喜びを告げた蔣介石の演説[*1]や，同年11月に全国最高経済委員会が発足した時の宋子文行政院長の挨拶などにも明示されている。国民政府は，大戦中から中国を支援してきたアメリカに対し支援を大幅に増額することを期待するとともに，東北を占領したソ連に対しても，1945年8月の中ソ友好同盟条約締結を踏まえて交渉を重ね，東北における中国側主権の早期回復と東北経済の再建に向け協力することを求めていた。

*1 『（世）史料10』408-410頁。

アメリカを中心とする国連からの援助はUNRRA（アンラ，国際連合救済復興機関）[*2]によって実施され，ソ連の撤兵も1946年春には実現した。しかし1946-48年の総額が4億3300万ドルというUNRRAの援助総額は，期待された規模に比べれば小さなものであったし，内容的にも食糧，農業復興，医療教育支援などが中心であり，中国の経済復興を助けるのに十分な

*2 The United Nations Relief and Rehabilitation Administration. 1943年設立。ユニセフの前身。

ものではなかった．度重なる国民政府からの要請を受け，1948年4月，ようやくアメリカ議会は4億6300万ドルの独自の対中国援助を含む対外援助法を可決した[*1]．だがこれも親国民政府派の議員が主張していた13億5000万ドルの三分の一に過ぎず，西ヨーロッパ復興のためアメリカが実施したマーシャル援助が1948-51年に総額132億ドルに達したことに比べると，きわめて少額だったといわざるを得ない．アメリカの世論は独裁的な傾向を強めていた中国国民政府に距離を置くようになり，ヨーロッパにおけるソ連の勢力伸長と対抗し，西欧復興に重点を置く政策を支持していた．一方，東北においては，後述するようにソ連軍の進駐期間中に共産党の軍隊が集結して地域統治の主導権を握るようになり，結局，ソ連軍撤兵後も国民政府の主権は実質的に回復せず，経済復興を進めることはできずに終わった．

[*1] 6月に4億ドルに減額．経済援助に2億7500万ドル，軍事援助に1億2500万ドル．

戦後中国外交の第2の課題は，植民地であった香港と台湾を取り戻し，中国の領土を回復することであった．しかし日本軍の占領から解放された香港を中国に返還することについては，宗主国であったイギリスが利権保持の立場から強硬に反対し，結局実現せずに終わった．比較的順調に進むかに見えた台湾の接収作業も，後述するように台湾住民との間に大きな軋轢を生じ，二・二八事件という惨禍を引き起こした．加えて周縁地域においては，イギリスをバックにチベットの政権が独立志向を強め，新疆ではソ連と提携しながら東トルキスタン共和国を創設しようとするイスラム系住民の運動が活発化するなど，予断を許さない事態が起きていた．国民政府がめざした領土回復という課題は十分な成果を獲得できず，むしろ新たな難題に直面していたことになる．

第3の大きな外交課題は，日本と講和条約を結び，中国が受けた戦争被害を償い，戦後復興を支える賠償を日本から獲得することであった．しかし1947年7月，アメリカが極東委員会

構成国*1による対日講和予備会談の開催を提案したのに対し，ソ連はソ・米・英・中の4カ国により講和条約草案を作成することを主張し譲らなかった．米ソ双方とも対日講和の主導権を握るのに有利な方法を求めたのである．早期対日講和実現のため米ソ間の仲介に動いた国民政府の努力は，結局1949年まで実を結ぶことなく終わった．また日本からの戦後賠償としては，日本降伏時に中国にあった工場，鉱山，不動産，金品などの日本側資産を中国政府が接収した分と，戦後賠償全体に関する協議がまとまるまでに暫定的に実施された分（中間賠償）とがある．しかし中国が獲得できるはずであった戦後賠償は，アメリカが日本の戦後復興を優先させる立場に東アジア政策を転換した結果，大幅に減額された*2．

経済政策に失敗し政治的孤立を深めていた戦後国民政府は，国際環境の激変に翻弄され，外交面でも十分な成果を得られず，さらにその存立の基盤を弱めることになった．

*1 連合国の対日政策決定機関．1946年2月，米・英・ソ・中・仏・カナダなど11カ国で発足．

*2 その後台湾は1952年の条約で，大陸は72年の声明で，それぞれ対日賠償請求権を放棄した．本書150頁，195頁参照．

中国共産党による東北制圧

抗日戦争を通じて中国共産党の勢力は大きく増大した．抗日根拠地あるいは辺区と呼ばれていた共産党の統治する地域は，抗戦後期には「解放区」といわれるようになった．その「解放区」は，華北から華中，さらに華南の一部までに及び，93万の正規軍，200万の民兵，1億に近い人口を擁するまでになっていた．共産党は一方で国民政府との連合政権を追求しながらも，他方でこの独自の軍事力と支配地域を維持発展させようとした．

そこで戦後間もなく共産党が重視したのが，中国東北であった．「満洲帝国」崩壊後の東北は，ソ連軍の進駐のもと行政機構は混乱し，一種の無政府状態を呈していた．共産党はこれを「千載一遇の機会」とみなして，国民政府軍が入ってくる前に東北をおさえるという方針をたてた．1945年9月19日，共産

1 戦後再建の試みと国共内戦

党中央は「北に発展し南は防禦する」という政策を確定した（「北進南防」）．華北の八路軍部隊は長城をこえて続々と東北に入り，東北民主連軍[*1]と称した．華中の新四軍や八路軍南下支隊は山東省などの華北へ移動した．この時点で共産党は全国政権を掌握する展望を持っていない．しかし東北から華北にかけての広大な地域に，共産党主導の地域政権を樹立する構想は可能だと判断しており，その実現を追求していた．

国民政府は1945年8月にモスクワで中ソ友好同盟条約[*2]を結び，中東鉄道，旅順港，大連港の中ソ共同使用を認めるなどソ連側に譲歩する代わりに，東北における国民政府側の主権を確保しようとした．しかし共産党勢力が華北で「解放区」をおさえていたため，国民政府軍は思うように陸路によって東北へ移動することができず，また大連・営口・葫蘆島のような港湾も使えなかったので海上輸送も困難であった．結局，国民政府軍は米空軍の輸送機を利用するなどして12月にようやく瀋陽・長春などの都市を手中に収めた．しかし共産党は主要都市から撤退したものの，東北地方北部を中心に広大な農村部と地方都市を依然として掌握していた．1946年5月3日，ソ連軍は中国東北からの撤退完了を発表したが，東北民主連軍はすでに旧日本軍（関東軍）の武器と装備のかなりの部分をソ連軍を通じて手に入れていた．

抗日戦争時期，住民の支援のもと貧弱な武器で対日遊撃戦を戦っていた八路軍は，戦後の東北ではじめて正規戦を遂行できる武器と装備を入手したことになる．また東北北部の共産党根拠地とソ連との間では，1946年12月に貿易協定が結ばれ，食料・衣料品・石油・弾薬などの物資がソ連からもたらされた．また本来，戦後，早期に本国へ送還することになっていた日本人のうち，技術者を中心にかなりの数の人々を残留させ，旧「満洲帝国」時代の生産施設を稼働させるために用いている[*3]．こうしたことはそれまでの「解放区」には存在しなかった有利

[*1] 当初は東北人民自治軍と名のり，1946年1月からこの名称を使用．

[*2] 『(世)史料10』407-408頁．

[*3] 留用日本人と呼ばれ，上海等でも見られたとはいえ，東北残留者が群を抜いて多かった．

な条件であり，内戦における共産党の勝利の1つの要因となった．

1946年6月，全国的な国共内戦が開始された．当初，国民政府軍は430万人の兵力を擁していたのに対し，共産党軍は約127万人といわれ，政府軍が圧倒しているようにみえた．たしかに内戦の最初の1年間，国民政府軍が攻勢をとり，共産党側が守勢であった．1947年3月には，約10年間共産党の本拠地であった延安が国民政府軍に占領された．毛沢東はじめ共産党の幹部は，以後陝西省北部から山西省，河北省の山岳部へと転戦，移動することとなった．しかし国民政府軍の攻勢は，かつての日本軍が点と線を確保しただけであったのと同様に，彼らの最終的な勝利を意味しなかった．

1946年春に撤退したソ連軍とは異なり，米軍は駐留期間を先延ばしにしていた．しかし，国民政府軍を直接支援するような役割は果たしていない．それどころか前述したように国産品を圧迫する外国品の代表的存在が戦後はアメリカ製品になったこと，米軍兵士による女子学生暴行事件[*1]のような問題が多発していたこと，日本の復興をアメリカが過度に手助けしているように見えたこと，などのため，アメリカは中国民衆の不満を一身に集めるようになり，それにつれて，アメリカ寄りの対外政策をとっていた国民政府の立場も困難なものに追い込まれた．

多くの中国民衆は，抗日戦争がようやく終わり平和な日常の回復と経済の再建を希望していた．戦争終結後1年も経たないうちに内戦が勃発したことは，こうした民衆の願いにそむくことであった．国民政府統治下の都市部では，政府の失政を批判し生活擁護と内戦反対を掲げる運動が知識人，学生，労働者などの間で盛んに行われ，五・二十事件[*2]，申新第九工場事件[*3]のように

*1 1946年12月24日に北平（北京）で発生した事件がよく知られている．
*2 1947年5月20日，南京で「飢えと内戦に反対」を掲げた学生デモが弾圧された事件．
*3 上海の申新紡第九工場労働者の待遇改善要求ストが1948年1月30日に弾圧された事件．

図3-5 米兵の暴行事件に抗議する学生デモ

1 戦後再建の試みと国共内戦

社会問題化した．こうした運動は国民党の一党支配を批判する民主化運動と重なっていたので，国民政府はこれを強権的に抑えようとした．対照的に共産党は，こうした生活擁護・内戦反対・民主化を求める民衆運動を，国民党とのたたかいの「第二戦線」とよび連携する姿勢をとった．国民政府の政治的な孤立化は深まり，数の上では共産党軍を圧倒していた国民政府軍が政府の統治地域内の治安維持のため，かなりの兵力を割かざるを得なくなっていた．

49 年革命と中華人民共和国の成立

1947 年後半になると人民解放軍と名のるようになった共産党の軍隊は，各地で攻勢に転じ，その趨勢は翌年になるといよいよ明白になった．東北民主連軍も 1948 年 1 月，正式に東北人民解放軍と改称している．1948 年 9 月，共産党政治局会議は，3 年程度は必要という条件が付されていたとはいえ，国民党の統治を覆すまで戦い続けるという目標を明確にした．全国政権の樹立が，ようやく視野の中に入ってきたことになる．

東北で国民政府が握っていたのは長春・瀋陽・錦州などの孤立した都市だけとなり，それらの都市も 1948 年 10 月に相次いで陥落し，11 月には，全東北が共産党の掌握するところとなった（遼瀋戦役）．同時期，人民解放軍は徐州方面の国民政府軍に攻撃を始め（淮海戦役），また北平（北京）・天津方面にも総攻撃を開始した（平津戦役）．この時期になると国民党政権側の軍隊は士気が低下し，人民解放軍に寝返る部隊が続出した．国共内戦全体を通じてみても，共産党の軍隊によって直接撃破された国民党の軍隊よりも，そうした寝返りによって崩壊した軍隊のほうが，はるかに数は多い．
1949 年 1 月 31 日，人民解放軍は北平

図 3-6　人民解放軍の錦州攻撃（1948 年 10 月）

に無血入城した．この3つの戦役の結果，戦況は，国民党政権にとって有利または一進一退のものから，一方的に不利なものへと完全に転換した．

以後，北方をおさえた人民解放軍は南下を始め，1949年4月に長江を渡河して南京を占領，5月には杭州・上海も占領し，内戦の勝敗は事実上決した．かつて国民革命軍が広州から北伐を開始し南京国民政府を樹立したのと対照的に，人民解放軍は東北から南伐を開始し，1949年10月1日に中華人民共和国をうち立てた．国家を代表する中央人民政府主席には毛沢東が，首相に当たる政務院総理には周恩来が就任する*1．一方，中国大陸の大部分を失った国民党政権は同年12月7日，台北への遷都を発表した．

*1 1954年の憲法でそれぞれ人民共和国主席（国家主席）と国務院総理に改称．

ではなぜ，この49年革命において，共産党は勝利できたのか．その第1の最も大きな理由は，戦後の財政経済再建に失敗した国民政府の失政と，憲政実施をめぐる強行策が拍車をかけた同政府の政治的孤立化を背景に，共産党が政府批判勢力を総結集していったことにある．

共産党は国民政府への批判を強めていた民主同盟などの中間諸党派に意識的系統的に働きかけ，連携を強めることに成功した．共産党と民主党派の二重党籍を持つ党員も活躍している．国民政府当局によって1947年10月に活動禁止処分を受け解散に追い込まれた民主同盟が，48年1月以降，香港で活動を再開した際は，共産党がさまざまな援助を与えた．こうした働きかけを通じ，儲安平*2編集長の下，著名な自由主義者たちが執筆陣に名を連ね，多くの学生・知識人たちに読まれていた『観察』*3誌上でも，48年春頃から，共産党の政策を支持する論調が目立つようになっていく．

*2 1909-66？江蘇．ジャーナリスト．ロンドン大に留学．1966年文革で迫害後，生死不明．

*3 1946年9月上海で創刊．多い時は10万部発行．1948年12月，国民政府により発禁．

他方，商工業者に対しては，共産党

図3-7 中華人民共和国成立の宣言

1 戦後再建の試みと国共内戦

は長期にわたって新民主主義という政策を維持し，民間の商工業を保護し，その発展を図る方針であって，社会主義化を急ぐ意図は持っていないというメッセージを繰り返し，共産党への警戒心を解きほぐした．中小の商工業者を組織していた章乃器，施復亮（存統）らの民主建国会*1が49年革命に参加していくのも，そうした共産党側の働きかけを抜きには理解できない．国民政府批判勢力を総結集するための，以上のような努力の積み重ねが，共産党に決定的な政治的優位をもたらしたのである．

　共産党が勝利した第2の理由は，農村における土地革命がある程度の成果を収め，農民の支持と兵士の確保に成功したことである．共産党は1946年5月に発した五・四指示*2などにより，新たに自らの支配下に置いた新「解放区」などで，戦時中に対日協力者であった地主の土地を没収し，小作農や一般農民へ分配するという方策を実施に移していった．その結果，土地を得た農民は共産党を支持し，共産党の軍隊に兵員を提供することに協力した．ただし1947年10月，国共内戦の戦況が共産党に不利になっていた時点で制定された土地法大綱*3は，対日協力者ではなかった地主や富農の土地まで全て没収する急進的な動きを生じさせ，共産党はそうした地域では農民の支持を失っている．したがって土地革命が持った意味は，共産党自身が後になって主張したほどには大きなものではなかった．

　そして共産党の第3の勝因は，軍事的にはソ連の擁護の下，早期に東北を制圧して正規軍部隊を整備できたことである．ヨーロッパの再建に力を入れる一方，日本を拠点に東アジアの国際秩序を再建しようとしていたアメリカは，中国国内では反米的な世論に直面し，軍事介入する条件も，意志も失っていた．この点はすでに詳述した．

　こうして成立したのが人民共和国であった．したがって当時，多くの国民の間では国民政府の失政を批判しそれを見限るとともに，都市民衆，農民，商工業者らの生活と経済活動を守る新

*1　1945年12月，胡厥文，章乃器らが重慶で設立．中小企業経営者を組織．後，上海に移転．

*2　『新中国資料集成1』241-246頁．

*3　『新中国資料集成1』516-519頁．

たな国づくりを進める，というあたりで緩やかな一致点が形成されていただけであって，共産党による一党独裁や社会主義体制に対する明確な支持が存在したわけではない．49年革命の過程を全体としてみると，共産党が主導権を握り，共産党の軍隊が決定的な役割を果たしたことは事実であったにせよ，共産党が新たに成立した人民共和国の全てを支配できる状態になかったことは明白である．そのことを誰よりも自覚し，自らの権力が脅かされる事態が起きることを恐れていたのは，その共産党の最高指導者の座にいた毛沢東であったかもしれない．

2　戦時体制から社会主義へ

新民主主義を掲げた建国

　人民共和国は当初から社会主義をめざしたわけではない．少なくとも1949年10月1日に中華人民共和国が成立を宣言した時，その建国の理念として掲げられたのは，前日まで開かれていた中国人民政治協商会議（以下，人民政協と略）が採択した共同綱領であり，そこには「人民民主主義の国家」（第1条），「新民主主義の人民経済を発展させる」（第2条）といった表現があるだけで，社会主義を目標とすることは書き込まれていなかった*1．その文言を見る限り，人民共和国建国時に諸政治勢力の間で社会主義政権の樹立が一致点だったわけではないことは明白である．ただし人民民主主義，ないし新民主主義*2の内容としては，「労働者階級が指導し，労農同盟を基礎とし，民主的諸階級と国内の各民族を結集した人民民主独裁を実行」すること，「帝国主義・封建主義及び官僚資本主義に反対」すること，「中国の独立・民主・平和・統一及び富強のために奮闘」することが宣言されており（いずれも人民政協共同綱領第1条），共産党の主導性が色濃く反映されたものになっていた．

　「労働者階級の指導」とは，労働者階級の前衛をもって任ず

*1　人民政協，共同綱領『原典中現1』34-36頁．
*2　中国共産党は「人民民主主義」と「新民主主義」を，ほぼ同義の言葉として用いている．

る共産党が指導権を掌握することにほかならなかったし，主権者たる「民主的諸階級」の「労働者階級・農民階級・小ブルジョアジー・民族ブルジョアジー及びその他の愛国的民主分子」(同上前文)に誰が含まれ，誰が除外されるのかという最も肝心な認定作業は，共産党が行う仕組みになっていた．なお同時期にソ連の影響

図3-8 「反革命分子」に対する人民裁判

下に置かれた東欧諸国で成立した共産党主導の政権も人民民主主義を標榜していたこと，それらの国々は早い時期に社会主義をめざすようになっていたことも，注意されるべき点である．

建国当初の国家機構を見ると，人民共和国の副主席6人のうち，孫文夫人の宋慶齢，民主同盟の張瀾，国民党革命委員会の李済深[*1]の3人は共産党以外の人物であった．各省庁のトップには民主党派が，また副責任者には共産党員が就くというパターンが多く，共産党が全てを取り仕切るように見える体制は意識的に回避されていた．地方政府などの組織についても同様な傾向が見てとれる．これは辛亥革命の時，トップに立憲派，副責任者に革命派が就いた情況と一見類似している．しかし辛亥革命時の情況は現実政治における力関係が反映された結果だったのに対し，49年革命の場合，相当程度までの実権は共産党が掌握しながらも，政権の外に対し党外の勢力が尊重されていることをアピールし，そうした勢力の新政権に対する信任と協力を勝ち得るための方策として，こうした体制が採用されていたという面が強い．実際，その後，共産党が社会主義への早期移行に着手し，とくに1957年，政権に対する潜在的な批判者を摘発する「反右派」闘争を展開するようになると，党外勢力の多くは政権の外に排除されていった．

経済面では，中央政府の下に財政経済委員会という巨大な機構が組織され，戦争と戦後の混乱による荒廃から国民経済を回復させることが，もっとも重要な課題に位置づけられた．その

*1 1885-1959 広西．軍人．1926年国民党中央委員．33年反蔣抗日の福建事変に関与．

ため，生産力を回復し，流通機構と通貨制度を再建することが最優先され，税を減免し，貸出利率を引下げ，民間企業と市場経済の活性化も重視していく政策が採用されていた．当時もっとも大きな産業であった綿紡績業に対しては，政府が原料の棉花を確保して民間企業に提供し，綿糸を委託生産させるという支援策が実施されている．

中央政府の財政経済委員会には，東北で経済運営の経験を積んだ共産党幹部と，資源委員会などで要職にあった国民政府時代の専門家が多数登用され，両者が協力して経済運営に当たることが期待されていた．国外の華僑や留学生に対しても，帰国し経済復興に協力することが呼びかけられた．実際，農村出身者が多かった当時の共産党幹部にとって，近代企業と都市の経済運営は至難の業であった．国民政府時代の国営企業は引き継ぎつつも，新たに国営企業を増強し，計画経済を推進するような構想は打ち出されていない．民間企業と市場経済に活気が戻り，1950年春頃には経済情勢が好転する兆しも現れていた．民間企業および共産党員以外の専門家の協力を必須とする一連の政策を円滑に進めるためにも，社会主義化を急ぐような展望は語られなかったのである．

しかし実際には，外国資本を含め大陸にあった有力民間企業の相当部分が，国外，ないしは香港や台湾に資金・技術・人材を移動しており*1，大陸経済の中で民間企業の占める比重は急速に低下しつつあった．すでに戦後直後の 1946-1947 年から，戦後の大陸経済の混乱を避けるべく，そうした動きは始まっていたが，とくに 1948 年後半以降，民間企業の活動を規制し，私有財産を没収する恐れがあると見られていた共産党政権の成立を警戒し，資金・技術・人材等の国外流出が加速していた．

その一方，人民共和国の経済運営に協力する専門家として，従来，国民政府の資源委員会系の国営企業の運営に当たっていた計画経済重視のメンバーが比較的多く参加していたことは留

*1　例えば申新紡の一部は香港・台湾へ，また上海の有力機械メーカー大陸の一部は台湾へ移った．

意されるべきである．要するに成立期の人民共和国は，理念としては，その経済運営に民間企業および共産党員以外の専門家の協力を仰ぎ，市場経済の機構を積極的に活用しようとしていたにもかかわらず，実際にそれは容易ではなく，計画統制経済に頼る志向が強まる条件が存在していた．

図 3-9　中国軍のチベット進駐

　人民共和国は，周縁部に対する統治を強化することにも力を入れた．戦後，国民党政権の権威が低下し中央政府への求心力が弱まるとともに，辛亥革命時期と同様，周縁部の諸民族の間で独立をめざす動きが活発化していたからである．1944 年末から 46 年まで中央アジアの新疆地区には東トルキスタン共和国が存在していたし，49 年 7 月にはチベットの政権が国民政府の要員を退去させ独立をめざしていた．こうした動きに対し人民共和国は，まず東トルキスタン共和国を樹立していた勢力に対しては，ソ連の力も借りながら協議を重ね，彼らを中国の領域内に統合することに成功した．ただし指導者たちが 49 年 8 月末に謎の飛行機事故死を遂げたことを含め，その詳しい経緯については不明な点が多い．

　またチベットに対しては，1950 年 10 月にチャムド（昌都）地区*1 へ兵を進めたのに続き，51 年 5 月，北京に集めた各地のチベット側代表と「17 カ条協約」*2 を結んで統合方針を明確にし，同年 10 月までに中国軍のチベット進駐を完了させた．1 万 6000 人にも及んだとされる軍の進駐はチベット社会に大きな負担となった．52 年春にはチベット側の反感が表面化した人民会議事件*3 も発生している．

*1　チベット族が暮らす東部の地域．現在の中国の行政区画では四川省西部．
*2　『原典中現 1』39-40 頁．
*3　チベットの僧侶，商人，高官らが人民会議という組織を作り中国軍進駐へ抗議した事件．

新たな外交の開始と朝鮮戦争

　新たに成立した中華人民共和国の対外方針は，第 1 は「対ソ

一辺倒」，すなわち米ソ冷戦という国際情勢の中で中国はソ連側に立つというものであり，第 2 は「新規まき直し」，すなわち国民党時代の外交関係を否認し，新たな外交関係を構築することであった．

　第 1 の「対ソ一辺倒」の立場は，1949 年 9 月の中国人民政治協商会議共同綱領で「ソ連・人民民主主義諸国家および各被圧迫民族と連合して，国際的な平和民主陣営の側に立って，共同して帝国主義の侵略に反対し」(第 11 条)*1 と明記される通り，二大陣営対立論という国際認識に基づいていた．共産党政権にとって，米ソ二大陣営の対立の中でソ連側に立つことは，イデオロギー上から，また親米的な国民党政権との対抗上も当然であるばかりでなく，新国家の安全保障および経済建設の上でも不可欠と考えられていた．

*1 『新中国資料集成 2』590, 596-597 頁．

　もっとも，日中戦争期から中国共産党とモスクワとの関係は微妙であり，ソ連は中国で戦後内戦が始まるのを望んでいなかった．だが，中共軍のめざましい勝利と全国解放の趨勢を見てスターリンは中共への評価を改め，1949 年 1-2 月，ミコヤンを派遣して中共指導者と会談させ，また 1949 年 7 月の劉少奇訪ソの際には，中共のこれまでの成果と戦略を肯定し，国際革命運動において中国が東方と植民地・従属国の指導を担当するようにと最高度の評価を与えた．このような相互調整を踏まえて，49 年 7 月 1 日に毛沢東は「人民民主主義独裁論」*2 を発表し，「対ソ一辺倒」の立場を内外に明示したのである．

*2 『新中国資料集成 2』521-532 頁．

　他方，1949 年 6 月，南京に残留していたスチュアート米大使は北京を訪ね，周恩来と会見したいという希望を中共側に伝え，非公式の承諾を得た．だが，米本国は彼の北京訪問を禁じ，帰国を命じ，同年 8 月 18 日，毛沢東は「さらば，スチュアート」*3 を発表した．かくして，共産党政権とアメリカとの関係樹立のわずかな可能性は失われた．

*3 『原典中現 6』33-37 頁．

　次に，外交関係「新規まき直し」の方針は，まず 1949 年 1

月19日に中国共産党中央の発した「外交工作に関する指示」に表明された．同指示は，国民党時代の外交官，外交機関の合法性，さらには諸条約，外国権益の有効性，外国在華諸機関の地位をすべて否認し，「いかなる屈辱的な外交の伝統によっても束縛されない」と表明し，諸外国とは，国民党政権と関係を断絶することを条件に，平等・互恵，領土主権の相互尊重の基礎の上に立ち，外交関係を打ち立てることができるとした．この外交方針は，中国人民政治協商会議共同綱領第55，56条に記載され，新国家の外交を規定する法文書とされた．

　実際には，中華人民共和国も，領土確定，不平等条約撤廃，五大国の一つとしての国際的地位など中華民国期に達成された成果を引き継いだのであるが，主観的には民国外交の遺産をすべて拒否し，新たな対外関係構築を目指したわけである．

　1949年10月1日の中華人民共和国の建国宣言の後，ソ連およびブルガリア，東ドイツ等東欧諸国がただちに同国政府の承認と外交関係樹立の希望を表明し，中国はこれら10の社会主義諸国と相次いで外交関係を樹立した．

　社会主義諸国につづいて，1949年12月にミャンマーとインド，1950年1月にはイギリス*1が中華人民共和国承認と国交樹立希望の電文を寄せた．ただし，人民共和国政府はこれらの非社会主義国とは交渉を行って台湾の国民党政権との関係断絶を確定した後，国交を樹立する方針をとった．1950年4月1日，インドが最初に交渉方式により中国と国交を樹立し，ついで1950年中にスウェーデン，ミャンマー，スイスなど6カ国と国交を樹立した．だが，イギリスとの国交交渉は容易に妥結せず，1954年にようやく代理大使を交換することとなった*2．

　さて，中国共産党政権にとって，建国後最初の重要な外交課題は，ソ連と新たな同盟条約を締結し，新中国の安全と経済発展のための保障を得て，「対ソ一辺倒」方針を具体化することであった．このため，毛沢東は1949年12月から50年2月に

*1　英領香港も含め，イギリスは多くの利権を中国に持ち，その安定化を望んでいた．

*2　台湾問題に加え，双方が朝鮮戦争時に相手国資産を凍結していたため，交渉は複雑化した．

かけて3カ月近くソ連を訪問した．交渉は難航したが，途中で周恩来もモスクワに赴いて交渉に参加し，結局，1950年2月14日に「中ソ友好同盟相互援助条約」*1および関連する一連の協定，議定書が締結された．これにより，中国はソ連との間で「日本または日本の同盟国」に対する軍事同盟を構築し，安全を確保し，さらにソ連から3億米ドルの借款供与を得ることになった．このほか，ヤルタ協定の遺産であり，1945年8月の「中ソ友好同盟条約」で中ソ共同使用が約束された中東鉄道，旅順，大連港は中国への返還が約束されたものの，新疆や東北でソ連側に新たな利益，特恵措置を認めさせられ，中国側には不満も残った．

*1 『新中国資料集成3』54-59頁．

ついで，1950年6月25日に勃発した朝鮮戦争は新中国の対内，対外政策全般にこの上なく大きな影響を与えた．金日成は中国革命の成功にも鼓舞され，南北朝鮮の武力統一をめざしてこの戦争を計画し，ソ連指導部は金の強い意向に押されて承認した．中国も懸念を抱きつつもこれを追認したが，具体的な軍事計画については知らされていなかった．

開戦当初，北朝鮮軍は韓，米軍を圧倒し，これを釜山周辺に追いつめた．これに対し，アメリカは国連安全保障理事会（ソ連代表欠席中）で北朝鮮を非難し，国連軍を組織する決議をあげ，大軍を投入して反撃し，やがて北朝鮮軍を鴨緑江近くまで追いつめた．1950年10月，中国は北朝鮮を支援して「中国人民義勇軍」の名目で出兵し，米・国連軍を押し戻した．その後，戦線は北緯38度線近くで膠着状態に入り，53年3月から休戦交渉が行われ，7月27日，朝鮮休戦協定が締結された．

朝鮮戦争は，米中の直接的な軍事的対決をもたらし，アジアの冷戦を一挙に全面化，構造化し，中国の対外関係に大きな影響を与えた．アメリカは開戦後，ただちに台湾海峡に第七艦隊

図3-10 中ソ友好同盟相互援助条約調印式

を派遣して，中国軍による台湾解放作戦を抑止し，国民党政権の生存を助け，以後，台湾海峡問題が膠着することとなった．また，アメリカなど西側は対共産圏貿易統制組織 COCOM の下に中国委員会（CHINCOM）を設置し，「共産中国」への経済封鎖を行った．1951 年 2 月 1 日には国連総会で中華人民共和国を侵略者とする決議が採択され，中国代表権問題にも不利な影響を与えた．また，中国は第二次世界大戦において日本ともっとも長く戦い，深刻な被害を出したのにもかかわらず，1951 年のサンフランシスコ講和会議に招請されず，また，日本がアメリカの圧力に屈し，52 年 4 月，台湾・国民党政権と日華平和条約[*1]を締結し，国交を樹立したため（184-185 頁），日中間では長く講和も国交もない不正常な状態が続いた．

*1 『新中国資料集成3』416-419 頁．日本に戦後賠償を求めないことが明記された．

冷戦体制下の社会主義選択

成立間もない中華人民共和国にとって，米軍と全面対決した朝鮮戦争への参戦は大変な負担であった．中国は当時の総兵力 500 万人のうち 130 万人を朝鮮に派遣し，その中から 36 万人もの死傷者を出している．戦争にともなう各種の財政的な負担は中国の国家予算の半分以上を占めた．しかも 1951 年に国連が採択した禁輸決議の結果，香港経由のルートなどを除き，中国と西側諸国との経済関係は大幅に狭められた．輸出による外貨獲得にも，国内産業に必要な原料・機械類の輸入にも多くの困難が生じている．ソ連・東欧諸国との経済関係により補塡できる部分は限られていた．そのため国内ではさまざまな引締め措置がとられることになった．

まず戦時体制が強化された．西南を中心に国内各地に残存していた反政府武装勢力ないしは民間の自衛的武装組織を一掃し治安の安定化を図るため，1950 年 10 月以降，軍事作戦をともなった「反革命鎮圧」運動と呼ばれる政治運動が展開され，およそ 150 万人が逮捕され 50 万人が刑に処された．また 1951 年

5月以降，清代の民間教育篤志家を顕彰した映画「武訓伝」に「革命否定の改良主義」という批判が加えられたのを契機に，思想・学術・文化・教育などへの統制が強まり，51年9月からは知識人の「思想改造」と呼ばれる全般的な思想統制政策が始まった（本章第4節参照）．

経済面でも，1951年末から1952年初めにかけ，三反五反運動と称される民衆運動の形態を通じ，新たな統制強化策が推進された．三反運動が始まった当初，それは戦時経済体制の中で生じていた汚職，浪費，官僚主義という3つのマイナス現象を労働者など民衆の側から摘発し，それに反対していこうというものであった*1. しかし多くの場合，摘発は，司法機関などの手続きを経ず，十分な証拠物件もないまま，各職場の共産党組織の呼びかけによって進められ，冤罪に近い事態も生じている．いずれにせよ結果的には，この三反運動を通じ，とくに国民政府時代から勤め続けていた専門家や経済財政官僚に対し，共産党側の統制，ないしは監視が著しく強化された．

次いで民間企業へも批判が拡大された．五反とは，反贈賄，反脱税，反スパイ行為，反手抜き工事，反公共財産窃盗など，5つの批判すべき事項を数えあげたものであり，こうした問題に抵触することがなかったかどうか，各職場ごと，各工場，各会社ごとに共産党とその指導下の労働組合が先頭に立ってキャンペーンを展開した．一部には精神的肉体的な迫害も交えた厳しい追及が行われ，冠生園という上海を代表する食品会社社長洗冠生*2や民生公司という著名な汽船会社社長の盧作孚*3をはじめ，相当数の経営者が自殺に追い込まれている．結果的には，五反運動を経ることによって民間企業経営者に対する統制と監視が格段に強化された．

そして人民共和国とそこに暮らす人々の運命を変える重大な方針転換が，1952年後半から53年前半にかけて生じた．社会主義化の強行を明確に打ち出した「過渡期の総路線」策定であ

*1 『原典中現1』47-48頁．

*2 1887-1952 広東．上海で広東風菓子を街頭販売，1915年に店舗開設．冠生園に発展．
*3 1893-1952 四川．知識人出身の実業家．1926年に汽船業の民生実業公司設立，急成長．

2　戦時体制から社会主義へ

る．1953 年 6 月 15 日，毛沢東が「10 年ないし 15 年で社会主義化」を完遂するという方針を共産党の中央政治局会議で提起し，54 年 2 月 10 日の第 7 期第 4 回中央委員会でそれが確認されている*1．第 1 次五カ年計画に基づき社会主義化を完遂していくため，ソ連の全面的な技術協力を受け，国営重化学工業強化をめざす 150 のプロジェクトが推進された（157 頁）．

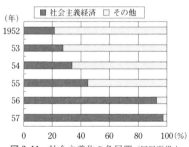

図 3-11　社会主義化の急展開（国民所得中の比率の推移，1952-57 年）

また 1954 年から 56 年というきわめて短期間のうちに，民間企業の経営に政府が参加する「公私合営」が強行され，商工業の全般的な集団化と国営化が実施された．さまざまな試行錯誤をともないながらのことであったとはいえ，農業の急進的な集団化も強行され，土地改革によ

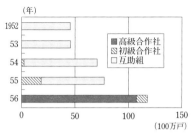

図 3-12　農業集団化の推移（参加戸数，1952-56 年）

って生まれた多くの自作農が大規模な合作社（協同組合）に組織された．すなわち 1954 年までは，ほとんどの農村で 20～30 戸が農繁期に協同作業を行う程度の「生産互助組」が組織されただけだった．それに対し 1956 年には，土地を供出し共同経営を行う 20～30 戸規模の「初級合作社」に 29％ の農家が，また土地を共同所有し共同経営を行う 200～300 戸規模の「高級合作社」に 63％ の農家が組織されていた．またたくうちに，農産物の生産から流通までを全面的に統制する集団農業が全国に生まれていたのである．

共産党政権の下にあった以上，中国が社会主義を選択するのは当然であったということもできる．しかし前述した通り，共産党が他の勢力を結集して政権を掌握できた一つの条件は，社会主義化を遠い将来のことと約束したためであった．したがっ

*1　『原典中現 1』54-59 頁．

て社会主義化の早期強行は，いわばその公約に反する行為であり，国内に多くの緊張をもたらしかねない危険な方策であった．そうした危険性も厭わず，なぜ共産党政権は社会主義化を急いだのであろうか．またそれを可能にする，どのような条件が生まれていたのであろうか．

　まず第1に，米軍の近代的軍事力と対決した朝鮮戦争により，軍需工業の立遅れと貧弱な装備に痛切な危機感を抱いた共産党指導部が，ソ連が1930年代に達成したと喧伝していた急速な工業化に強い魅力を感じていたことを指摘しなければならない．52年10月にソ連へ派遣された中国共産党代表団は，1930年代のソ連より遅れた経済発展段階にあると思われた50年代の中国においても，30年代ソ連が達成したのと同様な急速な工業化を実現することが可能か否かをスターリンに相談している*1．同様な協議は，1953年3月から4月にかけ，国内各地の専門家たちとの間でも行われた．このような議論の結果が，社会主義化を進め，計画的重点的に資金と人材を投入してゆくならば，急速な工業化を実現し，近代的な軍事力の確立も，そしてそれに支えられた独立の保持も可能になるという確信であったように思われる．

　第2に，戦時体制の強化を直接の目的として展開された三反五反運動の結果，民間企業に対する統制がすでに格段に厳しいものになっていたことである．本来であれば社会主義化に猛然と抵抗することが予想された民間企業は，すでにあらかたその牙を抜かれるか，あるいは海外に去っていた．大きな抵抗に直面することなく商工業の全般的な集団化と国営化を実施しやすい条件が存在していたことになる．

　第3に農村では，共産党政権が主導した土地改革により，大量の過小規模経営が発生して農業生産が低迷し，その早急な対策を迫られるという情況が存在していた．ある程度の経営規模がないと，農業生産の効率は低下する．そしてここでもまた

*1　団長劉少奇．中国経済の社会主義改造計画を示しスターリンの同意を得た．

1930年代のソ連がモデルになった．集団化を推進し，経営規模を拡大すれば農業生産の伸長を図ることも可能になる，という期待が語られたのである．

こうして軍事力強化を可能にする急速な工業化を推進するとともに，農業生産の低迷を打開して経済の全般的な発展を図るべく，1954年9月20日，「中華人民共和国の成立から社会主義社会を築きあげるまでは一つの過渡期である」と宣言する中華人民共和国憲法が公布施行された（1954年憲法）．中国は社会主義を選択した．

しかしその直後，1956年から57年にかけ，社会主義の可能性に疑念を抱かせるような出来事が続いた．前述したように，ソ連では中国がモデルにしようとしていたスターリン時代のことが厳しく批判され，ハンガリーなど東欧諸国では社会主義化の強行に抗議する民衆運動が発生した．中国国内においても，重化学工業化を推進することはできたとはいえ，民衆生活につながる軽工業や農業の生産は低迷し，不振が続いていた（図3-13）．国内に広がった隠然たる共産党への不満に対し，当初は中国共産党の側から1956年4月以降「百花斉放，百家争鳴」*1を呼びかけ，一種のガス抜きが策されていた．にもかかわらず，やがて57年4月から6月頃になると，東欧の刺激も受け，49年革命以来の経済運営や政治社会制度をめぐり，「共産党の天下になっている」ことへの非難（儲安平）など，党側の予想をはるかに上回る強烈な批判が噴出した．1930-40年代の憲政運動を通じ，

*1 『原典中現1』114-115頁．

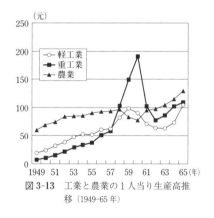

図3-13 工業と農業の1人当り生産高推移（1949-65年）

図3-14 買い物の行列

権利意識を高めていた相当数の民衆と知識人が49年革命の一翼を担っていたという事実を想起する必要がある．共産党は，第4節に述べるような「反右派」闘争という言論弾圧と政治思想統制（177頁）に乗り出さざるを得ない立場に追い込まれていく．

　こうした内外情勢の下，中共指導部の中では深刻な意見対立が生じていた．1956年9月に開かれた第8回全国大会の基調は，劉少奇*1・周恩来・陳雲*2ら多数派の考え方を反映しており，比較的慎重な社会主義化路線によって事態を解決しようとしていた．ただし「15年間で工業化を達成し，50年間で強大な工業国」になるというような高すぎる経済発展の目標の設定，「遅れた生産力と進んだ生産関係の間の矛盾」という急進論の口実となる認識が混在していたことは注意されなければならない．

　他方，中央レベルでは少数派だったとはいえ，「農業集団化の速度から見れば，工業化も加速すべきである」，「社会主義化が遅すぎる」といった発言によって知られるような急進的社会主義路線を信奉するグループも生まれていた．その一人が毛沢東だったことは，中国にとって不幸な偶然だったかもしれない．しかし急進的社会主義に望みを託そうというのは，何も毛沢東一人の考えだったわけではない．中級，下級の幹部クラスの間に受容基盤が存在していたのである．毛沢東らは後述するように，第8回全国大会の第2回会議*3という，通常の党運営ではあり得ない異例の会合を1958年に設定し，強引に方針の修正を図っていく．大躍進という激動が迫りつつあった．

*1　1898-1969 湖南．ソ連留学，21年共産党入党，労働運動を指導．49年政府委主席．

*2　1905-95 上海．植字工出身，1925年共産党に入党．労働運動を指導．戦後は経済運営で活躍．

*3　『原典中現1』98-100頁．

中ソ「蜜月」とアジア外交

　1953年3月5日のスターリンの死と同年7月の朝鮮戦争の停戦は，世界的な緊張緩和をもたらし，また，中国は国内でも社会主義改造が一区切り付いて，ある程度安定し，比較的穏健

な外交を展開するようになった．

1954年4月，朝鮮とインドシナ問題の解決を議題としたジュネーブ会議が開かれ，中国は周恩来を代表として五大国の一つとしてはじめて国際会議に参加し，大いに活躍した．インドシナ問題では，中国は1950年以来，ベトナム民主共和国（北ベトナム）に軍事顧問団を派遣し，武器，食料などを援助しており，フランスにベトナム支配を諦めさせたディエンビエンフーの勝利（1954年5月）にも貢献していた．このような軍事的成果をふまえて，周恩来は外交的解決に努め，同年7月のインドシナ停戦協定の成立をもたらした．

図3-15 バンドン会議で演説する周恩来

さらに周恩来は，ジュネーブ会議の合間の1954年6月，インド，ミャンマーを訪問し，共同声明で領土主権の相互尊重，相互不可侵，平和共存などを掲げた「平和五原則」*1を提唱し，新興独立国の自主独立の主張を表したものとして注目を集めた．55年4月には，中国はインドネシアのバンドンで開かれたアジア・アフリカ会議にも参加し，周恩来の巧みな外交と反植民地主義の言説によって，これら新興独立国指導者の理解と共感を呼んだ．

*1 主権尊重・相互不可侵・内政不干渉・平等互恵・平和共存の5つ．『新中国資料集成4』199-200頁．

また，日本との間では正式の国交がないながらも，1952年6月には第1回日中民間貿易協定*2が締結されて民間ベースの貿易がはじめられ，さらに，1950年代前半に中国は戦犯釈放，残留日本人の帰国促進などを行い，対日懸案の解決に努めた．

*2 『新中国資料集成3』420-421頁．

このような中国の積極的なアジア外交は，アメリカが日本，韓国との安全保障条約に続いて，1954年9月に東南アジア条約機構（SEATO）を設置し，54年12月，米華（台湾）相互防衛条約を締結し，対中国包囲網を構築していたことに対抗する国際的な統一戦線工作という側面もあった．

他方，中ソ関係は1950年代，「一枚岩の団結」といわれる友好の時代を迎えた．中国では建国後ただちに中ソ友好協会が組

織され，劉少奇が会長となり，党中央の公認団体として全国各地に組織が作られ，中ソ友好の宣伝に努めた．朝鮮戦争に中国が参戦して血を流して社会主義陣営の利益を守ったことは中国の威信を高め，中ソ関係を密接化していた．1953年以後，中国各地では「ソ連に学べ」というスローガンの下，党・国家体制，計画経済，工業・インフラ建設，国防技術

図3-16 中国で生産されるソ連ミグ型戦闘機（1957年頃）

などさまざまな面にわたってソ連を社会主義のモデルとして建設が行われた．1950年代にソ連に留学，技術研修，実習などに赴いた中国人は約3万8000人にのぼるといわれ，ソ連に学んだ青年，研究者のなかから，中国のその後の科学発展に重要な人材も生まれた．また，中国各大学はロシア人教員を招聘し，1956年にはロシア語を必修化したほか，ロシア語教科書の翻訳出版は1400点にのぼった．

また，1950年代にソ連の援助で建設されたプロジェクトは合計150件にのぼり，第1次五カ年計画期の工業建設の根幹をなした[*1]．150件の内訳は，石炭，電力などエネルギー関係が52，航空機・電子・兵器製造など軍事工業が44，機械加工が24，鉄鋼・金属工業が20，化学工業が7，軽工業・医薬工業3である．ソ連は，1950年代，中国の諸建設事業支援のためにおよそ1万8000人の専門家，顧問を派遣し，ソ連援助に基づく建設プロジェクトの設計，建設，運営，技術指導，教育・訓練などに携わった．

*1 以前の通説では156件．近年の研究によれば，150件．

1956年2月のソ連共産党第20回大会におけるフルシチョフのスターリン批判は，他の社会主義国，社会主義政党と同様，中国にも大きな衝撃を与えた．しかし，フルシチョフはスターリン時代に設定された不平等な中ソ関係を是正し，中国の経済，国防建設への援助を強めたため，中ソ友好関係はより強まった．同年秋のハンガリー事件の際にも，中国は社会主義政権維持のためソ連が武力鎮圧を行うことを促し，積極的に支持した．57

2 戦時体制から社会主義へ

年10月15日には，中ソ国防新技術に関する協定が調印され，これに基づきソ連からミサイル・航空機などのサンプルおよび技術情報が供与され，専門家が派遣された．原子爆弾のサンプル提供と開発支援も約束された．

しかし，中ソ関係の密接化は，これが頂点であった．同年11月のモスクワにおける12カ国共産党会議での毛沢東の「東風は西風を圧倒する」という演説はその過剰な自信の表れであり，1958年以後，毛の主導する急進的な社会主義建設は対外的にも急進化を招き，周辺諸国との緊張，ついでソ連との決裂をもたらすこととなるのである．

3　文化大革命への道とその破綻

中ソ対立と大躍進運動の失敗

急進的な社会主義化政策によって共産党政権の政治的経済的な行詰りを打開しようとした毛沢東らが，次第にソ連との対立を深めながら，従来のソ連モデルとは異なる社会主義を模索し，突き進んだのが大躍進運動であった．

1957年11月，モスクワで開かれた64カ国共産党労働者党会議で，「15年でソ連はアメリカを追い越す」とフルシチョフが発言したことに対し，毛沢東は「15年で中国はイギリスを追い越す」とライバル意識を露わにした．帰国後，毛は1958年1月から4月にかけ，杭州，南寧，成都など国内各地を回って会議を開き，党内世論の形成を図る．そして58年5月，共産党第8回大会第2回会議*1という変則的な会議を主宰し，「多く，早く，よいものを無駄なく建設する」（原語は「多快好省地建設」）ことを全党に呼びかけた．高い経済成長率目標（工業の年成長率26～32%，農業の年成長率13～16%）が掲げられるとともに，それを新しい科学技術の導入や生産設備の増設によってではなく，在来技術と民衆動員によって達成するた

*1　『原典中現1』141-142頁．

め，熱狂的な建設ブームの雰囲気が醸しだされた．簡便な小規模溶鉱炉による製鉄（原語は「土法製鋼」）やダム建設などに向け多くの民衆が動員されるとともに，深く耕しギッシリ植え込んで増収を図るという農作業（原語は「深耕密植」）が奨励された．農業経営の大規模化が推進され，8000〜1万戸規模の人民公社が各地に出現した．

図 3-17　各地に乱造された土法高炉

しかし結末は惨めなものであった．「土法製鋼」による鉄は低品質で役に立たなかったし，「深耕密植」は土質の悪化と病虫害の蔓延を招いた．増産達成という各地の報告は，虚偽に満ちたものばかりであったことが判明した．資源と労働力がたいへんな規模で浪費され，工業生産は低迷し，農業は連年の大凶作に陥り，中国経済は全面的な崩壊の危機に瀕した．食糧も物資も不足したこの時期，農村部を中心に2000万人が栄養失調によって死亡したと推定されている．

大躍進政策に対しては批判が噴出した．さすがにそうした批判をある程度は受けとめざるを得なかった毛沢東は，1959年4月，劉少奇と国家主席の座を交替している．しかし同年7月の廬山会議*1で彭徳懐国防相の厳しい批判に直面した毛沢東は，逆に反撃に出て*2，1960年，小規模な範囲で大躍進政策の再現を試み，中国経済の傷口を広げてしまった．

*1 『原典中現1』156-159頁．
*2 彭は書簡で毛に意見したが，毛はこれを会議で配布し「右翼日和見主義反党集団」と批判した．

1960年6月以降，工業分野における過剰な生産施設の閉鎖，農業分野における投資拡充と西側諸国からの肥料農薬製造プラント輸入など，大躍進政策の本格的な修正が始まった．農村部においては人民公社の規模縮小が図られ，小さな範囲内であるならば，農民

表 3-1　大躍進前後の穀物生産の推移（1957-65年）
単位：100万トン

年	現在の中国公式統計	当時の米国推計	当時の中国公式発表
1957	195.1	185.0	185
58	200.0	193.5	250
59	170.0	167.7	270
60	143.5	159.0	150
61	147.5	166.5	162
62	160.0	178.3	174
63	170.0	179.1	183
64	187.5	182.7	200
65	194.5	179.9	200

が自分でつくった農作物を自由に市場で販売することも公認された．のちに経済調整政策*1と呼ばれるようになる一連の政策は，1961年1月の共産党第8期第9回中央委員会以降，次々に明文化されていく．しかし大躍進政策の失敗を認めるようになったとはいっても，失敗の主な原因は自然災害にあったとされ，大衆動員に依拠した高度経済成長政策に対し根本的な批判が提起されたわけではなく，国家主席を退いた毛沢東も共産党の党内ではトップの地位を保持し続けていた．要するに禍根は残ったのである．毛沢東は社会主義教育運動を呼びかけるなどして，再び急進的な社会主義化政策に挑戦する機会を窺うようになる．

*1 『原典中現1』194-195頁．

　一方，1950年代末以降，中国外交は内政における急進化と並行して，強硬かつ急進的なものとなっていった．

　中国は，1958年5月2日の長崎国旗事件*2を契機に，日本（岸信介内閣）に強硬な姿勢を取り，日中貿易を断絶させた．同年8〜10月には台湾海峡に臨む金門島に対し，猛烈な砲撃を始め，国民党軍および米軍との緊張をもたらした．また，1959年3月にはチベットで中国政府に対する反乱が発生し，独立を宣布したチベット側と中国軍が衝突，ダライ・ラマ14世*3はインドに亡命する事態（チベット動乱）*4となり，これを契機に中印関係は悪化，中国はネルー首相を非難し，同年8-10月には小規模な国境紛争も発生した．

*2 長崎市で起きた右翼団体による中国国旗毀損事件．軽い処分に中国が猛反発．

*3 1935- チベット．2008年現在もインドに亡命中．
*4 その後，1965年9月にチベット自治区が成立した．

　この間，中ソ関係も次第に，かつ決定的に対立への道をたどった．フルシチョフは1958年7月の訪中時に中ソの海軍協力（連合艦隊の設置，長波無線局設置）を提案したが，中国側は自国の主権を侵し，中国を支配しようとするものだと激怒し，決定的に関係をこじらせた．フルシチョフが社会主義陣営の団結を固め，ソ連の軍事力，科学力を強化し，対米均衡を達成し，平和共存を得ようと模索していたのに対し，中国の対外行動はあまりに単独主義的，冒険主義的であった．また国内的にも大

躍進期の急進的工業化や人民公社化は，中国がソ連型社会主義から離反し，より急進的な道を取りつつあることを示していた．このため，1959年6月にソ連は中ソ国防新技術に関する協定を破棄し，中国の核兵器開発支援を打ち切った[*1]．他方，1960年4月，中共中央の理論誌『紅旗』は長大な論文を発表して，ソ連の平和共存路線はマルクス・レーニンの原則に反するものと非難し，断固たる反帝国主義闘争を主張した[*2]．同年7月，ソ連は中国派遣の専門家を引き揚げ，建設中のプロジェクト支援を打ち切ることを通告した．

対外政策をめぐる中ソの相違は，やがて中ソ間の激しいイデオロギー論争と国際共産主義運動内の対立をもたらすことになった．

[*1] 中国はその後自力で開発を続け，1964年10月16日，原爆実験に成功した．
[*2] 日本国際問題研究所現代中国研究部会編『中国大躍進政策の展開 資料と解説』同所，1973年，下62-83頁．

文化大革命の展開

1965年暮れから67年初めにかけ，中国の大地は異様な熱気と混乱に包まれていた．「プロレタリア文化大革命」（文革と略称）と称された空前絶後の大規模な政治運動が展開されたからである．文革はさまざまな起伏をともないながら1976年まで継続する．しかし1967年以降は実質的に収束期に入り，ある程度の秩序回復が図られた．

文革とは何であったのか．文化の革命と言いながら実は，中国共産党の指導部内部の抗争に一般の民衆や党組織が巻き込まれ，人民共和国が築いてきた社会秩序が崩壊し，さまざまな社会層の中にあった不満や要求が顕在化するとともに，中国の内政，外交，社会，経済に大混乱が生じた事態であった．国家主席の座にあった劉少奇が冤罪で獄死したのをはじめ，多数の指導者，党幹部，知識人に迫害や暴行が加えられた．共産党自身が後に発表したところによれば，武力衝突を含む各地での抗争により民衆100万人以上が死傷した．文化財が破壊され，書籍が焼かれ，生産が停滞し，外交が中断した．

3 文化大革命への道とその破綻

文革の直接の発端は，1965年11月に上海の新聞『文匯報』に掲載された姚文元*1の一編の文芸評論「新編歴史劇『海瑞免官』を評す」に過ぎない．しかし当初は『海瑞免官』*2など一部の文学作品や評論*3を反社会主義的とする批判だけであったにもかかわらず，やがてそれを手がかりに，党内多数派に対する全般的な批判が繰り広げられていくことになる．その背後には，大躍進政策が失敗した後，経済調整政策が進む過程でくすぶり続けていた共産党指導部内部の抗争があった．一方ではベトナム戦争の激化によりアメリカとの対立が厳しさを増し，他方では中ソ論争の拡大によりソ連との対立も深まる中，中国共産党の指導部は孤立感を強めていた．しかも国内経済に目を転じれば，ようやく大躍進失敗の打撃からは回復しつつあったとはいえ，1人当りの消費財生産量は1950年代初めと同水準をようやく確保したに過ぎず，戦後生まれのベビーブーマー世代を中心に若年の失業者ないしは半失業者が激増しつつあった．しかも調整政策のプロセスで市場経済を一部に導入した結果，その恩恵にあずかった人々と他の人々の間に生活格差が生じていたこともあり，国民の間には政府の経済政策に対する不満が充満していた．

　こうした状況の下，引き続き調整政策を進め，着実に経済再建を図ろうとした党内多数派に対し，急進的な社会主義化政策に活路を見いだそうとした毛沢東ら党内少数派は，政治思想教育の強化に力を入れていた．1963年頃から展開された社会主義

*1　1931-2005　浙江．文芸評論家．1948年共産党入党．上海で党の宣伝工作に従事．
*2　皇帝を諫めた海瑞が罷免された明の故実を題材に，毛沢東を批判し彭徳懐を擁護した作品．
*3　故事を用いて大躍進期の政策を皮肉った『三家村札記』『燕山夜話』などの評論集．

表3-2　生活消費財の1人当り年間消費量推移（1952-70年）

年	綿布等布 (m)			米穀等 (kg)		
	全国平均	都市部	農村部	全国平均	都市部	農村部
1952	5.7	13.4	4.6	198	240	192
57	6.8	11.4	6.0	203	196	204
62	3.7	7.1	3.0	165	184	161
65	6.2	11.7	5.0	183	211	177
70	8.1	15.6	6.6	187	202	184

教育運動（政治・経済・組織・思想の4方面を清める四清運動と称された）などは，若年層が急進的な社会主義化政策を受け入れる基盤をつくり，文革の前奏曲を奏でる役割を果たした*1．

1966年5月，前述した一部文芸作品に対する批判キャンペーンを踏まえ，中国共産党中央委員会の中に文化革命を呼号し，急進的な社会主義化政策の推進をめざす「中共中央文革小組」と呼ばれるグループが結成された（同じ文化革命という言葉を用いていたとはいえ，党内多数派が2月に設けた「文革五人小組」は，文革派の動きを牽制するという全く別の意図をもつ組織であり5月に解散された）．これは毛沢東夫人の江青*2らを中心とする彼ら文革派が5月16日に発した指示（五・一六通知）*3に基づく措置であり，北京大学に文革を称揚する壁新聞（大字報）が張りめぐらされ，清華大学付属高校に紅衛兵*4を名乗る文革支持の若者が出現した．翌月，『人民日報』に文革推進の主張が掲載され，全国に大字報と紅衛兵が広がっていく．各地のさまざまな行政機関，大学，工場などにあった共産党の党組織の中で，文革支持派が，それまで各組織の指導部を担っていた多数派を「資本主義の道を歩む実権派」と批判攻撃する場面が見られるようになった．

そして8月に開かれた中国共産党第8期第11回中央委員会は，文革派主導の下，「プロレタリア文化大革命」により社会主義革命は新段階を迎えたとする決議を採択した．この会議に出席した中央委員は全体の半数にも満たない．しかし文革支持を叫ぶ紅衛兵が延べ1400万人以上も北京に上京し，彼らの大集会が何度も天安門広場で開催され，上海など各地で伝統文化，欧米文化に対する攻撃（178頁）が伝えられるという雰囲気の中，少数派である文革派が

*1 『原典中現1』220-221頁．

*2 1914-91 山東．1930年代上海で女優，左翼運動に参加．37年延安に行き翌年毛沢東と結婚．

*3 『原典中現1』252-253頁．
*4 軍服姿に赤い腕章，手には『毛主席語録』というスタイルが多かった．

図3-18 紅衛兵による幹部つるしあげ

共産党の指導権を掌握していくのである．10月の共産党の会議では，従来，多数派を代表する立場にあった劉少奇，鄧小平*1が自己批判を表明するに至る．しかし文革はこれで終わらなかった．恐らくは最初に火をつけた毛沢東たちの思惑もはるかに越えて，文革はあらゆる方向に向け暴走を続けていく．

図 3-19　天安門広場に集結した紅衛兵の大軍

1966 年末頃になると，急進派紅衛兵の一部から，文革派が指導権を掌握した共産党中央に対しても，文革の不徹底性をなじる批判が飛び出した．同じ頃，紅衛兵など文革支持グループの内部でもさまざまな対立が表面化した．たとえば「首都紅衛兵連合行動委員会」（連動）を名乗るグループや北京林学院の紅衛兵らは，旧来の幹部を一律に批判しようとした江青らの主張に異を唱え，他の紅衛兵たちと論争を展開している．紅衛兵の 1 人遇羅克*2は，親の出身階層によって子どもの政治思想にレッテルを貼る，共産党政権下の社会の論理（血統主義）を問題にし，大きな反響を呼んだ．さらに翌 67 年の 1 月には，上海で党内多数派と文革派との間で武力抗争が発生した．

各地の混乱の背景には，文革によって従来の秩序が破壊された結果，それまで抑圧されていたさまざまな社会層の不満が噴出したという面があった．激増しつつあった戦後生まれの若年の失業者ないしは半失業者こそ，紅衛兵の主たる供給源であった．一方，すでに大躍進の失敗に幻滅していた多くの労働者や農民にとって，文革派の急進的な社会主義化政策は決して納得できるものではなかった．文革派が進めた「大寨，大慶に学ぶ」（自立的な農業発展モデルとして大寨村を，また自立的工業発展モデルとして大慶油田を推奨し，その経験に学ぶ）運動には大きな限界があった．また内陸山間部に工場をつくる三線建設*3も負担を増した．

全国に混乱が拡大し経済活動にも困難が生じる（178 頁）中，

*1　1904-97　四川広安．1920 年渡仏．24 年共産党に入党．26 年ソ連で教育，帰国．54 年副首相．

*2　1942-70　北京．当時の共産党政権によって危険視され，逮捕・処刑された．

*3　沿海（一線），平原（二線）の陥落時，内陸山間部（三線）で抵抗するための軍需工業基地建設．

ついに軍の介入によって秩序回復が図られていく．1967年2月以降，各地で解体状態に陥った地方政府や党の機関に代わり，軍の主導の下，革命委員会*1という新たな権力機構が設立され，秩序回復に努めることになった．軍が文革派を抑えた1967年7月の武漢事件は，そうした流れを象徴している．1968年10月，2年2カ月もの空白の後，共産党第8期第12回中央委員会が開催された*2．共産党政権の下にあって党中央の正式会議が2年以上も開かれなかったのである．しかも出席者のうち正規の中央委員は97人中40人に過ぎない．文革がもたらした混乱の大きさが知られよう．会議は劉少奇の除名（1969年11月，獄中で病死）を決めるとともに，引続き秩序回復を進める方針を確認した．すでにこの年7月には，秩序維持のため，大学などに労働者からなる監視部隊「毛沢東思想労働者宣伝隊」が常駐するようになっており，会議後の12月からは紅衛兵を農村や工場に派遣する動きが始まった（下放）．生産現場で農民や労働者に学ぼうという口実の下，実際のところは，体のいい厄介者払いであった．

　1969年4月，3月に発生した中ソ国境紛争（168頁）の直後に開催された中国共産党第9回全国大会は，軍を代表する国防相林彪*3を毛沢東の後継者に指名する党規約を採択した．秩序回復の最大の立役者になった軍が，今や共産党をも支配する立場に立ったことになる．しかし急進的な社会主義化をめざしていた文革派にとって，軍の風下に立つという事態は必ずしも望ましい状況だったわけではない．後継者の個人名を規約に明記するという，中国共産党の歴史の中でも異例の措置が採られた目的の一つは，恐らく林彪への不信感を払拭することであった．いずれにせよ，文革で実権を失った党内多数派から支持されなかったのはもちろんのこと，新たに実権を握った文革派からも全幅の信頼は得られなかったわけだから，林彪の地位は決して安泰だったわけではない．以下に述べるように，対外政策をめ

*1　文革が終結した1976年以降，地方政府や党の機関が再建され，革命委員会は撤廃された．

*2　『原典中現1』310頁．

*3　1906-71　湖北．24年黄埔軍官学校に入り共産党に入党．軍幹部．54年に副総理の1人．

3　文化大革命への道とその破綻　　165

ぐる路線対立の中で林彪が失脚していく素地は，かなり早い時期から存在していた．

反米反ソ外交

1950年代の中国外交は，アメリカを主敵としてソ連と同盟する連ソ反米外交であったが，1960年代の中国外交は，アメリカとの敵対を続けつつ，さらにソ連とも対立する反米反ソ外交であった．国際認識の面では，従来の「二大陣営論」(社会主義対資本主義) に代わって「中間地帯論」がとられ，アメリカ帝国主義と社会主義陣営との間に広範な中間地帯があり，この地域での反米闘争，革命運動を支援し，徹底的に帝国主義に対決しなければならないとみなした．

ソ連との関係は1960年代，悪化の一途をたどり，1962年の新疆住民のソ連領逃亡事件[*1]の小競り合いを経て，63年以降，中ソ両党間で公然たるイデオロギー論争が展開された．中国共産党は総力を挙げてソ連批判に取り組み，「フルシチョフ修正主義集団」を罵倒し，両国関係を決定的に悪化させた．中ソ関係は，指導者間の敵意，党の路線や国際認識の相違，国益の対立が絡み合い，またたく間に熾烈な政治的，軍事的対立にまでエスカレートしていった．この間，アメリカとの対立も継続していたから，中国は米ソ両超大国と敵対するという安全保障上の深刻な危機に自らを追い込んだことになる．

もっとも，1960年代前半，中国は米ソ以外の「中間地帯」諸国との間では関係改善を試みた．ちょうど中国は深刻な食糧危機の最中であり，化学肥料，農業機械，鋼材などを投入して農業を振興することが不可欠であり，関係の悪化したソ連に代わる買い付け先として，日本との貿易再開が図られた．日本の財界も積極的に応じ，1962年11月には今後5カ年間（1963-67）の日中貿易を取り決めた覚書が締結された．覚書に署名した廖承志[*2]と高碕達之助[*3]の頭文字を取って，それはLT貿易とい

[*1] 『(世) 史料 11』127-128頁.

[*2] 1907-83 東京．父廖仲愷，母何香凝．中国共産党きっての日本通．
[*3] 1885-1964 大阪府．元満洲重工業開発総裁．戦後，通産大臣など閣僚を歴任．

われる．さらに，中国は，対米独自性を主張し，独自の核開発をするド・ゴール指導下のフランスに接近し，65年1月には国交を樹立し，またイタリア，オーストリアとの貿易代表部設置に合意した．

アジアでは，1960年から63年にかけてミャンマー，ネパール，パキスタン，モンゴルなど近隣諸国と国境条約に調印し，歴史的な問題を解決して，相互関係を安定化させた．ただ，中国とインドとの対立は続き，1962年10-11月には東部国境地域での大規模な紛争に発展し，インド軍は大きな損害を出した（中印国境紛争）．また，インドネシアでは65年，親中国的であったスカルノ大統領が「九・三〇事件」*1により失脚し，中国が支援していた共産党も潰滅させられた．新たに成立した反共軍事政権は反華人，反中国政策を進め，67年には国交断絶に至った．中国は数少ない友邦を失うこととなった．

さらに1965年には，中国外交は重大な挑戦に直面した．すなわち，アメリカは，同年2月以来，北ベトナム爆撃，ついで海兵隊派遣と本格的にベトナム戦争に介入し，中国に南からの脅威をもたらした．中国指導部ではベトナム問題の深刻化への対応をめぐって，国防・対外政策全般にわたる検討が行われ*2，結局，ソ連の提案するベトナム問題での共同行動は拒否し，独自にベトナム抗米闘争を援助するが，直接の介入，対米戦争は回避する方針をとった．このため，中国はベトナムに防空，工兵，鉄道，後方支援などの部隊約32万人を，ラオスに約10万人の部隊・労働者を派遣した．

やがて，文革が本格化すると，外交部長陳毅をはじめ，外交部の幹部たちは造反派のつるし上げにあい，各国駐在大使は召還され，中国外交はほとんど麻痺状態となった．文革期の中国は，「中国は世界革命の中心である」，「毛沢東思想は世界人民を照らす」という主観的認識に基づき，東南アジアをはじめ各国の反政府武装闘争を支援し，駐在大使館，領事館や中国人船

*1 クーデタを企てたとの口実で，軍が共産党を弾圧し，スカルノ大統領を失脚させた．

*2 対外戦争に備え内陸山間部に軍需工業基地をつくる三線建設も，この中で加速した．

員，華僑を通じて毛沢東思想の宣伝に力を入れたため，各国でさまざまな摩擦を招いた．毛沢東自身，1967年7月7日，「中国は世界革命の兵器工場とならねばならない」と題する談話で，このような行為を煽動した[*1]．同年8月には，1万人以上の紅衛兵が北京のイギリス代理大使事務所を襲撃し，焼き討ちするという空前の事態となった．文革は外交の破壊を招き，中国をいっそう国際的に孤立させた．

[*1] 『原典中現6』128-129頁．

その間，中ソ対立はいっそう激化し，軍事的対立の段階に至った．

1968年8月，ソ連などワルシャワ条約機構軍はチェコスロバキアに侵攻し，民主改革を進めつつあったドブチェク第一書記ら指導者を連行した．ソ連は，社会主義共同体全体の利益の前には各国の主権は制限されるという制限主権論を出してこの軍事干渉を正当化した．中国は非常な警戒心を抱き，周恩来は，ソ連修正主義集団は「社会帝国主義」「社会ファシズム」になったと最大級の用語で非難をあびせた．

さらに，1969年3月，東北の国境ウスリー江の珍宝島（ダマンスキー島）で，中ソの軍事衝突が起こり，ついで8月には新疆の中ソ国境で大規模な軍事衝突が起きた．この間，中国は1964年10月に原爆実験に成功し，69年9月には地下核実験および水爆実験にはじめて成功していたが，ソ連側が中国の核施設を先制攻撃するという情報が流れ，中国側は非常な危機感を抱いた．同年9月，北京空港での周恩来，コスイギン会談後，中ソは国境問題をめぐって交渉を行うこととなり，直接の軍事衝突は回避された．だが，その後も中ソ双方は合計数百万人の大軍を国境地帯に展開し，最高度の警戒体制で対峙する状況が続き，中国全土で防空体制構築，地下壕作りが行われた．

このような厳しい状況の中，中国指導部は対外戦略の再検討を行った．珍宝島事件前に，周恩来の提

図3-20 珍宝島地区を警備する中国兵

議，毛沢東の同意により陳毅ら4元帥による国際情勢研究組が作られ，国際情勢の分析と対外戦略の検討を行った．陳毅らは，ニクソンの対中国接近の動きに注目し，「われわれは戦略的に，米，ソの矛盾を利用しなければならないから，中米関係を打開する必要があ」る，と提起した[*1]．このようにして，中国指導部は従来の米ソ双方の敵視から，ソ連を主要敵とする認識に転じ，密かにアメリカとの関係改善を模索しはじめた．それはやがて1970年代初めには米中和解という中国外交戦略の転換をもたらし，世界を驚嘆させ，国際政治の大転換をもたらすことになるのである．

*1 『原典中現6』153-155頁．

4 画一化された社会

革命直後の社会

1980年代頃まで，上海などでは「南下幹部」という言葉をよく耳にした．中国共産党が北方から攻め下ってきたという歴史的経緯，そして人民共和国が成立した当初，北京から派遣された筋金入りの共産党幹部を軸に，江南地域の大都市が統治された事実を象徴的に示す表現であった．上海に限らず多くの大都市の民衆にとって，共産党は神秘的な外来者の集団だったように思われる．抗日戦争末期から戦後にかけ，国民政府の官僚や国民党員の間に広がっていた腐敗行為には，目にあまるものがあった．そうした状況を見慣れてきた都市の民衆にとって，中国共産党の幹部や兵士たちは，民衆の幸福と新しい国づくりのために貢献しようとする，あたかも別世界からやってきた清貧な奉仕者たちの集団のように見えたのである．当初，都市の民衆は，共産党の到来を，一般的にいって，歓迎と期待の念をもって注視していた．

実際，都市にやってきた共産党の幹部や兵士たちは，農村という「別世界」からやってきた集団であった．都市の生活や文

化に触れること自体，生まれて初めての経験であった彼らが，水道・ガス・電気などを含む都市の機能を維持し，近代企業の経営を継続させ，学校や病院が滞りなく運営されるように支えるのは，並大抵の苦労ではなかった．近代的な都市を統治していくため，中国共産党は，農村出身の党員幹部の知識水準を早急に向上

図 3-21　上海街頭の共産党軍兵士（1949 年）

させるとともに，国民政府時代に民間企業や公共機関で働いていた経営者，技術者，スタッフ，官僚などの中から信頼し得る人々を選び出し，彼らとの間に緊密な協力関係を築く必要に迫られていた．

たとえば，大都市の学校は私立学校の比率が高く，その多くは教会系の学校だったが，これらを「帝国主義の奴隷化教育の拠点」として一律に閉鎖するのではなく，「積極的に維持し，徐々に改造し，重点的に補助する」という方針の下，現状維持を基本に，優良な学校に対してはむしろ補助を与えた．学校の一律閉鎖による動揺を避け，その上で，運営や教育内容の改造は，とくに「反動的」と見なされたもの以外は，徐々に進めようとしたのである．また，当時欧米や日本に 5500 人以上が留学していたが，中国政府はこうした留学生や学者に対しても，新国家建設のため帰国を呼びかけ，これに応じて 1953 年までに約 2000 名の留学生が帰国した[*1]．

しかし，こうした方針は，党組織の末端に必ずしも徹底しなかった．共産党内には，元来，党の階級区分論でいう「ブルジョアジー（資本家階級）」ないし「小ブルジョアジー」に属す専門家や知識人に対し，彼らは「プロレタリアート（労働者階級）」を代表する自分たちの仲間ではない，とする意識があり，また欧米的なものは「帝国主義的」であるとする意識すら存在していた．そのため，教会学校や工場に対する抑圧的な対応が

*1　航空工学や原子物理学専攻の学者・留学生でアメリカ政府から帰国を阻止された者もいる．

しばしば見られ，中央が現場の機関・組織に是正を求めている．

とはいえ，共産党中央も無条件で知識人を活用しようとしていたわけではない．早くも1948年7月には，共産党中央は知識人の「改造」を指示し，以後，各地に「人民革命大学」とよばれる知識人・幹部の思想教育のための短期大学が設立される．これはマルクス主義の基礎理論・思想の教育を中心とし，研修期間は数カ月から2年間で，1948年8月華北大学を皮切りに占領地区に順次設立された*1．また，新たに統治下に入った学校に対しては，国民党イデオロギーの科目である「党義」「公民」や国民党の組織を廃止し，代わって共産党や新民主主義青年団（1957年に共産主義青年団と改称）*2などの支部が組織される．そして1949年12月に開催された全国教育工作会議において，改めて知識人の団結と改造が提起され，以後，北京大学をはじめとする各大学では有名教授に「新政権断固支持」の信条表明を迫り，知識人たちの「思想改造」*3を進める政治運動が展開された．今に続く学問思想に対する国家統制の始まりである．ただこの時点では，学習と自己批判を中心とする運動で，共産党を信頼して積極的に改造に応じる者も多くいた．

だが，朝鮮戦争の勃発で西側諸国との対立が激化するにつれ，国民政府時代から働いている専門家や知識人に対し，厳しい警戒感をもって臨むことが強調されるようになる．「対ソ一辺倒」外交の結果，英語や英米文学の講義が大幅に削減され，デューイのプラグマティズム教育が批判される一方，ソ連型教育が導入され，大学で学ぶ第一外国語はロシア語にされて，留学生の派遣先も大半がソ連東欧諸国とされた．そして1951年から53年にかけて，ソ連型の工業化重視の高等教育体系を導入し，各地の大学・高等専門学校の学院（日本の学部に相当）や系（学科に相当）を専門分野ごとに再編する「院系調整」が実施される．たとえば北京では各大学の文系の院・系は北京大学に，理系は清華大学に統合し，もう1つの伝統ある総合大学である燕

*1 多くの「革大」は，1950年創立の中国人民大学のように正規の大学に改編された．
*2 1949年に結成された共産党の青年組織．その起源は1922年結成の中国社会主義青年団．
*3 その過程が厳しいものだったため，欧米ではbrain washing（洗脳）とも言われた．

京大学[*1]は両大学に分割統合されて消滅した．同様にして各地に文系・理系の総合大学と各種単科大学が生まれる一方，私立大学は全て統廃合された．

ちなみに，内戦の終息と経済の復興により，民衆の教育意欲は急速に高まる．小・中学校入学者の急増に対処し（108頁図2-28参照），私塾（寺子屋のような民間学校）や私立学校もしばらく存続したが，小・中学校は1956年までに全て公立化した．これとは別に，労働者・農民や幹部の教育水準向上のため，「工農速成中学」をはじめとする初等中等レベルの速成教育・社会教育の学校も各地に設立された．

学生・知識人たちだけが統制の対象だったわけではない．全国を統治しようとした共産党にとって，商工業者，農民，労働者などから支持を取り付けることも，けっして容易な課題ではなかった．農村にも都市にも，民衆の独自の世界が広がっていたからである．地縁・血縁で繋がる同郷会館は全国の都市に存在し民間の社会福祉事業が推進される基盤になっていたし，各種の同業会館は，業者間の強力なネットワークを担う拠点になっていた．心身の鍛練や相互扶助を目的にさまざまな宗教団体も活動していた．道教，仏教，儒教等が渾然一体化した宗教結社は1950年代初めの上海でも多くの信者を擁し，慈善事業を進めていた[*2]．そのような民衆の在来社会団体を政府の統制下におき，新政権の統治を妨げる危険性があるものには容赦なく行政的圧力を加え解体する措置が，次々にとられていった．

同様に信仰共同体を形成していたキリスト教会，とくにカトリック教会（天主教堂）への圧力も，朝鮮戦争以後強化され，帝国主義諸国との関係を断ち，中国人自身による教会運営・布教を求める政治運動が展開された．そして，プロテスタント（基督教）系教会（信者は1949年当時約88万人）は「中国基督教三自愛国運動委員会」に，カトリック系（同じく約327万人）は「中国天主教愛国協会」に再編され，後者はローマ教皇

[*1] 1928年，アメリカのメソジスト系匯文大学（1890年創立）と他の教会系大学を統合し創立．

[*2] 同善社，万国道徳会，世界紅卍字会，在理教，道徳学社，九貫道，一貫道，中教道義会等．

庁との関係を絶った．こうしてキリスト教会は「愛国化」によって存続を許されたが，文化大革命中はさらに激しい迫害を受けることになる．

　また西南や山間・僻地の農村地域を中心に，地元の治安維持に当たる民間の武装勢力や民間信仰結社[*1]が多数存在しており，その多くは，共産党に対しても独自の立場を保持しようとしていた．共産党側の記述によれば，国民党の残存勢力やこれら武装勢力により，1950年秋までの半年間で，革命幹部・協力者4万人以上が殺害されたといわれ，同年10月以降，こうした勢力の武装解除と武装反政府運動の根絶を目的とする反革命鎮圧運動が全国的に展開された．この結果，150万人が逮捕され，50万人が処刑されたという．信仰結社の中には，一貫道のように台湾に拠点を移したものもある．

*1　道教や仏教などの要素が混交した様々な信仰結社があり，「会道門」と総称される．

「単位社会」の形成

　共産党政権がかなりの程度まで思想統制を徹底することができた理由の一つは，全国に無数の「単位社会」が形成されていたことに求められる．「単位」とは勤務先の企業や行政機関，学生であれば在籍している学校などのことを指す表現である．それぞれの「単位」には，「単位」に所属する人々が暮らす共同住宅に始まり，食糧・日用雑貨類を購入できる商店，疾病を治すための医療機関，家族を育てるための保育園から小・中学校，時には高校まで含む教育機関など，およそ生活に必要な施設が全て備わっていた．その起源は，抗日戦争期に重慶国民政府の戦時経済の中で形成されていた資源委員会系の国営企業に求められる．戦時期の制約された条件の下，多くの職員・労働者を僻地に集め，新たに生産に従事させようとするならば，当然，各企業に住宅・生活施設を整える必要があった．こうした仕組みは戦後，中国経済が混乱を続ける中でも維持され，むしろ拡大された．

民衆の立場から言えば，所属する「単位」さえあれば最低限の生活は保障されたため，国家レベルの社会福祉制度や教育制度が整っていない当時の状況下では，十分，存在理由のある仕組だったともいえる．しかし逆にいうと，民衆が「単位」を離れて生活しようとするならば，きわめて多くの不利益を被ることを覚悟しなければならなかった．そして「単位」を支配していた共産党組織の意に逆らうことは，「単位」から追放される可能性を含む，きわめて危険な行為であった．こうして「単位」という小さな閉鎖社会の中で，共産党の主張に追随するのは当然とする雰囲気が醸成されていく．全国に無数のモノ言わぬ閉鎖社会が形成され，それに支えられ，共産党の全国的な思想統制が容易になったのである．

　こうした「単位」社会の形成は，統制経済の存在と密接不可分に関わっていた．物資の生産と流通を計画的に行う統制経済の要請から，米，小麦粉，食用油，綿布などは全て配給制度によって民衆に支給されていた．毎年，民衆一人ひとりに糧票（リャンピヤオ），布票（ブーピヤオ）などの配給物資引換切符が配布され，そうした切符を渡し代金を支払うことによって，初めて主食用の穀物類（糧食）や綿布を店で購入することができる，という仕組みである．日々の生活を送っていく上で決定的に重要になった配給物資引換切符は，「単位」を通じて配布された．民衆が「単位」への依存を強めざるを得なかった一つの理由である．この配給制度は，都市への無秩序な人口流入を抑制し，他の発展途上国に見られる都市のスラム化を避ける機能を果たしたが，1980年代，改革開放政策が進展する中で，徐々に廃止されていった．

　思想改造運動，反革命鎮圧運動から「反右派」闘争に至る期間を通じ，共産党政権は，民衆一人ひとりの経歴について「個人档案」という文書による管理を徹底するようになった．生まれた時からの学歴，職歴などはもち

図3-22　糧　票

ろんのこと，政治的な処分の有無や，各種の言動などについてまで，一人ひとりの個人档案に資料がまとめられ，専門の行政機関によって管理されていくことになる．個人档案[*1]は進学・就職・昇進・共産党への入党などのたびに審査の材料にされるが，本人は見ることができない．そのため，档案への不利な記載に対する恐怖が，人々の行動を大きく制約した．文化大革命においては，個人档案が争奪の対象となり，敵対者を打倒するために使われた．

加えて都市の一つひとつの街区ごとに居民委員会と呼ばれる組織が設けられ，住民の日常生活を監視するようになっていた．いわば農村部のムラ的な相互監視システムが都市生活の中にまで持ち込まれたのである[*2]．住民たちが集まりを持つことはもちろん，外からの訪問者や郵便・電話などの利用状況に至るまで，全てがチェックできるようになっていた．これも都市の住環境を維持しスラム化を防ぐという狙いの下，農村部から都市部に自由に移り住むことも禁止されていたため，こうした相互監視システムはきわめて有効に機能した．

*1 正式には「人事档案」．「档案」は各種公文書を指し，各地に档案館が設置されている．

*2 居民委員会に相当する農村の末端組織は，村民委員会．

政治運動に翻弄される社会

社会組織の再編と併行して，1951年4月から映画「武訓伝」批判，54年10月から胡適批判，さらに55年の胡風に対する批判キャンペーンが大々的に繰り広げられていく．映画「武訓伝」(1950年)は，物乞いも辞さず農村での学校建設に尽力した武訓という実在の人物を讃えた映画だったが，封建制社会を是認するものと批判され，当初の映画界に対する思想統制から，かつて武訓を称えた陶行知（この時はすでに故人）およびその影響が深い小・中学校の教員全体に対する批判に発展した．

また，胡適（当時アメリカへ亡命）は国民党政権を支え，学界にも影響力があったが，清代の長編小説「紅楼夢」に関する彼の研究への批判が，胡適に代表される自由主義的知識人全体

への批判に発展した．さらに，文芸評論家胡風[*1]は，文学・芸術活動の自由を求め，共産党による統制を批判したが，毛沢東はこれを「胡風反革命集団」の策謀と見なして批判キャンペーンを組織し，胡風だけでなく多くの文学者・芸術家が逮捕された．こうして学問，思想，芸術，表現の自由を尊ぶ雰囲気は失われ，「もの言えば唇寒し」という状況が人民共和国の社会全体を包み込んでいった．

[*1] 1902-85 湖北．慶応大留学．1936年中国共産党の文芸理論を批判．55年逮捕，79年釈放．

　同じ頃，行政機関や企業のレベルでは，先に述べたとおり三反五反運動（151頁）が展開されており，そうしたところで働いていた技術者や専門家たちも，共産党，ないしはその意を体した批判が提起されることにビクビクしながら毎日を過ごすようになっていく．

　こうして表面的には，共産党は知識人らによる新政権批判を封じ込めることに成功した．だが，1956年2月のソ連共産党大会においてスターリン時代の独裁体制とその下における民衆の犠牲が厳しく批判されると，東欧諸国に反共産党・反ソ連の運動が波及する．56年6月，ポーランドではポズナニの暴動を機に共産党指導部が更迭され，同年10月ハンガリーでもこれに呼応した民衆運動により政権が交代した[*2]．動揺はたちまち中国国内にも広がった．56年秋から翌年春にかけて，各地で消費物資不足を訴え待遇改善などを要求する学生や労働者のデモやストライキが発生し，また農村でも農作物の統一買付・統一販売政策や労働者との生活格差に対する不満から，農民の合作社からの退社騒ぎが頻発した．こうした動揺に対し，最初に打ち出されたのが「百花斉放・百家争鳴」というスローガンを掲げ，党外の人々からのさまざまな提言や批判を受け入れようとする政策であった．当初，それまでの経験から発言に慎重であった人々も，毛沢東の「人民内部の矛盾を正しく処理する方法について」（1957年2月）という指示などに促され，次第に率直な共産党批判を口にするようになった（154-155頁）．

[*2] だがハンガリーの新政権は，同年11月ソ連軍によって打倒された．

共産党指導部は驚愕した．「共産党が何もかも牛耳り，共産党の天下になっている」などという痛烈な批判が，知識人向けの全国紙『光明日報』編集長儲安平のような要職にある知識人の口から次々に飛び出してきたからである．それは想定した範囲をはるかに越えるものであった．「言わせるだけ言わせておいてから取り締まるのが当初からの目的だった」という言い訳めいた説明をともないながら，1957年6月以降，共産党は徹底的な言論弾圧に乗り出していく．それが「反右派」闘争と呼ばれるものであり，学生，知識人，専門家などを中心に全国で50万人以上の人々に対し，人民共和国を敵視し資本主義を支持する「右派」だとするレッテルが貼られ，あるいは職場を追われ，あるいは責任ある地位から更迭された．のちに共産党自身が公表した数字でも，「右派」とされた55万2877人のうち54万人は，まったく根拠がない批判に基づくものであった．こうした人々の中には，北京大学教授を辞め図書館員になることを強要された著名な経済学者陳振漢*1のような事例も含まれている．

図3-23　批判される民主同盟幹部章伯鈞*

*　1895-1969
1922年ドイツ留学，国共両党に加入．後に両党から離れ，抗戦期に民主同盟に参加．

*1　1912-2008
浙江．ハーバード大で経済史学の博士取得．北京大教授．53年民主同盟に参加．

　1950年代に展開された思想改造運動や「反右派」闘争がひとまず終息した後も，共産党政権の下では絶えず大規模な政治運動が繰り返された．そしてそのたびに一人ひとりの民衆に対して共産党の政策を忠実に遵守し，その実行を誓約することが求められるとともに，共産党政権が問題ある危険人物だと見なしていた旧地主，旧「ブルジョアジー」出身者，「右派」のレッテルが貼られた知識人などに対しては，それぞれの職場や地域で批判が蒸し返された．

　1958年から60年まで続いた「大躍進」運動の際は，すでに述べたように異常に高い，達成不可能な生産目標が掲げられ，

4　画一化された社会　　177

合理性を欠いた農業生産・工業生産が推進された．しかし，そうした状況を個々の民衆が批判することは，きわめて困難であった．そして仮に批判した場合は，その批判者自身が新たな「右派」分子として非難され，糾弾されることが多かったのである．1963 年から始まった社会主義教育運動の場合，政治・経済・組織・思想の 4 つに関する認識を明確にしようという「四清」が呼びかけられた．

　そして共産党政権下における最大の喜劇にして，最大の悲劇になったのが 1966 年に始まる文化大革命であった（161-166 頁）．文化を語りながら，これほどまでに文化を破壊した行為は，史上例を見ない．多くの歴史的建造物や伝統文化が「封建的」だとして破壊され，優れた作品を発表してきた文学者，評論家，音楽家，映画監督らが次々に「ブルジョア的」だとして批判され，すさまじい暴力も交えた非難の中，あるいは活動の場を奪われ，あるいは自ら命を絶った．代わって毛沢東夫人の江青らにより「革命模範劇」*1 なるものが喧伝されたが，その芸術作品としてのレベルはお粗末なものであった．

　また紅衛兵運動は学園の中で，学生の身近な「権威」として教員・学校幹部を打倒することから始まった．その後文化大革命では，中学・高校を卒業した青年が農民に学ぶ「上山下郷運動」や幹部が肉体労働と理論学習によって官僚主義を克服する「五・七幹部学校」，大学統一入試の廃止*2 などが知識偏重・労働軽視を克服する「教育革命」として喧伝されたが，実際には混乱と停滞をもたらしただけだった．

　思想改造運動から文化大革命に至るまで何度となく繰り返された政治運動は，中国社会に癒しがたい傷跡を残すことになった．とくに深刻だったのは，相互監視の眼が強まり，無責任な噂が飛び交う中，家族や親しい友人どうしの間まで含め，人間関係がズタズタに破壊されたことである．1970 年代末の文革終結直後に発表された「傷痕」文学*3 と呼ばれる一連の小説群

*1　京劇「紅灯記」，バレー「紅色娘子軍」など，共産党中心の革命史像を単純に表現した演劇．

*2　文革中は職業経験者を「単位」から推薦した．統一入試は 1977 年に復活し現在に至る．

*3　盧新華「傷痕」(1978 年) が名前の由来．古華「芙蓉鎮」(1981 年) などは映画化された．

には，そうした悲劇が数多く描き出されている．しかし，こうした状況をつくりだしていった一つの重要な要素は，ほかならぬ中国社会そのものであり，一人ひとりの中国人の思考と行動であった．共産党政権の失政だけに，その責任を負わせるわけにはいかない．かつて1910年代末に魯迅が呼びかけた国民性の改造（49頁）は，いまなお果たされていないのではないか．1980年代の半ばを過ぎる頃から，中国の知識人たちの間では，そうした議論も聞かれるようになっていった．

図 3-24 列車内でも政治運動（1974年）

画一性の実際

厳しい思想統制の下，画一的な考え方が強制された時期にあっても，中国の民衆がしたたかに生きていた姿を見落とすべきではない．一見すると同じような人民服*1を着ていても，その生地や裏地にはさまざまな相違があり，ひそかに個性が主張されていたりした．また新年を迎えるときのさまざまな伝統行事，竈の神様を祭るような民間宗教の世界などまでは，さすがに共産党政権の思想統制も及ばなかった．それだけではない．政府が公認していない「地下教会」と呼ばれるキリスト教の活動が，共産党統治下の中国にあっても連綿と続いていたことが，文革後，しだいに明らかになっている．タテマエでは共産党政権の指示に従いながらも，本音では自らの価値観を保持し，宗教的な信念を貫いた人々が，少なからず存在した．

表面的には，社会主義という旗印の下，平等な生活が保障されているように見えながら，実際には，配給される物資の質と量，住宅，交通手段，教育機関，医療制度など，さまざまな面

*1 民国時代の中山服（107頁）の簡素なスタイルが人民服と呼ばれるようになった．

において,共産党の幹部たちは一般の民衆に比べ格段に優遇されることが多かった.何より権力に応じてさまざまな内部情報や海外情報にも通じていた.たとえば,1950年以降,ハリウッド映画はソ連・東欧の映画に取って代わられ,西欧の映画の上映も限られたものとなったが,上海では映画関係者を中心に文化大革命の前まで「批判的に吸収する」という名目で欧米映画の「内部」上映がおこなわれていた.しかも血統主義という言葉が生まれたように,幹部の子どもたちは,ただ幹部の子どもであるというその一点だけをもって,幹部に準じる内容の特権を享受することができた.そうした幹部の特権や役得に頼るべく,幹部たちとの間に特別に親しい関係を築きあげること,さらにそうしたコネによって得られるものを使って,自らも独自に人間関係を広げていくことも,民衆の一つの智慧であった.

血統主義(164頁)は,やがて労働者・貧農・軍人・革命幹部などの子弟を出身階級がよい「紅五類」と,旧地主・旧富農・「反革命分子」・「右派分子」などの子弟を「黒五類」と見なす観念を生み出した.無難に生きるために,人々は黒五類と見なされた人との関わりを避けようとした.文革当初,紅衛兵の中心となったのは党内事情に明るい紅五類の幹部子弟たちだった.やがて彼らの親たちが「実権派」として打倒されると,彼らの多くは紅衛兵運動から脱落していく.だが文革後,親たちが幹部に復帰すると,その特権を活かしてビジネスで成功する幹部子弟が多数現れることになる.

忘れてならないのは,画一的な装いは都市生活においてのみ成り立っていたのであり,広大な農村の貧困は覆い隠しようもなかったことである[*1].下放された青年たちは,下放先で社会主義の理念とはほど遠い農村の現実に直面したのだった.

こうしてみてくると,共産党中国の,一見みごとに画一化されたように見えていた社会も,それを一皮むけば,そこには幹部の特権とそれに群がる人々などによって複雑多様な状況が生

[*1] 文革中やそれ以前,都市と遜色のないモデル農村を見学して賞賛する外国人も多かった.

まれていたことが知られよう．1970年代末以降，改革開放時代を迎えた中国社会の姿は，実はそれまでにも存在していたものが一挙に表面化し，大規模になっただけという面もあったのである．文革終結後の急転換の背景には，そうした事情も存在していた．

5 戦後台湾の出発と香港

国民政府の接収政策と二・二八事件

1943年11月の米英中三国カイロ宣言*1で，連合国は日本の敗戦後，中国東北，台湾，澎湖諸島を中国に返還することを決定し，45年7月のポツダム宣言*2でも中国への返還方針を確認した．これを受けて，1944年4月17日，中国国民政府は中央設計局の下に陳儀*3を主任委員とする台湾調査委員会を設置し，台湾の情況調査と接収のための準備活動を行った．陳儀は日本留学経験のある軍人で戦前に福建省主席に任じ，台湾を訪問したこともあり，麾下には閩南語や日本語に通じる人材がいたことがその選定につながったのであろう．

1945年8月15日，台湾の人々は天皇の放送で日本の敗戦を知った．日本統治下の差別や戦時統制，特に皇民化運動は住民の反発を買っており，人々は日本の植民地統治から解放され，祖国に復帰し，自由と権利を獲得できると期待した．

10月25日，中華民国代表・台湾省行政長官陳儀は最後の台湾総督安藤利吉と降伏接受文書に調印し，正式に台湾を接収した．この日は台湾では光復節（祖国復帰記念日）とされ，盛んな慶祝活動が行われた．だが，台湾の人々の「光復」の喜びは長く続かなかった．台湾省行政長官公署は日本の総督府同様の強大な権力を握り，外省人（戦後，大陸から移ってきた人々）が管理職を独占した．たとえば，省公署（ただし各局，付属機関等現業部門を含めない）の副処長以上の高官20名のうち本

*1 『(世) 史料10』393-394頁．

*2 『(世) 史料10』404-405頁．

*3 1883-1950 浙江．日本陸軍大学卒業．1934年福建省主席．1945-48年台湾省行政長官兼警備司令．49年共産党との和平を図り，逮捕，銃殺された．

省人は宋斐如（そうひじょ）1名に過ぎず，かつ宋はまもなく二・二八事件で殺害されたのである．また日本時代の広範な公営事業，公有財産，日本人の私有財産も，大陸から来た諸機関により「敵産」として接収され，党・国家機構の資産，事業となった．

このような政治的経済的独占とそれにともなう紛糾は，他の旧占領地区の接収と共通することであるが，台湾の場合はこれに文化的摩擦が加わった．台湾住民の祖国中国への思慕と歓迎の情にもかかわらず，外省人には，戦争直後の台湾は日本語と日本的風俗が氾濫し，まるで異国のように映じた．中国ナショナリストは，それを見て台湾は日本統治の下で「奴隷化」したと安易に決めつけ，日本語使用の禁止などの性急かつ強力な脱日本化政策を実施した．1946年4月には台湾省国語推行委員会が設立され，日本語にかわり北京語を国語とする強力な国語推進政策が実施された．これにより，公的な場での日本語および台湾諸「方言」の使用は制限され，本省人は言論手段を奪われ，また教員，公務員等への就職は不利になった．

さらに，1947年初め以後，中国大陸での内戦にともなうインフレの波及と悪徳商人の活躍による物価騰貴，食糧難，生産減少は，深刻な経済的混乱を招き，失業の増加と治安の悪化は住民の不安に拍車をかけた．

台湾住民の幻滅と不満は，1947年2月28日の二・二八事件で一挙に爆発した．事件の発端は，ヤミ煙草の取締にともなう発砲事件であったが，抗議する市民に対する当局側の強硬な対応と発砲は火に油を注ぐ結果となり，台湾各地で民衆が蜂起し，官公署，国民党機関および外省人を襲撃する事態となった．台中と嘉義では，左派勢力に指導された蜂起勢力が旧日本軍の武器庫を襲撃し，武装勢力を組織しようとする動きもあった．3月2日には，陳儀は台湾人指導者の要求を入れて「二・二八事件処理委員会」を設立し，政治改革案に応じる姿勢を示して事態の沈静化を図る一方，中央に増援部隊派遣を求めた．3月8

日夜,大陸から派遣された二個師団が基隆に到着し,蜂起側に対して凄惨な弾圧を展開した.この時に秘密裡に逮捕,処刑され,行方不明となった者は1万8000〜2万8000人といわれ,植民地時代に形成された本省人指導層は壊滅的な打撃を受けることとなった.

　二・二八事件は内外で詳しく報道され,アメリカ世論の国民党政権批判はいっそう強まった.このため,蔣介石は4月22日,反乱鎮圧が一段落すると陳儀を罷免し,従来の行政長官公署制を廃止し,新たな台湾省主席に親米派の文官魏道明*1を任命し,省政府委員の半分には本省人を任命した.事件の責任を陳儀に押しつけ,台湾住民を慰撫するとともに,対米イメージの改善を狙ったものである.

*1　1900-78　江西.パリ大学院卒.駐米大使,外交部長など歴任.

　二・二八事件は台湾社会に深い傷を残し,本省人と外省人との間の感情的な対立(「省籍矛盾」)を先鋭化,固定化することとなった.他方,この事件以後の本省人の国民党政権に対する恐怖心とそれに基づく屈服,沈黙は,国民党政権の台湾統治を容易にする条件ともなった.

台湾海峡の危機とアメリカ

　1948-49年には,国民党軍は国共内戦であいついで敗退し,危機的状況となった.1949年1月21日,蔣介石は総統を下野し,李宗仁副総統が職務を代行したが,蔣はなお中国国民党総裁として,全国軍政の実権を掌握していた.蔣は下野前にいくつか重要な命令を発布し,権力掌握と政府再建の布石を打ったが,なかでも48年12月29日に陳誠*2を台湾省主席,翌年1月16日に台湾警備総司令に任命したのは,蔣が台湾を国民党政権最後の根拠地と認定し,その確保に努めたことの表れである.陳誠は,蔣の期待に背かず,国民党中央軍および党,政関係者の大陸からの撤退と台湾での権力基盤強化に力を注いだ.治安面では,大陸と同様,反政府的な学生運動が発展しつつあ

*2　1898-1965　浙江.保定軍官学校卒.抗戦期より軍政の要職歴任.台湾では行政院院長,副総統.

ったが，1949年4月6日に大検挙を行い，これを弾圧した．

　また，49年5月1日，全省の戸籍検査を行い，ついで5月20日には台湾に戒厳令を施行し，島内を臨戦態勢下に置いた．さらに49年6月から50年代半ばにかけて，台湾全土では「共産スパイ」摘発を名とした白色テロが猛威を振るい，本省人，外省人の別なく逮捕，投獄，銃殺される危険にさらされ，体制服従を強いられた．

　1949年12月7日，大陸で敗れた中華民国政府は正式に台北に移転し，1950年3月1日，蔣介石は総統に復職した．政府と共に，大陸から兵士，公務員，教員等100万近い人々が人口700万人ほどの台湾に押しかけた．旧来の党政軍指導者や資本家，知識人の中には，国民党を見離してアメリカや香港に渡るもの，あるいは中共側につくものも少なくなかった．アメリカは1949年8月発表の国務省『中国白書』で国民党政権の腐敗と無能を嘲笑し，また1950年1月にはトルーマン大統領は台湾海峡不介入を宣言し，国民党を見放したかに見えた．1949年10月にアモイ沖の金門島[*1]攻撃に失敗した中共軍は，再び大軍を集結し，満を持して台湾解放作戦の実行に備えた．台湾・国民党政権の運命はもはや窮まったようであった．

　この状況を転換したのは，1950年6月25日の朝鮮戦争の勃発と冷戦の激化であった．6月27日，トルーマン大統領は米第七艦隊を台湾海峡に派遣し，中共軍の台湾攻撃を予防し，また国民党側への援助を再開した．中国も台湾解放作戦の実施を取りやめ，軍を東北，ついで朝鮮に転出させざるを得なくなった．

　さらに，アメリカは台湾の「中華民国」が国際連合の中国代表権，常任理事国としての地位を維持することを支持し，また日本に対し，中華人民共和国ではなく台湾側と平和条約を結ぶよう圧力をかけた．吉田茂首相は台北政府の中国代表権について留保的であったが，やむなくこれに従い，1952年4月28日，

*1　福建省アモイの沖合2kmの島．国民党軍の大陸敗退後に要塞化され，国民党政権側の防衛拠点となった．

日華平和条約に調印した*1．この結果，台湾はアメリカに次いで重要な隣国との関係を正常化することができたとはいえ，戦争賠償権を放棄させられることとなった．

こうして，台湾の国民党政権は冷戦の展開とアメリカの支持により，国内的威信の喪失を国際的支持により補償することができた．アメリカは中国封じ込めにおける台湾の軍事的価値を重視し，1950-67年の間，総額約24億ドルという巨額の軍事援助を行った．また，1951年以後，軍事顧問団を派遣し，最盛期の1955年には2347人の顧問が各部隊に配属され，指導に当たった．また蔣介石も，1949年から50年代半ばにかけて，一時，孫立人，呉国楨*2などの留米派の軍人，政治家を重用し，その親米的，進歩的イメージを演出することを期した．

台湾での国民党統治再建

国民党政権が台湾で生き延びることができたのは，朝鮮戦争の勃発とアメリカの支援という対外的要因によるだけでなく，その体制改革と基盤構築の努力という対内的要因も重要であった．

まず，党・政面では，1950年8月5日，中国国民党中央改造委員会が設立され，従来の要人たちを排除し，党のレーニン主義的再組織化を実行した．この「改造」は52年10月の国民党第7回全国大会で完了した．軍では，台湾移転を機に傍系軍を整理し，年輩の将軍の実権を奪い，軍内に政治工作系統を設置するという改革が行われた．軍政治工作系統は国防部総政治部主任の蔣経国*3が統括し，また政治工作幹部学校を設けて幹部養成を行った．また，従来の軍・党の情報機構を解体し，蔣介石直属の総統府資料室に再編し，長子の蔣経国が同主任としてこれを掌握した．

また，国民党は台湾と大陸との交通，通商を厳格な統制下に置き，危険分子の流入を防ぐとともに，大陸のインフレの影響

*1 『新中国資料集成3』416-419頁．

*2 1903-84 湖北．米プリンストン大学院卒．1953年辞職，渡米後，国民党独裁統治を批判．

*3 1910-88 浙江．蔣介石の長男．1925-37年ソ連滞在．帰国後，青年組織や軍政治工作で台頭．72年行政院院長，78年総統就任．

を遮断し，1949年6月に従来の4万元を新台幣1元とする通貨改革を実行し，一年余りでついにインフレを終息させた．

　さらに，歴史的にみて重要なのは，台湾省政府主席を経て行政院長となった陳誠の主導下で展開された土地改革である．それは，以下のように3段階で実施された．①1949年4月〜「三七五減租」(小作料を最高37.5%に減免)，②1951年6月〜「公地放領」(接収日本人所有地の払い下げ)，③1953年1月〜「耕者有其田」(地主所有農地の強制買い上げ，耕作農民への売却)．この土地改革により，国民党政権は台湾の在地有力者・地主層を解体するとともに，農民的土地所有を創造し，農村を安定化し，共産党による浸透を防止することができた．

　では，大陸で土地改革を実行できず，広大な農村を中共に奪われた国民党はなぜ，台湾では実行できたのか．それには以下の要因が考えられる．①内戦の敗退により，土地改革を行い農民の支持を得ることは，政権の生存にとって急務であると認識されたこと．②国民党政権は大陸時代から，すでに小規模ながら実験区において自作農創設を行った経験と，こうした改革に意欲を持つ土地行政官僚を有しており，陳誠もこれに関心を抱いていたこと．③台湾の地主層は国民党政権の支持基盤ではなく，その階級的消滅は政権側にとって何らの損失をもともなわないこと．④日本統治時期にすでに台湾の完全な地籍，戸籍が完備され，政権側が土地所有者を把握，統制できたこと，である．土地改革の実施時期はちょうど白色テロが猛威を振るった時期であり，地主層はこの政策に服従せざるをえなかった．

　他方，1950年以降，地方公職選挙が導入され，これにより台湾人エリートの地方政治参加が可能になり，中央政治における外省人支配との二重構造を形成した．また，青年層対策では，蒋経国は1952年10月，中国青年反共救国団を設立し，青少年に軍事訓練や娯楽を提供するとともに，これを組織化，政治的教化し，もって彼らの反政府化を予防した．

1950年代には，胡適，雷震など外省人知識人らによる雑誌『自由中国』が，当局側公認の反共自由主義から次第に国民党独裁批判の傾向を強め，1959-60年には蔣介石の憲法改正，総統三選の動きを社説で批判し，さらに中心メンバーは「中国民主党」の結成を図った．これに対し，1960年9月，当局側は同誌編集長雷震を逮捕，投獄し，同誌を廃刊とし，彼ら少数のリベラル知識人による民主化運動を封じ込めた．

図 3-25　『自由中国』表紙

　かくして，中国大陸の内戦で敗退した国民党政権は，台湾での体制改革と基盤強化に成功し，権威主義統治を再建することができた．台湾では，すでに日本統治時代にすべての土地，住民を政府側が把握する体制ができており，国民党はこの基盤の上に緻密で強固な支配を確立することができたのである．

　この間，国民党政権は台湾撤退後も浙江省沖合の大陳列島などや福建省沿岸の金門島，馬祖島に軍隊を置き，大陸反攻の前哨基地としていたが，1954年5月より中共軍は大陳列島，一江山島を攻撃し，国民党軍は米艦隊の護送により撤退した．さらに，同年9月，中国側は金門島を攻撃，国民党側もこれに反撃した．この第1次台湾海峡危機をふまえて，1954年12月には米華相互防衛条約が締結された．

　ついで，1958年8月23日以後，中共軍は金門島に44日間に47万発という猛烈な砲爆撃を行った．国民党軍は米軍の支援を得て同島を死守し，10月6日には停戦となった（第2次台湾海峡危機）．だが，アメリカは金門・馬祖防衛を援助する代わりに，蔣介石・ダレス共同声明で，蔣に武力で大陸反攻を行わない旨を約束させた*1．それでも，国民党側は，1950-60年代，中国の混乱に乗じて何度か大陸反攻を試みようとし，またベトナムへの派兵も企図したが，いずれもアメリカにより制

*1　『新中国資料集成 4』322-324頁．

5　戦後台湾の出発と香港　　187

止された.

経済面では,国民党政権は,1953年から4カ年計画を制定し,台湾の経済開発に努めた.特に,1954年7月の外国人投資条例制定,55年11月の華僑回国投資条例制定など,外資,華僑資本を積極的に引きつけ,それにより台湾の経済発展を図ろうとした.また,アメリカは1951-65年の間,総額14.43億ドル(到着額)にのぼる経済援助を提供し,台湾経済を支えた.1年当り約1億ドル,台湾の国民所得の約5~10%という規模であった.

図3-26 金門島で応戦する国民党軍

こうして台湾の経済は,戦前以来のインフラ整備と低廉な労働力に加え,アメリカによる巨額の援助と政府の積極的政策を得て順調に回復した.急成長を続けた台湾の工業生産高は,1964年に農業生産高を超えるに至った.同年には米国による援助も縮小され,1965年6月30日に正式に打ち切りとなったが,65年4月,日本との間で1億5000万ドル相当の円借款協定が調印され,日本資本が米資に代替して台湾進出を進めた.1960年代半ばには台湾は輸入代替から輸出主導の経済発展に移行し,1965年7月には高雄に輸出加工貿易区[*1]が設立された.そして,多くの民間企業が成長し,公企業に代わって台湾経済の主要な担い手となっていった.

*1 外資企業を誘致し,関税の自由と税制上特権を与え,輸出加工に特化する経済地域.

香港の工業化

アヘン戦争後の1842年,南京条約でイギリスの植民地にされた香港は,20世紀初めまでに国内交易と対外貿易のセンターとして大きな発展を遂げ,その領域も,当初の香港島に対岸の九龍地区,新界地区などを合わせた地域に広がっていた.交易ルートの中心に位置し,関税がかからない自由貿易港だったためである.ただし香港島と九龍地区は割譲だったのに対し,新界地区は1898年から99年間という年限付の租借地だった.

そのことが第4章で述べるように1997年に香港全体が中国に返還される契機になるのだが、それは後の話である．大英帝国の一部に組み込まれた香港は、アフタヌーンティー、英語教育から近代法に基づく社会秩序にいたるまで、イギリスの社会習慣や文化を中心に近代西欧的な要素が大量に流れ込む場になり、中国国内で活動する企業がイギリスの法的保護を求め香港で登記する、というような現象も生じていた．それだけではない．中国の民族主義を代表する孫文が香港で近代教育を受けて成長し、上海で活躍する企業経営者に多くの香港出身者が含まれていたという事実に象徴されるとおり、植民地香港の存在は近現代中国全体の歴史に対し大きな影響を及ぼした．

　中継貿易港としての発展に加え、1930年代頃から香港の地場資本による軽工業の発展も見られるようになり、とくに日中戦争が始まると、重慶国民政府支配地域へ物資を供給する大動脈になったこと、香港経由の中国・東南アジア間貿易も拡大したこと、上海などから多くの経営者、技術者、文化人らが資金を携えて避難してきたこと、などにより、香港の社会経済的な発展が加速された．アジア太平洋戦争を開始した日本が、1941年末イギリス軍などの守備部隊を撃破し香港を占領した後も、引き続き中国本土から移り住む人の波は続いた．同じ日本軍の占領下に置かれていた中国の他の地域からの移動が容易になったからである．ただし、いうまでもなく抗日につながる動きは厳しく取り締まられ、日本軍の敗色が濃厚になった1943年以降は、貿易の激減、住民の強制疎開などにより香港の経済活動も衰退した．3年8カ月間に及んだ日本の軍政は、民衆に多大の経済的損失を与えた軍票*1の問題なども含め、香港の人々の生活に深い傷跡を残した．

　第二次世界大戦が終わった時、国民政府はイギリスに対し香港を中国へ返還することを求めている．しかし自国の権益保持に必死であったイギリスはその要求を一顧だにせず、アメリカ

*1　日本軍発行の通貨、軍用手票の略称．使用が強制されたが、日本敗戦後は紙屑同然になった．

もまたイギリスの立場を容認したため，香港は再びイギリスの植民地に戻った．

一方，戦後の香港はさらに重要な意味を持つ地域になった．経済面について言えば，戦後中国経済の混乱と国家統制を嫌い，香港に新たなビジネスチャンスを見いだした企業経営者が多額の資金と技術を持ち込み，技術者や熟練労働者の移住も増加したため，香港経済は異様な活況を呈すことになった．香港の人口は国共内戦からの避難民を加えて1950年には230万人を超え，その後も増え続けた．膨張を続ける人口は地場企業にも大きな市場を提供した．朝鮮戦争後，中国本土と西側世界との直接貿易が規制されたため，中継貿易港としての香港の機能は低下する．しかし限定された範囲内のものだったとはいえ，1950年代以降も人民共和国と香港の間で交わされた貿易は，双方に大きな利益をもたらした．

*1 50年代から始まったアパート団地群Hブロックス，新界地区のニュータウン建設等．

その間にも大量の資本と労働力が供給されて香港の工業化はさらに加速され，1950年代末には地場輸出が再輸出を上回るほどになった．加工貿易都市香港の誕生である．1960年代から70年代にかけ香港政庁の積極的な都市建設・経済振興策*1が展開される中，香港は輸出主導型の経済成長を続け，1980年代にはNIEs（新興工業経済地域）の一つに数えられるようになった．

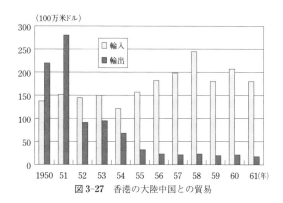
図3-27 香港の大陸中国との貿易

政治面を見ると，1949年革命前夜の香港は，共産党や民主同盟など政府批判勢力に貴重な活動の舞台を提供し，人民共和国の成立後は，東西冷戦の谷間にあって国民党から共産党にいた

図3-28 高層住宅の建築

るさまざまな政治勢力が宣伝・情報戦を繰り広げる場となった．香港を通じ間接的に西側諸国との経済的政治的関係を保持することに意義を見いだした共産党政権は，1980年代までイギリスに対し強く香港返還を要求しない立場をとった．1950年1月，イギリスがいち早く人民共和国を承認したことも影響している．文革期に極左的な反帝国主義宣伝が繰り広げられる中，香港でも1967年に大規模な反英暴動が勃発している．その時も人民共和国はイギリスと正面衝突することを避けた．

第4章
現代の中国と世界

上海の中心街　南京東路の賑わい（2009年）．
半年後には中国初の万博が開かれた．

現代中国のあゆみを振り返ったとき，何にもまして大きな変化をもたらしたのは，1970年代末の方向転換であった．共産党政権は，後になってから，それが「改革開放」という方向への政策転換だったと跡づけている．しかしその深刻な意味は，転換を始めた時点では，いやあるいは今でもそうかもしれないのだが，政権自身も十分に見きわめていなかったように思われる．その後の40年間に大陸中国が体験し，今なお継続している変化の幅と内容は，20世紀中国に起きたあらゆる戦争や革命などの影響を引き継ぎながらも，そうした過去の変動をはるかに上回るほどのものであった．実は同じ時期に台湾でも大きな変化が生じ，中国国民党の独裁体制から民主体制に転換が進んだ[1]．そして大陸と台湾の双方に起きた変化は，1997年に中国の主権が回復した香港にも影響を及ぼし，今や両岸三地と総称される各地域間の複雑な相互作用が中国の今後を決めていこうとしている．そうした変化の全体像をつかみ，その背後にひそむ内外の諸要因を歴史的に考察していくことが本章の課題である．

[1] 2000年以降，国民党と民進党の間で平和的に政権交代が行われ，多党制が定着した．

1　改革開放と天安門事件

国際緊張の緩和

　文革を終息に向かわせた一つの大きな要因は，1970年代初めの中国をめぐる国際環境の変化であった．一方において，朝鮮戦争以来，共産党政権がもっとも恐れていたアメリカは，多額の財政赤字により通貨の信用度が急落するドル危機に陥るとともに，ベトナム戦争の泥沼化に苦しめられていた．アメリカによって侵略される危険は薄らいだ，との認識が中国指導部の中に生まれる．他方，1968年にソ連が同じ社会主義国のチェコスロヴァキアの内政に軍事介入したこと，69年の中ソ国境紛争の際，ソ連軍の重火器に中国軍が大きな打撃を喫したこと

から，中国はソ連に対する危機感をつのらせていく．

中国指導部の中には，米ソ両大国と同時に対決するという文革期の既定方針を修正し，アメリカとの緊張緩和を図り，ソ連との対決に備えることを優先させる動きが生じた．東西冷戦の中，対中関係の改善をソ連や北ベトナムを牽制する手段に使えると判断したアメリカも中国側に働きかけていた．こうして両者の思惑が一致し，1971年7月，中国はキッシンジャー米大統領補佐官*1の訪中を受け入れ，ニクソン米大統領を中国に招くことを決めた．毛沢東，周恩来らは1972年2月に中国を訪れたニクソン大統領と会談し，双方の合意した内容は中米上海コミュニケにまとめられた*2．台湾問題などが解決されず，両国間に正式に国交が樹立されるのは1979年1月1日のことになったとはいえ，中米間の関係は確実に緊張緩和に向かった．

アメリカとの関係改善は中国が国際社会に復帰する道を開いた．1971年10月には国連総会において中華人民共和国の国連代表権が承認されている．また1972年9月，訪中した日本の田中角栄首相*3との会談後に日中共同声明が発表され，日中間の国交正常化も実現した*4．

一方，台湾の中華民国政府は日本との国交を断絶している．日中間で議論された問題の一つは，戦後賠償の取扱いであった．日本国内からの批判を避けるため，日本政府は中国に対する戦後賠償の実施を盛込むことに難色を示し，結局，中国側は戦争賠償の請求放棄を言明することとなり，またその後，日本は中国に多額の無償援助と円借款を提供することとなった．これによって早期の日中国交正常化が可能になったとはいえ，戦後賠償問題に最終的な決着をつける機会は失われた．しかし当時の中国にとっては，西側諸国との経済関係の回復強化と日本からの経済援助により，文革で傷つき混乱していた経済を立て直す道筋をつけていくこと

*1 1923- ドイツ．1962-69年ハーバード大教授，69年大統領補佐官．73-77年国務長官．
*2 『原典中現6』162-163頁．
*3 1918-93 新潟．1947年から連続16回議員に当選．72-74年首相．76年収賄容疑で逮捕．
*4 『原典中現8』131-134頁．

図4-1 訪中したニクソンと毛沢東

図4-2 日中共同声明調印

ができたのが，何よりも大きな意味を持つことになった*1．

米ソ両大国との対決を放棄し，アメリカ，日本など西側諸国との関係を改善するという劇的な方針転換は，中国指導部の間に深刻な対立を生じさせた．1971年9月，毛沢東の後継者に指名されていた林彪がクーデタを企てて失敗，国外に亡命しようとして飛行機事故で死亡した，とされる不可解な事件が起きた．今なお真相は不明だとはいえ，対外戦略の大きな転換と密接に関係する事件だったと推測されている．林彪らが失脚・死亡した後，西側との関係改善と実務的な外交を推進するための体制が整えられていった．73年3月に鄧小平が副首相に復帰したのは，そうした流れを象徴する動きであった．74年4月，国連総会に出席した鄧小平は，米ソ両超大国，ヨーロッパや日本など米ソ以外の先進諸国，アジア・アフリカ・ラテンアメリカなどの発展途上国に世界を三区分する毛沢東の「3つの世界」論に依拠し，中国自身は発展途上国の立場を代表して先進諸国との協力も追求するという柔軟な外交姿勢を示すとともに，ソ連とは引続き厳しく対決していく姿勢を打ち出した．その反ソ姿勢は，1977年以降，アメリカと対決しソ連寄りの路線をとっていたベトナムとの緊張関係を強める結果にもなり，1979年2月には中越戦争が勃発している*2．

文革の終息

大陸間弾道弾や核兵器の開発担当部局など戦略的に重要な機関に混乱が波及することは防止されたとはいえ，文革期の社会的経済的な混乱は，中国全体の発展を妨げ，その国力を大きく損なうものになっていた．中国の一般の民衆の間にも，政府・共産党・軍の幹部の間にも，そうした事態を深刻に憂慮する人々が増え，それが文革を終息に向かわせる最大の原動力になった．その著名な一例が1974年11月に広州で発表され全国に伝えられた李一哲の大字報「社会主義の民主と法制について」

*1　改革開放路線への政策転換は，実質的には，この頃，始まっていた．

*2　70年代初め，米軍がベトナム侵略を続けている時に中国が対米接近したことに，ベトナムは強く反発していた．

である*1．3人の共同執筆者は社会主義の名の下，民主主義が踏みにじられている状況を厳しく告発した．

　政府と党の一部の幹部たちは，すでに述べたように国際環境の変化を捉えてアメリカや日本との関係改善を進め，西側諸国から資金的技術的な援助を得る道を開いた．1972年以降，文革終息が宣言される1年前の1977年までに，鉄鋼圧延，尿素，アンモニア，合繊の各種プラント35億ドル分の購入契約が結ばれた．これらの工業生産設備は，高品質の鋼材，プラスチック，化学肥料，化学繊維などの生産に不可欠であるにもかかわらず，従来，中国国内には，ほとんど満足な設備が存在しなかったものばかりであり，中国の経済と軍需工業を急速に発展させ，国際的な水準に追いつくための鍵となる工業分野が注意深く選択されている．1975年1月，10年ぶりに開かれた第4期第1回人民代表大会*2に出席した周恩来首相は，農業，工業，国防，科学技術の4つの分野で近代化をめざすことを改めて強調した．

　西側諸国の協力の下，経済再建を進める動きに対し，文革派はそれに激しく反発し，さまざまな形で抵抗した．たとえば1974年に展開された「批林批孔運動」は，林彪と孔子を批判する，という名目の下，実は暗に周恩来を批判することを意図した動きであった．また周が近代化推進を強調した同じ1975年1月の第4期第1回人民代表大会の場で，憲法改正案を報告した共産党中央政治局員の張春橋*3は，「継続革命」という文革の理念を相変わらず高唱している（1975年憲法）．

　経済再建と文革をめぐる対立が深まる中，1976年1月8日に周恩来が死去した．文革による混乱を憂慮する人々は，祖先の霊を祭る春の祭日である清明節に周恩来を追悼することによって自らの意思を表明しようとした．北京の天安門広場に立つ人民英雄記念碑を周恩来の墓に見立て，そこに花輪を持ち寄る人々が集まり，集まった人々に向かって周恩来を悼み文革派を

*1 『原典中現2』76-80頁．

*2 国会に相当．共産党の推薦者名簿に基づき間接選挙で代表選出．政権を支える一機構．

*3 1917-2005 山東．1938年共産党入党．宣伝工作に従事．49年以降，上海『解放日報』編集長，上海市党委員会書記など．

なじる自作の詩文を朗読する人々も現れる．この年の清明節である4月4日を前に天安門広場では人々の熱気が高まりつつあった．それに警戒心を強めた文革派の北京市当局が毎晩花輪を撤去したため，民衆の当局に対する反発は増大していく．そして清明節明けの4月5日，ついに衝突が発生した．多くの民衆が逮捕され，当局の暴行により100人以上の死者が出たとも言われる*1（第1次天安門事件）．文革派は，西側との関係改善と経済再建に当たっていた鄧小平副首相らが事件を画策したように伝え，鄧を解任した．

図4-3 四・五運動，天安門広場の花輪

しかし1976年9月9日に毛沢東が死去した．文革派は最後の拠りどころを失ったに等しい．

図4-4 「文革」批判を読む人々

その直前，7月には死者60万人以上と言われる唐山大地震が華北を襲い，人々の不安を駆り立てていた．

毛の死から1カ月も経たない10月6日，指導部の親衛隊が文革派幹部を逮捕し，文革による混乱を憂慮していた政府・党・軍の幹部たちが実権を掌握した．江青，張春橋，姚文元，王洪文*2ら，いわゆる文革派「四人組」打倒のクーデタである．新たな党主席・国家主席の座には華国鋒*3が就いた．とはいえ華自身が文革期に昇進した人物だったことに端的に示されるように，新政権は文革を否定する明確な新方針に基づいて樹立されたわけではなく，きわめて過渡的な性格を帯びた存在であった．

*1 四・五運動．1989年6月4日の事件と区別するため，第1次天安門事件ともいう．
*2 1935-92 吉林．上海の綿紡労働者出身．文革期に台頭．1969年中央委員，73年党副主席．
*3 1921-2008 山西．1938年共産党入党．湖南で活動．69年中央委員，73年政治局員．

改革開放路線への転換

1976年10月に成立した華国鋒政権は，毛沢東の後継者であることを前面に掲げ，毛の政策決定と指示を全て遵守する立場をとった．華国鋒が自らの正統性を主張するためには，それ以外の選択肢はありえなかった．しかし華政権の下，文革に対す

る批判が抑制され*1，再び無謀な経済成長路線が提起されるようになると，元来，文革による混乱を憂慮して「四人組」打倒のクーデタを支持した多くの幹部たちは，文革期の方針を抜本的に転換することをめざし党内論争を展開する．指導部の中で議論が続いただけではない．文革批判を徹底し文革期の冤罪を晴らすことを求める知識人や民衆の間でも，1978 年 11 月頃から，北京の繁華街西単（シータン）の街頭に壁新聞を張り，自ら作成したミニコミ誌を報道関係者らに配って内外の世論に訴える動きが広がっていた．あたかも言論の自由が認められたかのようなこの一時期のことを「北京の春」と称すこともある*2．

*1 1978 年 3 月に採択された憲法は文革色を強く残していた（1978 年憲法）．

*2 『原典中現 2』92-94 頁．

　1978 年 12 月に開かれた中国共産党第 11 期第 3 回中央委員会は潮目が変わる場になった．華国鋒に替わって実権を握ったのは文革終息期の経済再建に携わってきた鄧小平であり，農業，工業，国防，科学技術の 4 つの近代化のため，生産力の大幅な向上を優先課題にすることが宣言された*3．会議の決定自体に新しい具体策が盛り込まれたわけではなかったにもかかわらず，会議以後の数年間に実施された諸政策によって人民共和国の社会と経済は大きな転換を開始した．

*3 『原典中現 2』123-126 頁．

　転換は，まず農村から始まった．文革以前の調整期に認められていた農家の副業や自由市場が復活し，四川や安徽で試行されていた戸別農家の生産請負制*4，戸別経営制などが 1980 年以降，全国に広がった．農業生産を伸ばすには，農民が自らの働きに応じて収入を増やせることを保証し，彼らの耕作意欲を促すしかない，との判断からである．1984 年までに全国の農家の 96％ が戸別の小農経営に戻り，人民公社による集団経営は解体された．果たして新制度の下で農業生産が伸長し，農家所得も増加した．農家が手にした資金の一部を集め，農村に郷鎮（きょうちん）企業と呼

*4 農家が国から生産を請負い，請負量を上回った生産量は，農家の取り分となる．

表 4-1　農家小経営の復活（1980-83 年）

単位：%

年　　月	生産請負制	集団請負制	戸別請負制
1980 年 1 月	55.7	28.0	1.0
1981 年 10 月	16.5	32.5	48.8
1982 年 11 月	—	—	78.6
1983 年 12 月	—	—	98.3

ばれる中小規模の工場を設立するとともに，農業生産性の上昇にともなって一層増加した過剰労働力を，そこに振り向ける動きも進んだ．

人口を抑え生活水準を高める一人っ子政策[*1]も開始された．

一方，1980年，香港に隣接する深圳，マカオに隣接する珠海，台湾の対岸に位置する汕頭，アモイの4地区に創設された経済特区制度も大きな役割を果たした．各種の許認可制度を大幅に簡略化し，税制上の優遇措置をとることによって，これらの地区に外国から資本と技術を導入し，国際競争力を持った輸出向け工業製品の製造工場を設立させ，輸出振興を図るとともに，中国全体に波及効果を及ぼすことを狙った政策である．すでに台湾を含むNIEs（新興工業経済地域）で設立され成果を収めていた輸出加工貿易区に近い存在であり[*2]，戦前の中国において租界が果たした役割を想起させるものであった．経済特区にはまず華僑・華人や香港・台湾の企業が進出し，次いで日本や欧米の企業も大規模な投資に乗りだし，活発な経営を展開した．1984年には上海，天津などを始めとする沿海14都市に同様な試みが拡大された．外国と中国の合弁企業だけではなく外資の直接投資企業も増加し，そうした企業の発展に牽引され，沿海都市部の経済成長が開始された．

農村における改革と都市における対外開放政策の進展は，統制計画経済が占める比重を年々低下させるとともに，さまざまな分野において市場経済の導入を促していった．むろんこのような大きな方向転換に抵抗する旧文革派の勢力にも根強いものがあった．先に触れた「北京の春」は，民衆の文革批判の声を響かせ，そうした勢力を押さえ込むため，限定された範囲内において認められたものだったようである．知識人・民衆の間の議論が民主主義の実現と法律制度の整備を求め，共産党の一党独裁体制を問題にする兆しを見せ始めると，1979年3月，中越戦争に関する機密を海外の報道機関に漏らしたとの理由でミ

[*1] 1979年から「夫婦に子1人」の原則が国策となり，92年までに各地で計画出産条例制定.

[*2] 1965年に台湾の高雄に設けられた輸出加工区については188頁.

ニコミ誌を発行していた魏京生*1らが見せしめ的に逮捕され，短かった「北京の春」は幕を閉じた．魏京生は懲役15年の刑に処せられる．

その後1981年6月，共産党第11期第6回中央委員会は「建国以来の党の若干の歴史問題に関する決議」を採択し，文革を明確に否定した．1982年12月には新たな憲法が制定された*2．しかし歴史問題決議においても，共産党の統治の正当性を根本から問い直すような問題は，慎重に回避されている．社会経済面における改革開放の進展に比べ，政治の民主化が著しく停滞する傾向は，その後もしばしば繰り返されることになった．

*1 1950- 北京．紅衛兵運動に参加．兵役を経て動物園勤務．逮捕後93年仮釈放，渡米．

*2 1982年憲法は1954年憲法（154頁）を復活させ，文革色を払拭したと称された．

民主化運動と武力弾圧

1970年代末から80年代初めにかけての大きな政策転換以降，中国の社会経済は次第に変化のスピードを速めていった．経済改革の波に乗った都市近郊農村などには年間所得が1万元を超える「万元戸」（1985年の全国平均農家所得は約1,500元）が生まれ，成功した民間企業，個人企業の経営者たちも豊かな消費生活を享受するようになった．沿海部全体に広がった対外開放地域に多数の外資企業が進出し，対外輸出で獲得された資金の一部は国内経済にも還流した．高品質の製品が市場に供給され，外国から輸入される高級消費財も自由に購入できるようになった．その反面，物価上昇に追いつかない賃金で暮らすことを強いられ，住宅や日々の生活条件がなかなか改善されなかった都市住民の間には，大きな不満が鬱積していく．

中国共産党の幹部の間でも，改革と開放の推進に力を入れる指導部に距離を置き，計画経済の弛緩を懸念する保守的な意見が広がっていた．後者の潮流は，1980年代初めから半ばにかけ，「資本主義的な精神汚染」に反対し「社会主義精神文明」の建設を呼びかけるキャンペーンとなって立ち現れている．経済改革と対外開放の進め方をめぐり意見の分岐が見られただけ

ではなく，政治改革をどのように進めるかという問題に関しても，深刻な亀裂が生じつつあった．1982年の第12回党大会で共産党総書記に就任した胡耀邦*1，首相を務めていた趙紫陽*2らが，経済改革と対外開放に力を入れるだけではなく，政治思想改革をめざす議論にも理解を示し，民主的な法制・政治機構の整備などを進めていたのに対し，老幹部たちはおしなべて保守的な考えを抱くことが多かった．

*1　1915-89 湖南．1930年共産主義青年団．49年以降，同青年団で活動．77年中央党校副校長．

こうした中，1986年末に安徽の科学技術大学で始まった学生運動は，学生食堂の食事の改善という一見些細な問題に端を発しながら，またたくうちに全国に広がる．改革派知識人の議論に共鳴し，民主主義意識や法意識に目覚めた学生たちが，学生生活上のさまざまな不満や学校当局の横暴，官僚主義に抗議し，改革と民主化を求め起ちあがるという過程が共通していた．しかしこの事態への対処が不適切だったとして1987年1月，胡耀邦が総書記辞任を迫られる結果になり，指導部の中の深刻な対立が露呈した．以後，共産党指導部内の保守的なグループにより「ブルジョア自由化」反対のキャンペーンが展開される．こうして改革と民主化の動きを押さえ込む厳しい対応が示されたにもかかわらず，学生たちの理解は得られなかった．火種はくすぶり続けた．

*2　1919-2005 河南．1932年共産主義青年団．49年以降，広東，四川等で活動．79年政治局員．

1987年10月，第13回党大会で総書記に就任することになった趙紫陽が「社会主義初級段階」論を掲げ，「社会主義の初級段階にある中国では，生産力の発展と商品経済の発達が最優先課題だ」として，経済改革・政治改革の推進を改めて呼びかけると，それを契機に再び改革をめぐる議論が活発化した*3．党の会議や人民代表大会（議会に相当）の公開，公務員制度の整備，企業・地方政府における共産党の指導機構の改編（ただし天安門事件後，もとに戻された），報道規制の緩和（これも天安門事件後に再び強化された）などへの取組みが進み，知識人・学生の間で積極的に意見が交わされるようになった．

*3　『原典中現2』218-222頁．

物理学者の方励之[*1]，政治学者の厳家其[*2]など政治改革に積極的だった知識人は，1989年2月，政治犯の釈放と言論出版の自由を求める公開書簡を発表し民主化運動を開始した．この時期，国際情勢にも大きな変化が生じていたことを見落とすべきではない．後述するように，ソ連ではゴルバチョフ書記長による全般的な改革（ペレストロイカ）が進み，ポーランド，ハンガリーなどの東欧諸国では，生活の改善と政治の民主化を求める民衆運動が空前の広がりを見せていた．社会主義を掲げてきたソ連東欧圏の崩壊は目前に迫っていた．

　このような時，1989年4月15日に胡耀邦前総書記が急死した．改革に積極的であり，学生・知識人に人望があった胡耀邦の死を追悼し，改革の一層の推進を求める行動に起ちあがった北京の学生たちは，17日以降，波状的に天安門広場までデモ行進し，報道の自由の確立，官僚の汚職・腐敗の取り締まり，教育予算の増額，知識人の待遇改善などを要求した．しかし政府から思わしい対応を得られなかったため，4月21日には数万人の集会を天安門広場で開き，24日以降になると，北京市内21の大学・専門学校の学生がストライキ（授業放棄）を始めた[*3]．すでに2月から行動を開始していた厳家其らの改革派知識人も，学生たちの要求を支持する声明を発表した．

　運動の拡大を前に色を失った共産党指導部は，4月26日付『人民日報』社説の中で，一連の活動を「社会主義制度の否定」をめざす計画的な「動乱」と呼び，その断固たる制圧を宣言する[*4]．それに対し，この「動乱」という規定を覆さない限り，自らの要求の実現はおろか，逮捕処罰されることも覚悟しなければならなくなった運動参加者たちは，一層強い決意を固め，天安門広場でのハンガーストライキなどさまざまな手段に訴え，多くの学生・市民に運動への支持を呼びかけるようになった．報道の自由を切望していたジャーナリスト，民主主義と法制の確立を求めてきた知識人，20%を超える物価上昇や官僚の腐

[*1] 1936-2002 北京．北京大卒．物理学者．1957年「右派」とされ共産党の党籍剥奪．90年渡米．

[*2] 1942- 江蘇．中国科学技術大学卒，1985年中国社会科学院政治研究所所長，89年渡仏．

[*3] 『原典中現2』243-244頁．

[*4] 『原典中現2』245-247頁．

敗現象，生活格差の拡大に怒りを抱いていた一般市民らが次々に運動に加わり，5月半ばには参加者が100万人を超えるデモが行われるにいたる．折からソ連のゴルバチョフ書記長が訪中し世界の報道陣が北京に集まったため，治安当局が強硬手段をとれない状況にあったこと，共産党指導部の中に不一致があり，総書記の趙紫陽は弾圧に慎重であったこと，なども運動が空前の広がりを見せる条件になった．

しかし結局のところ，当時の中国に学生・市民の民主化要求をただちに実現する条件は乏しかったものと言わなければならない．5月20日，北京市内の秩序回復のために軍を動員する戒厳令が施行され，6月4日未明，学生・市民の運動は武力によって鎮圧された．犠牲者は数百人にのぼったと言われる（〔第2次〕天安門事件）．逮捕を免れた学生・知識人らは海外に亡命した．学生・市民の要求を政治に反映させる機構が整っていない中，体制維持をかけた共産党指導部の危機感だけが暴走し，流血の惨事を招いた．その後3年近くの間，中国は共産党の中でもとくに保守的な部分の支配下に置かれ，政治改革はもちろんのこと，経済改革も停滞するか，あるいは逆戻りさせられることになった．それに対し欧米諸国が中国の人権抑圧を厳しく非難し経

図4-5　北京の学生市民デモ

図4-6　民主化運動に参加した学生

済制裁を加えたため,中国は国際的に孤立し経済活動も低迷に陥った.

2　冷戦の終結と経済成長

ソ連解体・東欧革命と中国

1989年春の民主化運動と天安門事件は,世界に大きな衝撃を与えた.民主化運動弾圧に抗議する国際世論がわきおこり,中国のイメージは急速に悪化した.天安門事件直後,西側先進国は中国の人権抑圧に対する非難,中国との政府間往来禁止,経済制裁などを定めた宣言を発した.中国はこのような動きを,内政干渉であり,社会主義体制の転覆,転化を狙ったものだとして強く反発し,西側諸国との関係は冷却化した.

1989年秋,中国国外の国際情勢が激変する.ハンガリー,ポーランド,東ドイツ,ルーマニアなどにあった社会主義政権が民衆の支持を失って次々に倒壊した東欧革命の勃発である.1990年2月にはソ連で一党独裁が崩壊し,1991年末にはソ連邦までが解体した.社会主義計画経済の行詰りによって生活水準が向上せず,一党独裁下で人権が抑圧されていたことに対する民衆の大きな不満が基礎にあった.

江沢民[*1]を新たな総書記に選んだ中国共産党は,表面的には,政権交代は各国人民の選択の問題であり,中国は各国との友好関係を維持する,と平静さを装ったが,党の指導部内には深刻な危機感が生じた.国内の動揺を抑えるため,指導部は,ソ連・東欧の変化は西側諸国の「和平演変」(平和的手段による社会主義体制の転覆)の陰謀と,マルクス・レーニン主義に背く「人道的民主的社会主義」の産物だと断定し,中国は共産党の指導と社会主義の道を断固として堅持するとの主張を展開した.そして対内的には,一切の政治改革論と改革派を抑え込み,共産党の指導権と軍事力を強化し,青年への思想教育を強化し,社

*1　1926- 江蘇.交通大学卒,ソ連で研修.上海市党書記等を経て,1989-2002年党総書記.

会の引き締めを図った．その際，失墜した社会主義イデオロギーに変わり，共産党が全国民をより強く教化し，体制に統合するべく依拠したのは中華ナショナリズムであった．学校では愛国主義教育が，メディアでは愛国主義キャンペーンが展開される．それは新たな時代における中国共産党の支配の正統性を育む役割を果たした一方，1999年に起きた駐ユーゴ中国大使館爆撃事件後の反米デモ，2004年から2005年にかけスポーツや歴史問題で噴出した反日運動など，時に政府側が統制困難になるほどの愛国主義の氾濫をももたらすことになった．

　対外関係の面では，鄧小平は，中国の国際的孤立と社会主義諸国が「どこまで混乱に陥るか，現在予測できない」状況の中で，「第一に冷静に観察し，第二に足もとを固め，第三に沈着に対応する」という低姿勢の方針*1を立て，逆境を乗り切るよう努めた．

*1 『原典中現6』239-240頁（訳文一部修正）．

　西側諸国との関係が悪化している中，中国はアジア・周辺諸国との外交に力を入れ，成果をあげた．すなわち，1990年8月にはインドネシアと23年ぶりに国交を回復し，懸案の華僑の二重国籍問題も解決し，さらに同年10月にはシンガポールと国交を樹立した．1979年に戦火を交えたベトナムとは，1990年から関係改善が進み，ベトナム軍のカンボジア撤兵後の1991年11月には中越の首脳会談が行われ，関係正常化に関する共同声明を発した．また，中東では，1990年7月にサウジアラビア，1992年1月にイスラエルと国交を樹立した．1992年8月にはついに韓国と国交を樹立し，以後，中韓関係は経済面を中心に急速に発展し，台湾側に大きな打撃を与えた．また，ソ連崩壊後，これを引き継いだロシアとの間では，イデオロギー抜きで関係改善が図られた．1991年5月，江沢民訪ソの際には東部国境協定が調印され，一部を除き，中ソ国境問題は解決された．ついで，1992年12月にはロシアのエリツィン大統領が訪中し，双方は新たな友好協力関係の確立を約した

共同声明を発表し，以後中ロ関係は密接化した．中ロと中央アジア諸国との間でも，軍備縮小と地域協力が進展した．

また，西側諸国に対しては，鄧小平は「改革・開放の基本国策」は決して変わらないと表明し，経済の再活性化に努め，中国が再び毛沢東時代の閉鎖的体制に逆戻りするのではないかという懸念を払拭し，巨大な市場と経済発展の展望により諸外国を引きつけた．まず，1991年8月には日本の海部俊樹首相が先進国首脳として最初に訪中し，天安門事件後凍結していた対中国ＯＤＡ（政府開発援助）を再開することとなった．ついで，ドイツを皮切りにヨーロッパ諸国との関係も1993-94年までにはみな次第に正常化するに至った．アメリカとの関係改善はもっとも困難であったが，中国はその経済力を武器に米各界に働きかけを続けた．こうして，1993年11月には米中首脳の非公式会談が行われ，またクリントン政権は中国への最恵国待遇供与延長問題を人権問題から切り離すことを決し，中国は最大の外交的，対外経済的関門をクリアした．

以後，中国は対外関係の安定と経済的・軍事的実力を基礎に，「大国」の自信をもって戦略的に外交を展開するようになっていった．

90年代の改革開放

天安門事件直後，中国には暗澹たる雰囲気が漂っていた．情報統制の厳しい社会では，口コミ情報が信用される．各地で学生・民衆らの運動に苛酷な弾圧が加えられたことは，多くの人々が知っていた．しかしそれを公然と批判することはできず，重苦しい空気が社会を包んでいたのである．民主化運動の関係者は，あるいは当局によって投獄され，あるいは国外に亡命し，あるいはひたすら沈黙することを強いられた．

中国共産党の党内では，弾圧の急先鋒をつとめた李鵬*1，楊尚昆*2など保守派といわれた人々が台頭し，いわゆる改革派の

*1　1928-2019 上海．祖籍は四川．延安で教育を受け，50年代にソ連留学．88-98年首相．
*2　1907-1998 四川．1926年中共入党，ソ連留学．長く党・軍の日常活動を管轄．1988-93国家主席．

発言力は後退した．民主化運動弾圧に対する国際社会の非難は，経済制裁という形を取ることになり，中国の国際貿易は減少に転じた．経済改革にも急ブレーキがかけられ，景気は悪化した．

しかし東欧諸国の政権倒壊からソ連解体に至る激変が起きる中で，中国共産党指導部の中でも改めて路線対立が再燃した．社会主義への危機感を深めた党内保守派が一段と硬化し，引締めを主張したのに対し，1980年代に改革開放政策を進めた人々は，むしろさらに改革を徹底し，経済を発展させて生活向上を図り，そうした努力によって民衆の支持も回復させなければならない，との信念を強めていた．党内の改革派だけではない．経済活動の現場に立っていた多くの人々も改革の再開と徹底を求めていた．1992年の春節[*1]を挟む1月から3月にかけ，自ら広東や上海を視察して回った党内最高実力者鄧小平は各地で「南巡講話」と呼ばれる指示を発し，経済改革再開の大号令をかける[*2]．これは鄧小平一人の判断によるというよりも，彼のそうした思想と行動を痛切に必要としていた多くの人々によって仕組まれた動きだったと理解すべきである．ただし政治的には共産党の統治体制を堅持する慎重な方針が示されていたこと，その限りでは党内保守派から強い反発を受けることは回避されていたことも注意されなければならない．

江沢民政権は1992年10月に第14回党大会[*3]を開催し，87年の第13回党大会で打ち出された「社会主義初級段階」論を踏まえつつ，高度経済成長を達成していくためにはさらに「社会主義市場経済」を活性化させなければならないとする立場を鮮明にした．従来は資本主義と結びつけ語られることが多かった「市場経済」という言葉を，江沢民らは社会主義に結びつけたのである．その後，この「社会主義市場経済」論に依拠し，会社法[*4]の制定をはじめ改革開放をさらに推進するための新政策が展開されていく．中国最大の経済都市上海の活力を蘇生させるため，従来の市中心部とは別に，黄浦江東岸の浦東一帯に

*1 中国歴（太陰太陽暦）で祝う中国の正月．

*2 『原典中現2』307-309頁．南巡は王朝時代に北京の皇帝が南方を視察した際の表現．

*3 『原典中現2』324-327頁．『原典中現3』81-82頁．

*4 人民共和国の会社法は1993年12月29日公布，94年7月1日施行．

経済特区並みの優遇政策を与える開発地域を新設し，多数の外資企業を誘致して大規模な経済開発を押し進める浦東開発が開始された．対外取引を統制するための専用通貨であった外国為替兌換券，穀物類の流通を統制するためのチケットであった糧票(リャンピヤオ)などが相次いで廃止された．株式市場が再開され，大量の民間資金を企業活動に呼び込む政策が採られた．一連の政策に安堵した西側諸国は，徐々に対中関係の改善に動き出し，経済制裁を解除していった．こうして1992年以降，年平均10％の成長が続く高度経済成長時代が到来した[*1]．

*1 改革開放の展開にとっては，1978年より1992年の意味が大きかったといわれる．

高度経済成長とWTO加盟

1992年以降の経済成長は必ずしも順風満帆の勢いで進んだわけではない．それが開始された当初は，投資ラッシュが起き，1980年代半ばのような景気の過熱が懸念される事態となった．これに対し国務院副総理のまま人民銀行総裁を兼任し，インフレ抑制の先頭に立ったのが朱鎔基[*2]である．朱は各地の地方政府や国営企業が企てていた無謀な開発計画を厳しく点検するとともに，経済活動に資金を供給する財政・金融制度を整備し，マクロ経済の運営に当たった．その結果，一時は全国で6,000以上を数えた経済開発区のうち，90％は閉鎖されたといわれ，高金利政策の採用ともあいまって，インフレーションに陥ることを避けながら経済成長を維持することに成功した．比較的安定した国際環境に恵まれたことも，高い経済成長を続けることができた重要な要因である．

*2 1928- 湖南．49年共産党入党．51年清華大卒．国家計画委で活動．1998-2003年首相．

1997年2月，高齢に達した鄧小平が死去し，同年7月，香港が中国に復帰した後も，中国の市場経済化と年率10％以上の高度成長は続いた．同年9月の共産党第15回全国大会で，政府の国家計画委員会を撤廃し，国家発展改革委員会を新設することが決まったのは象徴的である．国有企業改革，金融制度改革が推進され，WTO（世界貿易機構）への正式加盟が2001年

12月に発効した．WTOへの加盟は，1986年にWTOの前身に当たるGATT（関税および貿易に関する一般協定）へ復帰申請 (1947年のGATT創設時の加盟国であったが，台湾に移った国民党政権によって1950年に脱退手続がとられていた) を行って以来，15年間交渉を重ね，様々な条件を付したうえで実現したものである．これによって中国は欧米諸国における中国製品

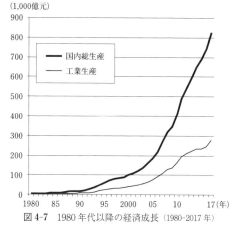

図4-7　1980年代以降の経済成長（1980-2017年）

への輸入制限措置を撤廃させるとともに，自らも段階的に関税や輸入障壁を引下げ，銀行や流通産業における外資への投資規制も緩和することになった．WTO加盟以降，中国の輸出は加速され，世界各地に中国製の工業製品が溢れていく，輸出の拡大は，持続的な高度成長を支える原動力にもなった．それに対し外国品の輸入は，国内の外資系企業製品を含め国産品が競争力を備えるようになったため，ある程度の範囲内に抑制された．

　一方，経済成長は地域間，産業間，階層間の大きな不均衡を伴いながら進んだ．地域間格差の拡大とそれにともなう社会問題の発生，農業の衰退・農村の荒廃・農民の貧困という「三農」問題の深刻化，農村部のみならず都市部にも存在する貧困層の滞留，食糧・資源・エネルギー源の不足ないし枯渇など，経済成長を続けるだけでは解決できない難問に，中国は取り組まねばならない段階に達した．2003年に江沢民政権の後を継いで登場した胡錦濤*1・温家宝*2政権が，次節でも触れる「和諧社会の建設」を呼びかけ格差是正を重視する姿勢を示した背景には，それ必要とする深刻な現実があった．

　しかし胡錦濤政権は，政治改革には実質的に何も手を着けず，個別の対応策を重ねることに終始した．社会問題についていえ

*1　1942-　江蘇．64年清華大卒，共産党入党．89年チベットで書記．92年政治局常務委員．2002-12年党総書記．
*2　1942-　天津．65年共産党入党．67年北京地質学院大学院卒．76年党中央弁公庁．98年副首相．2003-13年首相．

ば，すでに江沢民時代の1999年から西部12省・市・自治区を対象に資金や人材を重点的に投入し，格差是正，資源開発，農村問題解決などをめざす「西部大開発」がスタートしていた．しかし内陸地域の立ち後れは歴史的に形成されてきたものであり，短期間の重点投資などによって容易に克服できるものではない．新疆のように石油・天然ガス開発が進んだところは活況を呈したとはいえ，資源がなく，インフラ整備も不十分だった地方では，変化はそれほど大きなものではなかった．

リーマン・ショック後の成長鈍化と新たな対応策

世界金融危機を招いた2008年のリーマン・ショック[*1]は，中国経済の成長にとっても大きな阻害要因になることが予想された．そこで胡錦濤政権は大規模な景気刺激策を打ち出し，地方政府へも積極的な投資を促して経済成長の持続を図った．さらに2012年に発足した習近平政権は，投資先を世界に広げる「一帯一路」戦略を打ち出し，AIIB（アジアインフラ投資銀行）[*2]を創設するとともに，国内でも新型都市化政策を進めるなどして，投資過剰傾向を抑制しようとする．

一帯一路とは，中央アジア，ロシア，西アジアなどを経て中国と欧州を結ぶいくつかの陸上ルートと東南アジア，南アジア，西アジア，東アフリカを経てやはり中・欧間を結ぶいくつかの海上ルートの総称であり，中国政府の説明によれば，その地域的な広がりは60数カ国，世界人口の3分の2に及ぶ．そこに中国が巨額の投資を行い，地域全体の経済発展を促して市場を拡大するというのが「一帯一路」戦略であった．しかし，投資を受け入れた国々で当初期待されたような経済発展が実現せず国家財政の悪化を招くなど，必ずしも中国の狙いどおり事態が進んでいるわけではない．南シナ海において中国の領域を拡大する動きも，周辺諸国の反発と警戒を呼び起こしている．

また新型都市化政策は，中小都市を中心に都市と農村が一体

[*1] 米投資銀行リーマン・ブラザーズの倒産以降，世界中の金融機関が危機に陥り株価が暴落した．

[*2] アジア各国インフラ整備の金融機関として2015年末に発足．アジア各国，英仏独など100ヵ国参加（2019年現在）．

となる新しい都市化を進めるとともに，戸籍制度の改革と連動させ都市と農村の間の格差是正もめざそうとするものであった．ただし，こうした方策によって，既存の都市が抱える大気汚染や水不足，住宅難といった深刻な諸問題が解決できるのかどうか，やはり未知数の部分は大きい．

一連の政策は短期的にはある程度の効果をあげ，中国は工業製品の輸出を伸ばし，経済成長を持続した．いまや中国は「世界の工場」というべき存在になっている．その一方，中国経済の成長率は2010年代になってから次第に鈍化し，かつてのような10%以上の高度経済成長を続けることは難しくなった．そうした中で，新たな目標として語られるようになったのが「新常態」(ニュー・ノーマル)という言葉である．適度な成長率を維持しながら経済の質を高めていくという新常態が，持続可能な発展に結びついていくかどうか，巨額の貿易黒字と関わる対米関係の緊張とも絡み，予断を許さない状況が続くであろう．

胡錦濤政権から習近平政権へ

一方，経済面におけるめざましい変化に比して，政治面に変化の兆しは現れていない．共産党政権は政治改革にはきわめて慎重な姿勢を崩さず，近年はむしろ政治思想統制を強める傾向すら見せている．1998年，共産党政権に対抗する野党として中国民主党を設立する計画が報じられたことがあったが，当局によって指導者たちが逮捕され，その動きは完全に封じ込められた．また1999年，気功などをとりこんだ新興宗教集団「法輪功」が政府や党の関係者にも影響力を持ち始めたことが判明すると，徹底的な弾圧が展開された．胡錦濤政権期の2008年12月，劉暁波[*1]は，友人らとともにネット上に民主化を求める「08宣言」を発表し，多くの賛同署名を集めた．しかし，その後政府によって逮捕され，「国家政権転覆扇動罪」という罪名の下，懲役11年の判決を受け，事実上，獄中で病死した．獄

*1 1955-2017 吉林．元北京師範大学講師．文芸評論，政治評論などの分野で活発に発言していた．

中の劉暁波に 2010 年のノーベル平和賞が授与されたことに対し，中国政府は激しく反発した．一連の経緯は，中国の民主化がなお容易ならぬ課題であることを浮き彫りにしている．

また 2008 年 3 月にチベットにおいて，翌 2009 年 7 月には新疆において発生した民衆と当局の間の，あるいは民衆相互間の激しい衝突事件は，中国が国内に深刻な民族問題を抱えていることを改めて人々に想起させた．

その一方，2008 年 9 月以降に公表された粉ミルクへのメラミン混入事件は，20 万人以上の乳幼児に被害を与え，中国の商道徳と衛生管理にひそむ深刻な不安を示す事態になった．また 2008 年 5 月には四川大地震が発生し，校舎崩壊による多くの子どもたちの犠牲など，きわめて悲惨な形で，内陸における生活基盤整備の立ち遅れを明らかにした．発展する中国は，その内部に数多くの難問を抱え込んでいるといわざるを得ない．

胡錦濤政権の後を受け 2013 年に発足した習近平[1]の政権は，富強の中国復活を国民に呼びかけ，「中国の夢」という言葉を掲げた．習政権が最初に力を入れたのは，腐敗の一掃であった．重慶市のトップであったが前年に公職を解かれていた薄熙来[2]に対し，2013 年，収賄罪，職権乱用罪などで無期懲役の判決が下された．2014 年には石油政策や各地の開発利権に絡み，日本円で約 26 億円の賄賂を家族で受けとったとして周永康[3]が摘発された．その他にも同じ 2014 年に徐才厚，翌 2015 年には令計画，郭伯雄らの幹部が，あいついで収賄，職権乱用，国家機密漏洩などの罪で起訴された[4]．こうして，かつてなかったほどの規模で中央・地方の高官や軍人が摘発，処分されてきたことは確かである．

清朝，太平天国，国民党政権などの統治が倒壊した大きな要因は，政権内部に蔓延した腐敗であった．その教訓に学ぼうとする習政権にとって，腐敗一掃は，たんなる「人気取り」とはいえない真剣さを込めた政策だったとみられ，高官クラスの要

[1] 1953- 北京．69 年陝西へ下放．74 年共産党入党．79 年清華大学卒．2002 年浙江省書記．08 年国家副主席．2012- 党総書記．
[2] 1949- 山西．前党中央政治局委員兼重慶市委員会書記．
[3] 1942- 江蘇．前党中央政治局常務委員．
[4] 徐才厚（1943-2015）は党中央政治局委員，令計画（1956-）は党中央辦公室主任，郭伯雄（1942-）は軍事委員会副主席だった．

人も容赦なく摘発したことは，民衆の支持を集めた．

その反面，同時に注目されるのは，習近平政権の下，強大な専制体制が実現しつつあることである．政権発足早々の2013年5月，報道の自由や人権，司法の独立などは，大学教員が学生と「話してはならない7つの事項」（「七不講」）になったとの情報が，香港のメディアによって伝えられた．その後も，2014年の「反スパイ」法*1制定，2015年の国家安全法*2と「反テロ」法*3制定，2016年の人権派弁護士一斉逮捕などが続き，政治的な統制は，以前よりも厳しさを増している．これを習近平政権の強さの表れと見るか，それとも多くの社会不安を抱える中で，政権批判につながる動きを双葉のうちに押さえ込もうという自信のなさの表れと見るか，いま少し時間が必要かもしれない．

3　多様化する社会

都市における「小康」の実現

改革開放政策の開始から2019年で41年．この間，中国社会は急速に変貌を遂げてきた．とくに1990年代末以降の変化は「ドッグイヤー」（変化の速さを，1年で人間の7，8年分成長する犬にたとえる）と呼ばれるほど急激で，人々の生活も価値観も大きく変化した．いくつかの指標によって変化を概観してみよう．

改革開放政策が開始された1978年，中国の国内総生産額（GDP）は3645.2億元．1人当りGDPは226米ドルで，インドや中央アフリカなどと同水準で，ようやく飢餓水準を脱した貧困国であったが，同水準の国の中では教育や福祉などが比較的充実しており，生活水準が高かった．ところが2017年には，GDPは82兆7112.2億元（1978年の34.5倍），米ドル換算で12兆0146億ドルに達し，世界第2位となった（1位のアメリカは19兆4854億ドル，日本は4兆8732億ドルで第3位）．また1人当り

*1　2014年11月成立．「スパイ行為を警戒・阻止・処罰し，国の安全を守る」とする法律．

*2　2015年7月成立．領土の主権から言論，経済活動，インターネットの内容にいたる広範な分野を対象に，国家の安全を損なうとみなされる行為を取り締まる法律．

*3　2015年12月成立．「テロを警戒・処罰し，国と公共の安全，生命・財産の安全を守る」とする法律．

GDPは8,643ドル（1978年の38.2倍）に達し（世界76位，日本は3万8,449ドルで25位）となった．

1979年，鄧小平は改革開放政策の当面の目標として，家計に余裕が出てくる「小康」（なんとか衣食が足りて家計に余裕が出てきた状態）*1を掲げ，1984年にその目安を1人当りGDP800ドルとした*2．今やこの目安の10倍を超え，中国社会は都市，農村を問わず，かつて日本が高度成長時代に体験した以上の社会変化を経験しつつある．それは，日本以上の急激なライフスタイルの変化をともなうものであった．

日本の高度成長時代に「三種の神器」とされた白黒テレビ・洗濯機・冷蔵庫は，80年代の中国でも人々の羨望の的だった．1985年当時の100世帯当りの保有台数は，都市でそれぞれ74.9台（カラーテレビは17.2台）・52.8台・9.6台，農村では10.9台（カラーは0.8台）・1.9台・0.06台しかなかった．32年後の2017年，カラーテレビ・洗濯機・冷蔵庫の100世帯当り保有台数は，都市で123.8台・95.7台・98.0台，農村でも120.1台・86.3台・91.7台とほとんどの世帯が所有するようになった．なお日本ではいずれも1970年代半ばまでに100台に達していた．エンゲル係数も2010年に都市35.7％，農村41.1％と，それぞれ日本の1965年頃，1955年頃の水準だったが，2017年には都市で28.6％，農村では31.2％に下がり，日本の1980年前後の水準に達した．都市の自家用車保有台数も37.5台となったが，日本の1975年（47.5台）より少ない（表4-2）．

もちろん，これをもって現代中国の都市の生活水準が日本の30-40年前と同じだとはいえない．とくにIT，通信方面の技術革新は，40年前の日本では考えられない生活の「豊かさ」をもたらしている．たとえばアナログレコードやカセットテープ，VHSビデオ，固定電話が都市の全家庭に普及しないうちにCD，MP3，DVD，ブルーレイディスク，携帯電話が普及

*1 なんとか衣食が足りて貧困を脱した状態を「温飽」とよび，「小康」はより豊かな段階を指す．

*2 共産党はその後小康社会を16種の経済・社会指標によって再定義し，2012年第18回大会で，その全面的な実現を目標に掲げた．

3 多様化する社会

表 4-2　都市・農村の生活指標の推移（1978-2017 年）

	1978	1980	1985	1990	1995	2000	2005	2010	2015	2017
国内総生産（1,000 億元）	3.6	4.5	9.0	18.7	60.8	99.2	183.9	413.0	689.1	827.1
1 人当たり国内総生産（米ドル）	226	309	292	344	604	949	1,769	4,561	8,068	8,836
エンゲル係数（都市，%）	57.5	56.9	53.3	54.2	50.1	39.4	36.7	35.7	34.8	28.6
同上（農村，%）	64.7	61.8	57.8	58.8	58.6	49.1	45.5	41.1	34.4	31.2
自家用車保有数（都市，台／100 戸）	—	—	—	—	—	0.5	3.4	13.1	30.0	37.5
同上（農村，台／100 戸）	—	—	—	—	—	—	—	—	13.3	19.3
カラーテレビ保有数（都市，台／100 戸）	—	—	17.2	59.0	89.8	116.6	134.8	137.4	122.3	123.8
同上（農村，台／100 戸）	—	—	0.8	4.7	16.9	48.7	84.1	111.8	116.9	120.1
携帯電話保有数（都市，台／100 戸）	—	—	—	—	—	19.5	137.0	188.9	223.8	235.4
同上（農村，台／100 戸）	—	—	—	—	—	4.3	50.2	136.5	226.1	246.1
パソコン（都市，台／100 戸）	—	—	—	—	—	9.7	41.5	71.2	78.5	80.8
同上（農村，台／100 戸）	—	—	—	—	—	0.5	2.1	10.4	25.7	29.2

した．

　携帯電話は，2000 年頃から急速に普及した．広大な中国において固定電話の普及はなかなか進まず，都市においても長らく，近隣と電話を共用する家庭が多かったが，携帯電話の登場で，一気にパーソナルなものになった．インターネット（「因特網（イントゥーワン）」「互聯網」）は，

図 4-8　2001 年の上海，1936 年（106 頁，図 2-25）と対比できる．

都市では 90 年代から普及し始めたが，農村への普及は進まなかった．ところが，携帯電話，とくにスマートフォンの普及により，農村部でもネットショッピングが可能になり，字の読めない老人も音声チャットで都市に出稼ぎに出た家族と連絡が取れるようになった．インターネットの利用者数は 2006 年末で 1 億 3700 万人と，すでに日本の人口を超えていたが，2017 年には 7 億 7000 万人，普及率 55.8％ に達した．それとともにネットショッピングも年々市場を拡大し，2018 年 11 月 11 日の「独身の日」*1 には，アリババ集団*2 の 1 日の売上総額が 2135 億元（約 3 兆 4800 億円）に達した．

*1　1 が 4 本並ぶので「独身の日」とされる．2009 年のこの日，アリババ集団が独身高額所得者向けネット通販セールを開始．
*2　ジャック・マー（馬雲）1964- が 1999 年に創業．アジア最大のネット通販サイト淘宝網（taobao）や支付宝などが主な事業．

さらにスマートフォンの普及は微信支付（WeChatPay）・支付宝（Alipay）などのネット決済を一気に広め，中国にキャッシュレス社会を出現させた．2016年にはネット決済とGIS（地理情報システム）機能を使ったシェア自転車が登場し，各地の都市に導入された．こうして，スマートフォンやインターネットに関する事業を展開する百度（バイドゥ），アリババ，テンセント，シナなどのIT企業が急成長した．

　改革開放政策が進むにつれ，長らく親しまれていた国産ブランドが欧米や日本のブランドに取って代わられた．たとえば上海の「上海牌」腕時計や「鳳凰牌」自転車などは，1980年代には人々の購買意欲の急増により常に品不足だったが，外国ブランドが市場に参入すると，たちまち市場を奪われた．外国ブランドが急速に浸透していったのは，製品自体の質の高さによるだけではなく，欧米的ライフスタイルへのあこがれに起因する．たとえば，ファストフードのケンタッキーフライドチキン（KFC，1987年北京出店）が包子（パオズ）や水餃子など中国のファストフードと比べ価格が桁違いに高いにもかかわらず*1，出店当初から高収益をあげた理由は，欧米へのあこがれと「高級感」にあった．

　消費者の外国ブランド志向は品質問題が度々発生する中国製品*2に対する根深い不信感の裏返しであり，一方で質の高い外国製品や海外のサービスなどに対する需要を生み出し，日本旅行ブームや日本製品の「爆買い」も引き起こした．これに対し中国政府は，2015年経済戦略「中国製造2025（メイド・イン・チャイナ2025）」を公表し，品質向上にも力を入れている．

　2008年の北京オリンピック，2010年の上海万博は両都市のインフラ整備と再開発の起爆剤となった．両市は地下鉄網や道路網を郊外まで拡充し，沿線の開発・再開発を進めた．2010年代に入ると各省の省都など主要都市でも道路網の整備や地下鉄・BRT（バス高速輸送システム）など公共交通の建設が進められ

*1　1980年代末，麺1杯がせいぜい2元ほどだったのに対し，KFCのセットは20元以上した．

*2　2008年粉ミルクへのメラミン混入事件，2018年狂犬病ワクチン不正製造事件など．

た．これらは乗用車の急増による道路渋滞，排気ガス汚染への対策でもある．

一方都市間交通も，高速道路網と高速鉄道網の整備が進んだ．高速鉄道は営業キロ数と利用者のべ人数が，2008年の672 km，734万人（輸送総量15.6億人km）から，2017年にはそれぞれ2万5,164 km，17億5216万人（5875.6億人km）へと激増し，鉄道旅行の様相を一変させた．高速道路は，1988年に上海・嘉定間の高速道路が開通した後，2001年に総延長がようやく2万kmに達したが，その後建設速度が加速し，2018年までに14万kmを越え，世界最大規模の高速道路網を形成するに至った．香港・マカオを除く国内線航空機の利用も，2000年の6031万人（737億7283人km）から，2017年には4億9611万人（7036億5262万人km）へと激増した．

また2006年7月1日には，青海省西寧とチベット自治区ラサを結ぶ青蔵鉄道が全線開通した．同鉄道は，途中，鉄道世界最高地点であるタンラ峠5,068 mを経由し，難工事の末，開通した．2018年9月23日には香港西九龍駅と広東省広州南駅を結ぶ「広深港高速鉄道」が全線開通した．これらの都市間交通は，人の移動や物流を促進するだけでなく，各地域を緊密に結びつけるという統合機能も担っている．

都市の発展と都市への人口移動により，かつて1対9とされた都市人口と農村人口の比率は急速に変動し，都市人口は2011年に農村人口を越え，2017年には58.52%に達した．人口比率からも中国はもはや農業国，農民の国ではなくなってきている．

農村の変容

それでは農村・農民はどうだろうか．実は改革開放政策の開始当初，大きな変動が生じたのは農村であった．国に対する請負生産分を越えた余剰農産物を自由に市場で販売し農家の収入

にすることが認められると，農民たちは市場向けの農業生産に力を入れるようになった．さらに農村地域に郷鎮企業と呼ばれる中小企業が発展し，農民の新たな収入源になったところも少なくない．成功した農民は「千元戸」，「万元戸」*1 と呼ばれて羨望され，豪邸を建て家電や自動車などを買い，都市住民をも上回るような豊かな消費生活を楽しむようになった．

しかし全ての農民が成功者になれたわけではない．大都市向けに付加価値の高い商品作物を生産したり，郷鎮企業が付加価値の高い養殖事業，都市の工場の下請け，流通業などで収益を上げるには，大都市の近郊か，大都市への交通の便がよいことが前提条件となる．こうした条件のない奥地や僻地の農村で収入を上げる方法は，出稼ぎなどしかない*2．結局，農村部の発展は都市部の発展に依存せざるを得ず，1980 年代末頃から，都市部の経済発展は農村部の経済発展を上回るペースで進んだ．表 4-2 を見てもわかるように，都市と農村の生活水準の格差は依然として大きく，むしろ格差が拡大している面もある．

2000 年以降，農業の停滞，農村の荒廃，農民の貧困が「三農」問題として重視されるようになった．貧富の格差を示すジニ係数*3 を見ると，1985 年の世界銀行による推定値は 0.331 であったが，2013 年に中国国家統計局が，2003 年のジニ係数が 0.479 で 2008 年には 0.491 に達していたことを公表し，改革開放政策の下での格差の急速な拡大を認めた．その後は「三農」問題に対する政府の改善策や，出稼ぎ労働者の不足（「民工荒」）による賃金上昇で数値が漸減傾向にあるとはいえ，2017 年でも 0.467 と依然格差が大きい．

一方では都市近郊型農業でさらに多くの収益を得る農家が生まれた．中には，ベッドタウン化した都市近郊農村に住み，自らは近くの企業に勤務し，農地は出稼ぎ農民に耕作させたり，工場・住宅用地，道路建設用地として農地を貸し出し，賃貸収入で暮らして地主となる者すら出てきた．また沿岸部では，日

*1 年間収入が 1000 元，もしくは 1 万元を超える農家の意味．

*2 こうした状況の下，河南省の貧困農村で生じた悲劇が，売血による HIV 感染である．

*3 ジニ係数は，所得格差の指標で，0 が完全な平等を示し，1 に近いほど格差が大きい．

本などへの農産物輸出によって豊かになる農民たちが現れた．

　他方，こうした変化から取り残され，農業収入ではなく都会への出稼ぎによって家計を維持する農民たちも激増した．2017年現在，出稼ぎ労働に従事する農民は1億7000万人を超える．

　1958年公布の戸籍登記条例によって農業人口の地域外への移動は禁止されている．「農村戸籍」のまま都市で就業する農民は「農民工」「民工」と呼ばれ，出稼ぎ先の都市における医療社会福祉制度を利用できず，子どもたちは義務教育すら十分に受けられない[*1]．北京や上海などの大都市ではこうした出稼ぎ労働者が100万人単位で暮らすようになっている．経済発展と建設ブームに乗った出稼ぎ労働者の急増は「民工潮」と呼ばれ，新たな社会現象となった．確かに出稼ぎ収入によって変貌をとげ，面目を一新したような農村も存在する．その反面，出稼ぎの多い農村では，働き盛りの労働力が不足するため，農耕地が荒廃する事態が生じている．また農村に残される小学生の「留守児童」が2017年で1200万人以上，中学生が650万人以上おり，親の出稼ぎ中に事故や犯罪に巻き込まれるといった悲劇もしばしば報じられている．

　さらに，交通が不便で情報も不足し，出稼ぎによる収入すらもままならないという農村も残されている．現行の基準による貧困農民[*2]は，2000年の4億6224万人から大幅に減少したとはいえ，2017年の政府統計でも依然3046万人いる．こうした経済発展から取り残されたような僻地の農村に対しても，地方政府は苛酷な税収奪を行う場合がある．経済発展が遅れているため地方政府が十分な財源を開拓できず，なおのこと貧しい農民たちに大きな負担を強いる，という構図である．こうした農民たちの不満解消のために，政府のさらなる施策が求められている．

*1　農村戸籍を廃止し戸籍を一本化しようとする動きはあるが，まだ議論が続いている．

*2　2010年に定められた現行の基準で1人当り年収2,300元以下の農家．

価値観の多様化

こうした物質的変化,情報の流入は,ライフスタイルや価値観の急速な変化と相互関連している.それまでの「貧しいことを憂えず,均しからざることを憂う」というタテマエから,「なれる者からまず豊かに」という「先富論」への転換は,各人が持つ財力・学力・権力・コネクションなどを自身の富裕化に活用することを公認するものであった.その結果,社会主義的な政策によって抑制されていた都市と農村,高学歴者と低学歴者,幹部と庶民などの格差が顕在化し,拡大することになった.

ただし,改革開放によって買春・賭博などが復活したとするような言い方はいいすぎであろう.1987 年当時まだ「未開放地区」であった革命の聖地瑞金(73 頁)でも,売春宿やポルノビデオを摘発する公安局の掲示が貼り出されていた.社会主義体制の下で根絶されたとされていたものが,取り締まりの弛緩とともに「改革成金」を相手に急速に顕在化・成長したのである.これらもまた地元の党や政府・公安などの権力と癒着し,その腐敗を助長することになる.

確かに社会主義,共産主義への信念が語られる機会は減少し,民衆の関心は利殖・教育・健康・趣味などへと移った.街角で人々が手に取る新聞や雑誌の大半は,利殖やスポーツ,服飾などに関するものである.1980 年代に「信念の危機」という言葉で共産党離れが問題にされたことがあった.これと関連して,イデオロギー色の強い「歴史」に対する若者の関心の低下や研究の低迷といった「史学の危機」,「信念の危機」も問題とされた[*1].今では,そうした言葉を聞く機会すらなくなってしまったが,「信念の危機」が解消されたわけではない.もはや社会主義・共産主義のイデオロギーに依存できなくなっていることを,誰よりも中国共産党自身が自覚しているからである.

知識人たちの間では,共産党の社会主義思想にとらわれず,

*1 こうした閉塞状況から,80 年代,多くの哲学・歴史学専攻の学生・大学院生が学生運動に参加した.

それとは異なる系譜に属する思想の可能性を探ろうとする関心が広がっている．個人の自由の保障と社会的経済的な平等を同時に追求する 20 世紀のリベラリズム思想，市場経済のもたらす格差拡大をおさえ福祉の充実を図る社会民主主義的思想など，従来は否定的評価しか下されてこなかった諸思想に対し，新たな時代状況の下，それぞれの思想が本来持っていた固有の価値が再発見されつつある．

　映画の世界に例をとると，1980 年代半ばに鮮烈なデビューを飾った第五世代[*1]といわれる監督たちの作品が新しい時代の到来を告げるものであった．その代表作，陳凱歌[*2]の「黄色い大地」(1984) は 1930 年代の黄土高原を舞台に，その苛酷な自然とそこに暮らす農民たちの生き様を圧倒的な迫力で描き出すとともに，その前にあっては共産党などの存在もいかに小さなものであるのか，というメッセージを言外に伝えていた．そのためもあり，この作品は中国国外で高い評価を得たにもかかわらず，国内ではあまり上映されずに終わった．「黄色い大地」を含め，第五世代の監督たちが 1980 年代につくった映画の多くは，知識人にアピールする力は強かったが，ややもすれば観念が先走りしたような部分が目についたことも確かである．

　これに対し 21 世紀を迎える頃，円熟した第五世代が制作した映画の中には，民衆に対しアピールする力と芸術作品としての完成度の双方において成功を収めるものも生まれた．現代中国の農村にある何の変哲もない小学校にカメラを据え，その日常を切り取って見せた張芸謀[*3]の「あの子を探して」(2000) もその一つである．映画の中では，臨時教員の少女が，都会に出稼ぎに出て行方不明になった生徒を，街中探し回ることになる．そして，カメラは望遠で，農村から来た少女を冷たくあしらう(撮影とは知らずに) 都会の人たちを映し出していく．なぜこのようなことが起きるのか，僻地の貧しい農村が，今どうなっているのか，農民にとって都会はどんなところなのか——映画は，

[*1] 中国映画のニューウェーブを築いた陳凱歌，田壮壮，張芸謀ら紅衛兵世代の映画監督．
[*2] 1952- 北京．父も映画監督．代表作は「さらば，わが愛／覇王別妃」(1993)．現在は米国籍．

[*3] 1950- 陝西．「紅いコーリャン」(1987) で初監督．2006 年，高倉健主演「単騎，千里を走る」を撮る

問わず語りに現代中国が抱える多くの問題を伝えている．

経済成長の下，中国の民衆にとって，生活の不安は増えこそすれ減ってはいない．企業経営が悪化すればリストラされ，失業するのが珍しいことではなくなった．大気汚染，水質悪化，耕地の砂漠化といった環境破壊[*1]が進行している．商品とくに食品や薬品の安全性は消費者の命と健康を脅かす深刻な問題になっている[*2]．教育について言えば，受験戦争は激しくなるばかりであり，父母が負担する教育費も年々上昇している．

「法輪功」など政府の規制に服しない宗教団体まで含め，さまざまな民間宗教[*3]キリスト教・仏教などが信者を増やしているのは，生活不安の増大という上述した事態と，けっして無関係ではない．たとえばキリスト教は，文革終結後も布教活動などにおいて制約を受けているにもかかわらず，カトリック，プロテスタント，ロシア正教，非公認の「地下教会」も合わせると，信者が1億人を超えるといわれる．

2008年5月12日に発生した四川大地震はマグニチュード8.0，死者6万9227人，行方不明者1万7923人，直接的経済損失8523億元（約14.7兆円）という巨大災害であったが，学校など多くの公共施設が違法建築のため崩壊し，しかも被害の中心がチベット系住民が多い山間部だったため，当局が情報隠蔽を図るなど，問題となった．事故に対する当局の隠蔽は高速鉄道事故[*4]，「東方之星」転覆[*5]，天津大爆発[*6]などでもおこなわれ，ネットで批判されている．

このようにインターネットの普及は，ネット上にさまざまな言論や価値観が行き交う空間を生み出した．民衆の生活や権利を守ろうとする消費者運動，環境保護運動など市民運動の広がりも，ネットの普及と不可分である．これらの市民運動の多くは何らかの形で当局や共産党が関与しており，純然たる市民運動が可能になっているわけではないが，さりとて全てが官製運動であるとも言いきれないことに注目すべきである[*7]．明日の

[*1] いずれもPM2.5や海洋汚染，黄砂の飛来などで日本や韓国にも影響を与えている．ただし黄砂以外は日本も発生源である．
[*2] 粉ミルク事件を機に日本製粉ミルクが爆発的に売れたように，日本の高級果物など食品，薬品に対する需要が高まった．
[*3] 民間宗教は「迷信活動」と見なされ取り締まられるが，習俗的なものは黙認されている．
[*4] 2011年浙江省温州市郊外で高速鉄道が衝突脱線し，政府発表で40人が死亡．
[*5] 2015年6月長江航行客船「東方之星」号が転覆し442人が死亡．
[*6] 2015年8月天津市郊外の危険物倉庫が爆発し，死者165人，行方不明8人を出した．
[*7] 1980年代末の東欧革命の背景には，環境破壊などに対する市民運動の成長があった．

中国を占う要素の一つになるからである．

インターネットの普及は，ライフスタイルを急速に変えつつある．ネット決済は屋台などでも使われるようになり，タクシーの呼び出しや，かつて長蛇の列をなした鉄道切符の購入などもネットで済ますのが一般的となった．均分決済機能による会食後の割り勘も珍しくなくなった[*1]．にぎやかだった列車内も，ネットゲームやチャットに興じる若者が増え，以前に比べると静かになった．シェア自転車は日本でも話題となった[*2]．さらに「アリババ」のネット決済の購買・決済状況に学歴等さまざまな個人情報を加えて AI（人工知能）が総合的に判断する「芝麻信用」が，人物の格付け指標として用いられ，個人の経済活動だけでなく婚活などへの利用も広がっているという．ただ便利な反面，中国公民は身分証によって管理されているので，身分証とネット決済や街頭防犯カメラなどの情報を合わせることによって，当局が民衆一人ひとりの行動を把握することが可能になる．

こうしたライフスタイルの変化により，個人の生活を大事にし，趣味を同じくする者がネットで知り合い，またネットで自身のライフスタイルやさまざまなメッセージを発信するようになってきている．日本のアイドルやアニメなどのサブカルチャーの流行，日本旅行のブームもネットが主たる情報源となっている[*3]．

価値観の多様化は家族観も変えた．一人っ子政策が 30 年以上続けられた結果，急速な高齢化社会の到来と労働力人口の減少に危機感を抱いた政府は，2016 年 1 月 1 日以降出生の第 2 子を合法とした．だがその効果もほとんどなく，今や中国の出生率は日本をも下回るようになった（2017 年で 1.24）．かつて計画生育は人権を無視して強制されたが，一人っ子 2 世の時代となり，伝統的な「多子多福」[*4]思想も薄れ，個人の生活の充実を重視したり，1 人の子どもに教育費をかけるようになった結

[*1] 中国の会食は主人が客人をもてなすのが普通で，友人同士でも 1 人が主人となり，費用を負担することが多い．
[*2] ただし乗り捨てのマナーが問題となっており，今後さらに普及するか不透明である．

[*3] 日本を紹介する雑誌には 2011 年創刊の『知日』があるが，中国の若者は日本のアニメやドラマをネットで視聴しているという．
[*4] こどもは多いほど良く，跡取りがいないのは親や先祖に対する最大の不孝とする考え方．

果，少子化が常態となったのである．

「強国化」の陰で

価値観・ライフスタイルの多様化と地域間・階層間の格差の中で，共産党政権は国家の統合に苦慮している．もはや社会主義・共産主義のイデオロギーには依存できない．そこで中国共産党が重視するようになったのが愛国主義であり，「中華民族の偉大な復興」である．

1990年代，江沢民は愛国主義教育の強化に重点を置いた．中国人民が一貫して帝国主義列強の侵略と対決してきたこと，日本の全面侵略に対し中華民族が一丸となって抗日戦争を戦い勝利したことが，繰り返し教育されるようになった*1．革命第一世代が姿を消していく中，若年層の歴史意識が希薄化していることに対する危機感も影響したと言われる．またそこには，中国を「東方の大国」と形容するある種の中華帝国的な観念が滲み出ている反面，近代には他国によって侵略され弱小国と化したという屈辱の意識との錯綜した関係が映し出されている．さらに愛国主義であれば，台湾の国民党政権，少なくとも大陸出身の「外省人」とは一致団結できるという計算もあった*2．また南京大虐殺の史実を否定することに象徴される侵略戦争に無反省で中国国民の感情を逆なでする日本の一部の言動や，度重なる首相および一部政治家の靖国神社*3参拝などが，愛国主義の浸透を助長した面があったことも否定できない．

しかし中国が極端にナショナリズムを強調し，その過熱化や暴走を抑えきれなかった場合，中国自身の対外イメージを悪化させ，国益も損なうことになる．そしてそれは2005年，10年，12年に起きた大規模な反日デモで現実のものとなった．とくに12年のデモは各地で共産党の統制を逸脱して暴動へ発展する事態となり，世界に衝撃を与えた．これらのデモ・暴動には，日ごろの民衆の不満のはけ口となった一面があった．

*1 かつては日本の侵略に対する国民政府の軟弱な外交や消極的抗戦が強調されていた．

*2 実際は，次節で見るように，台湾では大陸を別の国と見なす意識が強まっていく．

*3 戦死した日本軍将兵をまつるために戦前に作られ，戦後，A級戦犯も合祀された (245-246頁参照)．

民衆の不満に対し，2003年に共産党総書記に就任した胡錦濤は「和諧社会の建設」を提唱した．「和諧社会」は通常調和社会と訳されるが，「温かみのある」「優しい」社会というニュアンスも含み，格差を是正し生活の不安や不満を解消する協調的な社会の建設が目指された．だが実際は胡錦濤政権下で諸問題が噴出し，地方政府に不満をもつ人々は中央政府へ

図4-9　高速鉄道「和諧号 CRH2 型」，日本から技術導入．

陳情に行き，北京に「陳情村」ができた．結局，陳情村は2008年の北京オリンピックの前に閉鎖され，ネット上の不満表明も封殺された*1．

　続く習近平政権が打ち出したのは「中華民族の偉大な復興」を実現するという「中国の夢」（チャイニーズドリーム）であった．それは，近代に弱小化する以前の，経済や文化，科学技術において世界を先導した中国を復活させることであり，アメリカンドリームを意識したものでもあった．世界第2位の経済大国となり，科学技術の分野でも，アメリカに肩を並べつつある*2という中国人の「大国意識」に訴えかけ，その実現は共産党，さらにその「核心」たる習近平しかなしえないとして結束を求めるものである．

　近年では「大国」に代わって「強国」が強調されるようになり，2019年元旦には中国共産党宣伝部が「学習強国（強国を学ぼう）」という学習サイトを開設し，全国の公務員と共産党員に政策方針の学習を指示した*3．また「中国の夢」には「富強・民主・文明・和諧・自由・平等・公正・法治・愛国・敬業（勤勉）・誠信（誠実）・友善（友好）」という「社会主義の核心的価値観」が含まれ，全国各地に標語として掲示されるようになった．一見多様な価値観を示しているようだが，必ずしもそうではない．

*1　ネット上の不満・批判の削除は，ハサミを振るう「河蟹」（和諧と発音が同じ）の絵などで揶揄された．

*2　宇宙開発では，2003年，米ソに次いで有人宇宙飛行を成功させ，2019年1月には世界で初めて月の裏側に探査機を着陸させた．

*3　学習点数が基準に満たないと処分されるという．

その象徴が教育である．人民共和国成立後，小中学高校*1の教科書は長らく国定だった．改革開放政策が始まると地方の実情に合った教育が求められ，1986年に審定（検定）制が導入されて北京や上海で独自の教科書が編纂されるようになった．だが2006年9月*2から使用された上海教育出版社版高校歴史教科書は使用1年で突然使用中止となる．生徒の興味を引くよう政治史中心の従来の記述に文明発展史観を取り入れたところ，共産党の歴史観に反すると見なされたのも一因とされる．

　この事件との関係は不明であるが，2017年から小中学校の「国語」「歴史」「道徳と法治」の3科目の教科書は全国統一の国定教科書になった．「市場経済の進展による児童生徒のモラルの低下」が国定化の理由とされるが，中国共産党の価値観・歴史観の徹底を意図したものであることは間違いない*3．

　一方で道徳面において，近年孔子と儒教の復権が著しく，中華民族の偉大な復興の提唱においても，儒教をはじめとする伝統文化が重視される傾向がある*4．社会主義イデオロギーの堅持と伝統文化への復古と，どう折り合いをつけるのか，そしてグローバル化し多様化した価値観とさまざまな格差や競争，統制への不満や不安に対し，強国化の夢で共産党への支持をつなぎ止めることができるのか．長期政権の道を開いたとはいえ習近平の進む道は平坦ではない．

*1　小学校就学率，中学校進学率，高校・職業学校進学率は，1990年97.8％，74.6％，40.6％から17年99.9％，98.8％，94.9％に上昇．
*2　中国の学年暦は9月から始まる．
*3　2018年3月から使用される中学歴史教科書の文化大革命に関する記述が縮小され，文革のマイナスイメージが薄められた．
*4　2004年中国は世界に中国語や中国文化を普及する目的で孔子学院を創立し，その数は2018年末で154ヵ国（地区）548校．

4　香港と台湾の変容

香港返還と中国

　1949年以来，中国は公式には香港に対する主権を主張していたが，実際に香港回収の措置をとることはなかった．香港は「封じ込め」にあっていた社会主義中国にとって貴重な資金調達地であり，貿易中継地であったからである．だが，植民地香港の面積の90％を占める新界（New Territories）の租借期限が

近づき，香港の将来を決定すべき時となった．イギリスに割譲された香港島および九龍とは異なり，新界は1898年の中英協定でイギリスに99年期限で「租借」された土地であり，1997年6月がその期限であった．1982年9月，イギリスのサッチャー首相が訪中して鄧小平と会談し，香港の将来をめぐる英中交渉が始まった．交渉は難航したが，1982年11月に廖承志・全人代委員長が出した「主権回復」，「特区設立」，「港人治港」（香港人による自治），「制度不変」（資本主義体制維持），「繁栄保持」の方針が基礎となり，1984年12月19日，中英共同声明が調印された[*1]．これにより，香港は1997年7月1日をもって中国に返還され，返還後の香港は「一国両制」（中国の主権下に資本主義と社会主義を併存させること）方式を取り，特別行政区として外交・防衛を除き高度の自治が許されること，現行制度は返還後50年間維持され，「中国香港」の名称での対外経済・文化関係維持を認めることなどが決まった．

[*1] 『原典中現7』206-208頁．

　中国が，返還後の香港での従来の制度維持，自治権承認など相当寛大な政策をとったのは，香港が中国にとって最大の輸出先，資金供給源であり，その国際金融センターとしての発展は中国にとって有利であるという経済的理由の他，香港返還を「一国両制」のモデルケースとし，将来の台湾統一を促進したいという政治的理由も存在していた．

　中英共同声明後，香港は中国返還への移行過程に入った．この間，1970年代以来，香港人意識を高めていた香港住民は，英・中両政府が自分たちの頭越しでその中国返還を決めたことに憤りと不安を抱き，香港政治の民主化運動を展開した．1989年春の中国の民主化運動の際には広範な香港市民が支援運動に加わり，天安門事件後は「今日の北京は明日の香港」というスローガンの下，100万人が抗議活動に参加した．天安門事件は，香港住民の中国当局への不信感，返還後の将来への不安を増進し，イギリス，カナダ等への移民が急増する結果となった．ま

た，大企業では，1984年にジャーディン・マセソン商会が登記簿上の本社をバミューダに移したほか，香港上海銀行（HSBC）は1991年に本部をロンドンに移転し，以後グローバル展開を進めた．

1990年4月には，数年をかけて起草，修正された「香港特別行政区基本法」*1が全人代で採択され，返還後の香港の政治体制を規定した．同法は，香港の独自の政治体制を認めたが，行政長官の直接選出および立法会全議員の直接選出は将来の目標とし，また緊急時の中央政府の香港直轄権および国家転覆活動の禁止を規定した．

図4-10　香港返還式典

*1　『原典中現7』221-229頁．

1992年7月，クリストファー・パッテンが最後の香港総督に就任し，やや性急に香港の脱植民地化・民主化政策を打ち出した．もともと，香港の政治体制は，イギリス国王が任命する総督が絶大な権限を握り，効率的な官僚機構がこれを支え，立法評議会は単なる総督の諮問機関にすぎないという非民主的なものであった．パッテンは，従来イギリス人によって占められていた香港政庁の高官に中国人を登用したほか，立法評議会の権限を強化し，議員の直接選挙枠を拡大し，香港住民の政治参加を促進した．これは中国側との合意なく進められたため，巨大プロジェクトである新空港建設問題とともに，中国側の反発と英中間の摩擦を招いたが，いずれにせよ，この改革により香港では，はじめて住民の社会的要求が政治の舞台に出ることとなった．

この間，経済面では，1980年代以降の中国の改革・開放政策の本格化と経済発展により，香港・マカオは中国，とりわけ広東を中心とする華南地域と経済的結びつきを強め，共通の経済圏を形成するようになった．

すなわち，1980年の深圳，珠海等4つの経済特区の設置，1985年の珠江デルタ地域の経済開放区指定など，中国で外資

進出を促す環境が整備されると，香港資本は続々と中国に進出していった．特に生産コスト上昇に悩んでいた香港の製造業はこれを絶好のチャンスとして，低廉な労働力と土地を求めて中国に生産拠点を移転した．香港資本の進出は，とりわけ隣接する広東省の経済発展を促し，省内では香港製品が席巻し，香港ドルが広範に流通し，隣接する深圳は貧村から大都市へと発展していった．他方，香港ではアパレル等の労働集約型産業が衰退し，かわって高付加価値産業を発展させ，国際金融，流通のセンターとしての機能を高める方向に転換していった．

返還後の香港

1997年7月1日，香港は中国に返還され，中国の1特別行政区となった．香港のトップとなる行政長官には，すでに1996年12月に親中国派財界人の董建華[*1]が選出されており，実際の統治を担う官僚機構と中立的な司法制度は維持された．従来の立法評議会に代わって，立法会が設立され，職能別選出のほか直接選挙も導入されたが，その権限は返還前より縮小された．一部メディアの悲観的予測に反し，香港の権力移行はおおむね順調に進み，特に社会的混乱もなく，経済への影響も少なかった．

[*1] 1937- 上海．英国留学．東方海外実業公司董事長．1996-2005年香港行政長官．

1999年12月20日にはマカオもポルトガルから中国に返還され，同じく特別行政区となった．マカオはすでに1960年代にポルトガル当局が文化大革命の影響を受けた華人暴動鎮圧に失敗して以来，中国の強い影響下にあった．マカオの経済は賭博と観光に過度に依存しており，植民地当局の統治能力の低下に伴う治安の悪化は最大の問題となっていたが，中国への返還と人民解放軍の駐屯により，治安が改善され，さらに豊かになった中国大陸から多数の観光客を迎え，経済的にも活況を呈した．

一方，香港返還後しばらくの間，中国政府は香港の安定と繁

栄を維持し,「一国両制」方式の成功を内外に示すべく,比較的不干渉の態度を取っていた.言論・出版や政治活動の自由,司法の独立は維持された.中国大陸ではタブーの天安門事件記念集会や「法輪功」の活動も続けられた.香港の企業も引き続き,低廉な労働力と広大な市場に惹かれて大陸に続々と進出し,特に広州から香港,マカオを含む珠江デルタ地帯では,高速道路など交通の整備と人的往来の頻繁化,情報化を基礎として経済的一体化が進展した.香港人の生活上必要な水,食料,日用雑貨品等は中国からの供給に支えられ,香港のサラリーマンの中には,深圳に住宅を構え,毎日中国大陸・香港間のゲートを抜けて通勤する者も少なくない.豊かになった中国大陸の住民の香港旅行も増加し,香港の商業や観光,娯楽産業にとって重要な顧客となった.

だが,2000年代以降,中国の政治的・経済的影響力の増大のなか,香港社会と中国側との摩擦がたびたび発生するようになった.まず,2003年には,香港政府が「基本法」第23条に基づき政治活動を規制する「国家安全条例」を制定しようとしたのに対し,民主派を始めとする香港住民は強く反発し,7月には50万人規模の反対デモが行われ,同条例を廃案に追い込んだ.これは当時の香港経済の不況が背景だとみなした中国政府は,香港経済へのてこ入れを行ったほか,不人気な董建華行政長官を叱責し,事実上解任した.2005年6月にはベテラン官僚の曽蔭権が行政長官に選出され,ついで,2012年6月に親中国派の梁振英,2017年6月に前政務司長の林鄭月娥[*1](女性)が後を継いだ.

この間,香港は中国経済の急速な発展の恩恵を受けて繁栄を続けたが,経済的融合の進展と交流の急速な拡大にともなう問題も発生した.すなわち,人口700万人余りの香港に中国大陸から膨大な観光客が流入(2014年には約4700万人)したことで,香港の一部業界が潤った一方,一般商店の減少,生活必需品の

[*1] 1957- 浙江省籍,香港生れ.香港大学卒.2017年から香港行政長官.林は夫の姓.

不足や交通混雑などにより市民生活に影響を与えた．さらに，香港永住権を狙う越境出産ラッシュによる産科医院の混乱，中国富裕層による不動産投資が原因といわれる不動産価格の暴騰などが加わり，香港市民の懸念や反発を招いた．

図 4-11　雨傘運動（香港金鐘を埋めつくす抗議者．2014年10月10日夜）

このようななかで，2012年9月，香港政府が中国政府の愛国教育推進の意向を受けて，香港の小中高校で「国民教育科」を必修科目化しようとしたのに対し，「洗脳教育反対」を掲げる激しい反対運動が起こり，政府は必修化を撤回せざるをえなくなった．また，2014年には，中国全人代常務委員会が香港行政長官の普通選挙に関し，指名委員会で過半数の指名を受けた者しか候補者になれないと決定し，事実上親中国派以外の出馬を排除したのに対し，民主派は強く反発し，同年9月末から香港の中心部の路上を占拠し，抗議する行動が広がった（「雨傘運動」*1 図4-11）．占拠行動は年末には終息したが，翌2015年の立法会で行政長官選挙改革案は廃案となった．また，以後，香港の政治勢力では，親中派と民主派のほかに香港の自決を強調する勢力が登場した．

*1　参加者が警察の催涙弾から身を守るため黄色の雨傘を使っていたことから，それが運動のシンボルとなった．

雨傘運動とその後の政治的変化の背景には，中国大陸の圧倒的な政治・経済力の下，香港政府および財界の中国依存が強まる一方，近年，香港市民，とりわけ青年層の間で香港人アイデンティティを志向する者が増大していることがある．香港大学の調査によれば，中国返還以後，香港住民の間では次第に中国人意識が強まる傾向にあったが，2010年頃からこの傾向は逆転し，香港人意識の強化，中国人意識の弱まりが顕著になっている．すなわち，2018年12月の調査で，自分は香港人だと答えた人は40%なのに対し，中国人だと答えた人は15.1%に留まった*2．今後とも香港は中国大陸との間でどのような関係を結び，その特色を保ち，繁栄と安定を確保できるのか，なお模

*2　香港大学民意研究計画の調査．

索が続くであろう．

台湾化と経済発展

1950年代末から60年代，中国大陸が大躍進から文化大革命という政治的混乱と経済的停滞の中にあり，さらに米ソと対立して国際的孤立状態にあったことは，台湾の国民党政権に有利に働き，同時期の台湾では統治体制の矛盾を孕みつつも，政治的安定と経済発展を達成した．

しかし，1970年代，中国の対外的地位の向上，とりわけ米中和解による国際政治の激動は，台湾を深刻な対外危機に直面させることとなった．1971年10月25日には国際連合総会が中華人民共和国の中国代表権を承認したため，中華民国（台湾）は国連参加資格を喪失した．また，これまで中国と対立し，台湾を軍事的，外交的に保護してきたアメリカがベトナム戦争の解決と対ソ戦略での優位を求めて中国に接近し，1972年2月にはニクソン大統領が中国を訪問し，世界に衝撃を与えた．同年9月には日本が中国との国交を回復し，台湾は日本と断交した．ただし，日台間では非公式の民間交流機関が相互に設置され，経済，文化関係などを処理し，経済や人的交流面での強いつながりを維持した．そして，1979年元旦には，ついにアメリカは中国と国交を樹立し，中華人民共和国を中国の唯一の代表と認め，台湾と断交した．同年，米軍顧問団も台湾から撤収し，翌1980年には米華相互防衛条約も廃棄された．ただし，アメリカは1979年4月，国内法として「台湾関係法」*1 を制定して，選択的に台湾の安全に関与した．

以上のような国際政治の激動は，台湾の安全保障を脅かし，中華民国の国際的承認というその外部的正統性を失わせ，政権の正統性危機を招くものであった．さらに，1971年8月の米ドル・金交換停止，73年10月の第1次石油危機という国際経済の激動も台湾経済に衝撃を与え，対外関係と相まって社会的

*1 1979年4月10日米議会で成立．米国の台湾防衛義務，対台湾武器売却等を規定．中国側は抗議．

不安を招いた．1972年の移民申請者数は前年の8倍におよび，資金の国外流出も重大であった．この危機的状況に対し，1972年6月に行政院院長に就任して実権を握った蔣経国は積極的な前向きの政策によって対応し，かつ1975年4月5日の蔣介石死後，国民党主席に，ついで1978年3月21日に総統に就任し，後継指導者としての地位を確立した．

蔣経国は，外部的正統性が失墜する中，国民党政権の台湾化を進め，内部的な支持基盤を強化することにより，対処しようとした．まず，国会の大陸選出議員には手を付けないまま，実効支配地域の議員定員を増やし，その分の定期改選を実施するという「増加定員選挙」を実行した．これにより，限定的であれ，中央レベルでの政治的競争が可能となり，本省人エリートの進出を促した．さらに，本省人エリートを党・政府高官に登用し，中央エリート化を図った．すなわち，1972年行政院院長就任の時には李登輝*1を政務委員として入閣させ，また，1978年3月21日に総統選出の際には，初めて本省人の謝東閔を副総統に指名し，1984年3月の総統再選の際には李登輝を副総統に指名した．

さらに，経済面では，蔣経国は，1973-78会計年度に50億ドルの巨大投資を行い，重化学工業および交通インフラ建設を行う「十大建設計画」*2を打ち出し，台湾の経済発展に大きな影響を与えた．それ以前，台湾では低廉な労働力，優秀な技術者層に支えられた軽工業が中心であったが，これ以後，製鉄，石油化学，機械，造船などの重化学工業が発展し，産業構成の高度化が進んだ．こうして，台湾は1960-80年平均GDP成長率9.5%という飛躍的な経済成長を達成し，1987年には外貨準備高世界第3位，貿易総額世界第13位に達した．工業化と経済発展の結果，台湾は農業社会から近代産業社会へと転換し，住民の間では市民意識が成長し，環境や都市問題への関心が強まった．

*1 1923- 台湾淡水．日本軍入営．台湾大学卒，コーネル大学大学院卒．農業経済学者．1984年副総統．1988-2000年総統．

*2 一貫製鉄所，大型造船所，石油化学コンビナート，南北高速道路，鉄道電化，北回り鉄道，桃園空港，台中港，蘇澳港，原発．

台湾の民主化の進展

1970年代はなお戒厳令下であったが，国民党外の活動家が選挙の機会を利用してその主張を民衆に訴え，高得票で当選することが相継ぎ，次第にその力を伸ばした．1977年の地方選挙では「党外」政治家たちは全島的な結合をもち，熱狂的な青年達の応援組織も生まれ，一つの政治勢力として成長した．1979年には政論誌『美麗島』が創刊され，言論活動の他，雑誌社支社設立という形で全国的な組織化を進め，国民党の一党独裁に挑戦した．当局側は，同年12月10日の美麗島事件*1（高雄事件）でこれを弾圧したが，アメリカ議会や国際人権団体の批判を招き，政府を悩ませた．翌1980年3月，美麗島事件の軍事裁判が公開で開始されると，内外で大きな反響を呼び，「党外」の主張はかえって克明に民衆に伝えられた．また，同事件の被告弁護を買って出た弁護士グループから，陳水扁*2，謝長廷ら次世代の「党外」勢力の指導層が形成されることとなった．

*1 美麗島雑誌社が高雄で主催した人権大会を当局が警察力で押さえこみ，100人以上が負傷．

*2 1951- 台湾台南．台湾大学卒，弁護士．民進党．2000-08年総統．

美麗島事件で一時打撃を受けた後も，「党外」勢力の挑戦はやむことがなく，1984年5月には，「党外公職人員公共政策研究会」が結成され，地方支部も設置され，党組織結成のひな形となった．1986年9月28日，「党外」勢力はついに台北・円山飯店で民主進歩党（民進党）を結成し，国民党の一党独裁に挑戦した．蔣経国総統は時代の変化を看取し，これを弾圧せず，「温和な態度を取るべき」こと，「政党結成についても，国策と憲法に違反しない限り，その可能性を検討できる」と指示した．こうして，台湾の一党独裁は終結し，漸次，多党制に移行していった．

蔣経国は以後，内外からの民主化圧力を踏まえつつ，上からの漸進的な民主化，脱内戦化政策を推進していった．1987年7月15日には戒厳令が38年ぶりに撤廃され，同年11月1日に

図4-12 台湾での30年ぶりのデモ

は中国大陸への親族訪問が許可され，88年1月1日には「報禁」(新聞の創刊および紙数統制) が緩和され，非政府系の新聞発行が可能となった．

1988年1月13日，蔣経国は逝去し，李登輝副総統が総統を継ぎ，ついで国民党主席代行に就任した．李登輝はもともと学者出身で特に政治的基盤を持たなかったが，総統就任後，巧みに国民党保守派と民進党等改革派との中間で舵を取り，1988年7月3日，党全国大会で党主席に当選して以後は，蔣経国晩年の民主化，台湾化路線をいっそう大胆に推し進め，その指導権を確立していった．

李登輝は一連の憲政改革を実行し，中国大陸の内戦期の条件に規定された政治体制から台湾の民意に基づく立憲民主体制への移行を推進した．すなわち，1991年に「動員戡乱時期臨時条款」(内乱鎮定時期臨時条項) が廃止され，1947年制定の憲法にある民主憲政プログラムが復活された．さらに数度の憲法修正と司法院大法官会議の憲法解釈により，「万年国会」*1 を解消し，1991年末には国民大会代表，1992年12月には立法院議員の全面改選を実現した．また，1994年12月には台湾省長，台北，高雄両市長の民選が，そして1996年3月には総統の直接選挙が実現した．さらに，刑法100条等の治安法規改正，政治犯釈放を行ったことにより，台湾の政治，言論は完全に自由化し，商業メディアの高度な発展の下，政治勢力が個人的人気や「族群」*2 感情などをも用いて人々を動員する民主政治が発展することになった．

この間，台湾と中国大陸との間の「海峡両岸関係」も緊張緩和の方向に向かった．すなわち，1979年には中国は台湾に平和統一をよびかけ，金門島への定例の砲撃も21年ぶりに停止した．1980年代後半には台湾住民の大陸訪問が始まり，1987年には親族訪問が正式に解禁された．さらに，1990年代初めには台湾で海峡交流基金会，中国で海峡両岸関係協会が設立さ

*1 1947年の中華民国憲法に基づき大陸で選出された代表で構成され，台湾で45年間非改選のまま続いた変則的国会．

*2 ethnic group (国民より下位の文化集団) の中国語表現．台湾では通常，閩南人，客家人，外省人，先住民にわける．

れ，この両「民間団体」を媒介とする形で中国と台湾との政治的対話の制度が確立した．こうした緊張緩和により，中台間の貿易，通信，人的往来は急速に拡大した．

　だが，李登輝総統は大陸との対話を進めると同時に，「台湾にある中華民国」の国際的認知とその「国際的生存空間の拡大」を求めて，盛んな訪問外交と言論活動を行い，中国側の激しい反発を招いた．李登輝の訪米直後の1995年7-8月，および台湾で歴史的な総統直接選挙が行われる直前の1996年3月，中国は台湾近海でミサイル発射を含む合同演習を行って威嚇し，米第7艦隊が台湾周辺に出動する情況となった（第3次台湾海峡危機）．だが中国の露骨な威嚇は台湾住民の強い反感を買い，李登輝は54.0％の高得票率で圧勝し，また国際的に「民主的な台湾と軍事的脅威の中国」というイメージを生み出した．

　中台関係が緊張する中，1998年夏，クリントン米大統領は訪中し，中国側の主張に歩み寄り，「3つのノー」（台湾の独立，二つの中国および一中一台，台湾の国際機関参加を支持しない）を約束したが，李登輝はこれに反発し，1999年7月，中国と台湾の関係は「特殊な国と国との関係である」と発言し（「二国論」），対中国関係のさらなる悪化を招いた．

政権交代と両岸関係の困難

　2000年3月に行われた台湾の総統選では，国民党の分裂にも助けられて民進党の陳水扁が当選し，ついに国民党は権力の座から降り，台湾の民主化は新たな段階に入った．民進党は党綱領に台湾独立を掲げるものの，陳水扁政権の大陸政策はより現実的なものであり，就任演説でも「任期中には台湾独立を宣言しない」と約束したが，中国側は民進党政権成立以後，台湾当局との交渉を拒否し，中台の政治的関係は緊張が続いた．2005年3月には，中国は第10期全国人民代表大会第3回大会で「反分裂国家法」を制定し，第8条で，もし台湾を中国から

分裂させる重大な事態の場合は，非平和的手段を取ることもあると規定した．台湾側は，これは将来の武力使用を正統化するものとして強く反発し，台北では大規模な反対デモが行われたほか，翌 2006 年 2 月には国家統一綱領および国家統一委員会が廃止された．他方，中国側は国民党の取り込みをはかり，2005 年 4 月には北京で胡錦濤共産党総書記と連戦国民党主席の間で 60 年ぶりの国共首脳会談を行った．

　陳水扁政権は対中関係を安定化できなかっただけでなく，対内的にも混迷を続け，経済状況も悪く，2001 年には 1947 年以来初のマイナス成長，過去最高の失業率となり，さらに陳総統夫人ら政権関係者の汚職スキャンダルが続き，支持率の急落を招いた．

　こうして，2008 年 3 月の総統選では国民党の馬英九*1が大差で当選し，再度の政権交代となった．馬英九は総統就任後，中国大陸との関係改善に努めたが，中国側もこれに積極的に対応し，両岸公式協議の再開，中台定期直行便の開始，中国大陸住民の台湾観光開放，そして 2010 年 6 月には両岸経済協力枠組協議（ECFA．実質的に自由貿易協定 FTA）の締結を実現した．中台関係の改善は台湾経済の回復にも貢献し，馬英九は 2012 年の総統選で再選された．だが，2014 年 3-4 月には中台「サービス貿易協定」の批准審議に反対する学生達が立法院を占拠する事件が発生し，同協定の発効が阻まれた．この「ひまわり学生運動」*2 の背景には，中台関係の急速かつ過度な深

*1　1950- 香港．台湾大学卒，米国留学．国民党．台北市長を経て，2008-16 年総統．
*2　学生らが占拠した立法院の議場に多くのひまわりの花が飾られたことから，それが運動のシンボルとなった．

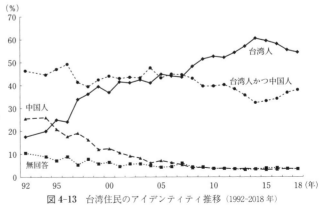

図 4-13　台湾住民のアイデンティティ推移（1992-2018 年）

まりに対する台湾住民の懸念と反発，特に若い世代に顕著な台湾人意識の広がりがあった．政治大学（台北）の台湾住民のアイデンティティ（帰属意識）調査によれば（図4-13），2008年には自分は台湾人だと答える人は48.4％，台湾人でも中国人でもあるという人は43.1％，中国人だという人は4.0％だったのが，2016年には台湾人58.2％，両者34.4％，中国人3.4％と変化していた[*1]．だが，馬英九はなおも中台関係の緊密化に努め，総統退任前の2015年11月にはシンガポールで習近平国家主席と初の中台首脳会談を行った．

2016年1月の総統選では民進党の女性候補蔡英文[*2]が300万票の大差で当選し，3度目の政権交代となった．蔡英文政権は比較的穏健な対大陸・対外政策を掲げたが，中国側の民進党政権に対する警戒的・抑止的態度は変わらず，中台関係は政治面のみならず経済や社会交流の面でも後退している．また，中国側の外交攻勢再開により，台湾が国交を持つ国は減少し続け（2019年2月10日現在，17ヵ国），様々な名義での国際組織参加も進まず，外交空間縮小の危機にさらされている．

この間，政治的緊張にもかかわらず，台湾海峡両岸の経済的相互依存と人的交流はますます深まってきている．1980-90年代に台湾の経済は国際経済の変動に適応し，産業構造を高度化させ，情報通信産業などの高度な知的産業を成長させ，所得水準も向上させた．また中国でも対外開放政策により急速な経済発展が続き，需要が増大したため，台湾の中国大陸向け輸出は急増した．2004年以来，中国大陸は台湾にとって最大の輸出先で，2014年以降は最大の輸入元でもある（図4-14）．また，

[*1] 政治大学選挙研究中心「台湾民衆 台湾人／中国人 認同趨勢分布（1992年6月-2018年12月）」
[*2] 1956- 台湾台北．台湾大学卒，米英に留学．民進党．行政院副院長等を経て，2016年から総統．

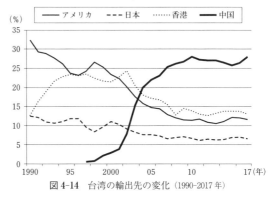

図4-14 台湾の輸出先の変化（1990-2017年）

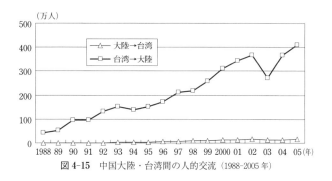
図 4-15　中国大陸・台湾間の人的交流（1988-2005 年）

　台湾の製造業は労賃等のコスト抑制と市場開拓を図って中国大陸への投資を活発化させ，1991-2017 年の認可投資額は 1738 億米ドル余りに達した．もはや台湾の経済は中国との関係なくしてはなりたちえない状況になっている．

　また，経済交流が進展した結果，中国大陸には 100 万人以上といわれる多数の台湾人ビジネスマンとその家族が住むようになった．相互の観光，ビジネス，学術文化交流などの人的往来も活発であり，1988-2005 年の台湾から中国大陸訪問者数は累計 3799 万人，中国大陸から台湾訪問者は累計 131 万人に達した（図 4-15）．さらに，2009 年頃より人的往来は爆発的に増大し，より双方向のものとなり，2015 年には台湾からの大陸訪問者は 550 万人，大陸からの台湾訪問者は 414 万人に達した．

　台湾と中国大陸との政治的分断の持続と経済関係及び社会交流の深化は，両者の関係を複雑で緊張に満ちたものとし，日本を含む東アジア地域の今後の安定と発展，そして域内協力関係の形成において，重要な問題となっている．

おわりに

　中国は，どこに向かうのか？　これからも経済成長を続け，さらに強大な存在になっていくのであろうか？　そもそも現在の共産党政権は，このまま存続するのであろうか？　また大陸の政権と台湾の政権との関係はどうなるのであろうか？　本書の初版を刊行した2008年，以上のような問いを示し，「おわりに」をまとめた．その時に書いた内容は，大筋，間違っていなかったし，あれから11年を経た今も，それぞれの問いに対する答えは，大きく変わるものではない．以下，この第2版を通じ明らかにされたことをまとめよう．

富強の中国への道
　中国は，今，近代国家としての充実をめざすナショナリズムへの傾斜を強めながら，富強への道をひたすら走り続けているように見える．そのような志向は，本書が跡づけてきたとおり，すでに19世紀末に芽生え，20世紀初めの辛亥革命後に成立した中華民国政府期，1920年代の国民革命を経て成立した国民党政権の時代，1930年代から40年代にかけ日本の侵略に抵抗した抗日戦争の時代，さらには1949年の共産党政権成立から21世紀の現在に至るまで，百数十年に及ぶあらゆる期間を通じ存在していた．独立志向を強める台湾においてすら，大陸の経済発展に寄り添い，協調を求める有力な世論が存在する．政治的社会的統合を強め，急速な経済成長を続ける中，今後も中国は富強への道を走り続けようとするであろう．では，それは果たして実現するだろうか？
　年平均10%以上という大変な高度経済成長を続けていけると考えるのは，楽観的に過ぎる，と2008年の本書の初版で書いた．実際，それから10年余を経た今，中国の高度経済成長の段階は終わった．その過程で，乱開発と砂漠化

の進展，深刻な自然破壊と災害の増加，排気ガスをはじめとする環境汚染，都市と農村・沿海と内陸・富裕層と貧困層の間に広がる経済格差，高齢化社会の到来など，多くの問題が山積し，設備投資，公共事業，外国貿易などに依存したこれまでの成長路線は，様々な部分にひずみを溜めこんできた．「調和のとれた社会づくり」（「和諧社会」）との呼びかけに示されるように，中国政府当局も問題の所在はある程度認識しており，何も対策が打たれていないわけではない．しかし克服すべき課題はあまりにも多く，その全てを短期間に処理することは困難である．このように経済発展という問題一つをとってみても，富強の中国が何の障害もなく順調に実現するという見通しを持つことはできない．

　加えて本書の中でも何度か指摘したように，そもそも国民国家的な凝集力を強めるという課題と，帝国的な広がりを持った地域に対し影響力を保持するという課題の間には，大きな矛盾がある．チベットや新疆などを，現在よりもさらに緊密な国民国家的枠組みの中に強制的に統合しようとするならば，それは民族間の対立を鋭いものにさせ，民族紛争の激化を招く一因になるであろう．他方，広大な地域に対する帝国的影響力の維持に力を注ぐならば，国民国家としての内実を固めるという課題の達成は，さらに遅れることになるであろう．恐らく，地球の人口の5分の1，14億人近い人々が暮らす広大な地域を，19世紀的な意味における単一の国民国家システム（その内容については「はじめに」で触れた）にまとめ，その下において均質かつ同水準の富強を達成することを至上課題にする必要はない．それぞれの地域の多様性を尊重し，それぞれに適した富強を模索しながら，ゆるやかに統合が進展していくというのが一つの選択肢になる．

　このように前途に多くの障害や課題が横たわるとはいえ，富強の中国をめざすこと自体は無数の民衆によって支持されており，歴代の政権はそうした民衆の期待に応えることができたか否かによって評価されてきた．現在の人民共和国政府とて，その例外ではない．したがって，当分の間は富強への道を走り続けることが課題にならざるを得ないであろう．問題はその前途に横たわる障害や課題を，どのように認識し対処していくかということであり，そのためにも歴史を振り返ることがきわめて重要な意味を持ってくる．

民主化の可能性

　近年の高度経済成長は富強への道を押し進めただけではなく，生活格差を拡大し，環境破壊を加速させるなど，多くのひずみを生じさせた．しかも格差拡大や環境破壊などのひずみを補正しようにも，政治社会の中で制度としての民主主義が不足している現状の下では，せいぜいのところ勇敢なマスコミ報道や一部幹部の個人的良心に頼るほかない状況が厳然として存在する．富強への道をさらに進もうとするならば，制度としての民主主義の発展にも努めることが求められるであろう．

　一人ひとりの民衆に，よりよい生活と権利を保障する政治制度の，一つの象徴的な表現として，中国の現代史上，何度か民主主義という言葉が光り輝いた時期があった．辛亥革命や五・四運動の頃がそうであったし，1949年革命の時も，民主主義という言葉は，きわめて積極的，肯定的に受けとめられていた．それに対し1950年代以降，共産党政権の下で社会主義に重きが置かれるようになると，民主主義という言葉は急速に色あせていくように見えた．それを使う場合も，必ず「社会主義的」だの，「人民」だのといった形容句を冠して使わねばならなかったほどである．しかし1980年代末，共産党政権に対する批判が強まる中，民主主義という言葉は再び脚光をあびた．そして民主化運動が押しつぶされ，2008年の宣言をめぐる動きも弾圧された後，今もまた神経質に扱われているのがこの民主主義という言葉であり，それを支える憲政という言葉である．2018年に国家主席の任期制が撤廃されたことも，憲政に対する疑念をふくらませる結果を招いた．

　恐らく，この民主主義や憲政をめぐる中国の人々の評価やイメージの変遷の中に，中国社会全体の中で民衆の生活と権利がどう扱われ，どう位置づけられてきたかという歴史的な変化の過程を見てとることができるに違いない．西洋近代の政治制度を模倣するところから始まった憲法制定の試みは，1908年の欽定憲法大綱以降，幾多の曲折を経た末，本書で述べたとおり1947年憲法という貴重な財産を残すことになった．その後大陸では1954年憲法が制定され，1947年憲法は過去のものにされたかに見える．しかし台湾は，この1947年憲法を基礎に民主化を達成していることに注意を払うべきである．また1997年に中国の主権が回復された後の香港で，中立的な司法制度が維持され，直接選

挙に基づく議会制度によって比較的安定した政権運営が行われている事実も重要な意味を持つ．今日の台湾や香港における民主主義の在り方は，2014年の「ひまわり運動」や「雨傘運動」が示唆するように，大陸における民主主義の行方を占うものになるかもしれない．

　今後も共産党政権が存続し，社会主義を掲げ続ける限り，社会主義と民主主義との関係が常に問題となる可能性がある．だが人類の歴史からいえば，社会主義という思想と運動が生まれる遥か以前から，民主主義という考え方は存在していた．人権や自由という言葉も同様である．そのような人類としての共通の価値観を基礎に，長い世界史全体の流れの中で，現代中国における民衆の生活と権利も改善されていくことになるであろう．

両岸三地の現在，そして将来

　19世紀末から21世紀の現在に至るまで，大陸と台湾，香港の3地域（「両岸三地」という場合がある）は，それぞれ独自の歴史を歩んできたし，今もそれぞれの地域の政治体制は大きく異なっている．しかし両岸三地の間に，歴史上，密接な関係が存在したことは，本書の中で指摘してきたとおりである．加えて当面の経済関係という点でも，政治の民主化という点でも，台湾と香港の存在は大陸にとって意識せざるを得ない存在になっている．

　台湾は1895年から1945年までの50年間，日本の植民地であった．しかし本書に記したように，そうした日本の植民地としての歴史を強調する前に，そもそも中国世界に遅れて編入された東部の辺 疆（国境に位置する自国領土）であって，太平洋海域世界の一角に位置し外界の影響も多く受けるという，独特の複合的な歴史を持っていたことを認識しておかなければならない．日本の植民地時代における経済開発と教育の普及は，台湾社会に新しい知識人層を育てることになり，台湾議会の設置を求めるような民族運動も進展した．戦後，植民地統治が終結すると，こんどは国民党政権という別の外来政権が統治する形になり，独自の意識を育んできた台湾住民との間に深刻な摩擦や軋轢を生じた．積み重なった矛盾が爆発した1947年の二・二八事件は台湾社会に深い傷を残し，台湾に以前から住んでいた人々と大陸からの移住者との間の感情的な対立を先鋭化，固定化することとなった．このような状態下で台湾住民を屈服，沈

黙させてきた国民党政権は 2000 年に民進党政権に交代し，その後の二大政党制のなかで，歴史的に台湾に蓄積されてきた多くの独自性がますます鮮明になっていった．しかし，それでも台湾住民の大多数は大陸と同じ漢族であって文化的にも言語的にも共通する部分が多いこと，国民党政権の統治システムには大陸から持ち込まれたものが少なくなかったこと，近年は大陸への投資が激増し経済関係が緊密化していること，などから，大陸との結びつきが完全には断ち切られず，むしろ現在は強まる傾向にあることも，否定しがたい．

　香港は 1842 年から 1997 年までイギリスの植民地であった．その間に中国の国内交易と対外貿易のセンターとして経済的社会的に独自の発展を遂げ，とくに第二次世界大戦以降，工業化が進み居住人口も飛躍的に伸びた．中国の主権が回復した 1997 年から，香港全体に中華人民共和国の影響が徐々に浸透しつつあるとはいえ，依然として特色ある社会を保持している．

　大陸のサイズと比べれば，台湾の人口は 1.7％，面積は 0.4％ であり，香港はそれぞれ 0.5％ と 0.01％ に過ぎない．にもかかわらず現代中国史をテーマとする本書が，台湾と香港の歴史にあえて多くの紙幅を割いたのは，両岸三地の状況を総合的に理解することが，非常に重要になってきているからにほかならない．とくに日本人にとって，大陸のことしか知らない，あるいは台湾や香港のことしか知らない，という歴史認識は，今後，東アジア世界で生きて行く上で，決定的に不十分なものになるであろう．大陸とともに，常に台湾や香港の存在を意識しながら，現在，中国と呼ばれている地域全体のあゆみを理解していくことが求められる．

日中関係と尖閣問題

　日本と中国の関係は，近年，しばしば緊張をはらむものになっている．2004 年から 2005 年にかけて広がった反日運動は，スポーツを見に来た一般の日本人に反感をぶつけたり，日本の在外公館に投石したりするという異常な行動をともない，問題化した．中国を侵略したという戦争責任を日本側が十分自覚していないのではないかという疑念を中国側が懐いていたこと，にもかかわらず，処刑された A 級戦犯（違法な侵略戦争を開始した時の国家指導者で，東京裁判によって戦争犯罪者と認定され処刑．当時の日本政府も判決を受け入れている）が合祀されている

靖国神社を参拝するという中国側の神経を逆なでする行為を時の小泉純一郎首相が繰り返したこと，加えて本書でも指摘したとおり，時の江沢民政権が政権への求心力を強化する意味を込め愛国主義教育を重視していたこと，など幾つかの要因が重なって起きた事件であり，その後は日中双方の自制が働き，ひとまず事態は沈静化した．

しかし2010年9月には尖閣諸島沖で中国の漁船と日本の海上保安庁巡視艇との衝突事件が起きた．19世紀末まで尖閣諸島は特定の国の領土ではなかったこと，国際法の手続に則り1895年に日本が同島を領土に編入したこと，歴代の中国政府は，清朝末期から人民共和国成立後に到るまで70年間以上その事実を受け入れてきたこと，豊富な大陸棚資源の存在が明らかになった1960年代末以降，台湾政府や人民共和国政府が同島に対する領土主権を主張するようになったこと，などは動かせない事実である．それを前提に置いた上で注意しておきたい点は，中国の中央政府が冷静な対応を国民に呼びかける中，四川省の成都や綿陽など内陸の一部都市で反日運動が勃発した反面，上海，天津をはじめとする沿海の大都市や広大な農村地域では，比較的情勢は落ち着いていたことである．この事実は，日中関係に突き刺さったトゲを適切な方法で除去していくためにも，中国の複雑な国内事情を認識しておく必要があることを示唆している．

だが2012年9月，日本政府が行った尖閣諸島の国有化は，まさにその中国側の複雑な国内事情が影響し，再び深刻な日中対立を招いた．中国では，あたかも日本が尖閣諸島の領有を堅持する新たな措置をとったかのように伝えられ，全国に反日運動が広がり，長沙の日系デパートや青島の日系自動車販売店が襲撃されるほどの事態になる．さすがにそれ以上の運動の激化は押さえられたとはいえ，日中両国民の間には強い対立感情が生まれ，日中間の交流は停滞した．

日本政府の国有化措置は，元来，日本の一部の政治グループが同島を所有し，中国側を刺激する動きに出るのを抑えるためであったといわれる．しかし，その本来の意図とは逆に，国有化という措置は，中国国内の一部の勢力に対し，民族主義的な行動を起こし自らの政治的な立場を強める好機を与えた．そして，当時，胡錦濤体制から習近平体制への移行期にあった中国では，ひとたび民族主義的な動きが広がった時，指導部がそれをただちに抑制するのは困難な状況

に置かれていた．

　領土問題は，民族主義的な感情を刺激しやすい問題である．しかし19世紀末まで特定の国の領土であったことはなく，現在，住民も住んでいないという条件を考慮するならば，尖閣問題を，世界の他地域の領土問題にみられるような深刻な争いの種にする必要はない．日中両国の政府と民衆が，時間をかけ知恵を働かせて解決を図っていくことが期待される．

日中関係と戦争の記憶

　全般的に見た場合，日中両地域に生きる我々民衆自身の間に深い相互理解と信頼感を醸成していく作業は，今後の大きな課題として残されている．本書全体を通読すればわかるように，19世紀末から20世紀初めにかけ，中国が初めて近代国民国家の形成という目標を意識し，富強への道をめざしたとき，そのモデルになったのは近代の日本であった．年に1万人を越える留学生が来日し，日本を通じ多くの西洋近代文明が摂取されていった．華僑商人や労働者として日本で暮らすようになった中国人も少なくない．一方，近代の日本は，台湾を植民地として開発するとともに，大陸に自らの資源と市場を求め進出していく．東北へ，山東へ，そして日中戦争へと進む中，控え目に見積もっても延べ数百万を越える日本人が海を渡り，あるいはビジネスマンや技術者として，あるいは中小の商店主や農民として，あるいは兵士として，台湾や大陸で生活する経験を持つことになった．このように密接かつ大規模な民衆レベルの往来があった地域間関係は，日本にとっても中国にとっても日中関係を措いて他に存在しない．そして21世紀を迎えた現在も，再び両地域の間の往来はきわめて盛んになってきている．

　両地域の間には協調的な関係が存在する場合が多かったとはいえ，対立が生じることもあった．元来，関係が密接であるがゆえに相互に理解しやすい，というわけでは必ずしもない．両地域の社会や文化には多くの共通性があるとともに，様々な相違がある．誤解，もしくは反感が生じる余地は，もともと大きいのである．日中双方が，政府の間はもちろん，何よりも民衆の間で，相手の歴史を総合的に理解する努力を不断に積み重ねていくことが求められる．

　とくに日本側としては，中国側に残る日中戦争の記憶の重さと大きさに十分

留意しておく必要がある．日中戦争は中国の大地の上で繰り広げられた侵略戦争であった．そして本書で触れたとおり，死傷者 3,500 万人以上，財産の損失 600 億ドル余り（現在引用される数値．1947 年の国民政府の発表でも東北地方と共産党支配地域を除いて死者 1,000 万人，物的損害 556 億ドル）という甚大な被害が報告されている．さらに直接被害を受けなくとも，戦時下の避難先で，あるいは日本軍の占領下で，苦難の生活を強いられた多数の人々がいた．家族，親族や知人の中に全く被害者を出さずにすんだ中国人はいない，といってよい．加えて抗日戦争としての側面，すなわち外敵の侵略に対し国を挙げての抵抗戦争を展開し，中国の近現代史上，初めて輝かしい勝利を収めたという国民的な記憶が存在する．富強の中国への道を振り返った時，中国の人々の脳裏には，その不可欠の構成部分として，常に日中戦争の記憶がよみがえってくる．過去を消し去ることはできない．日本人としては日中戦争の過程を正確に認識するとともに，そのことだけに日中関係のすべてを収斂させるのではなく，様々な対立関係や協調関係を含む日中関係全体の歴史を総合的に理解する努力を絶えず積み重ねていくことが大切になる．

世界の中の中国

この地域に住む人々が「中国」という旗印の下，近代国民国家のシステムを整えることによって富強への道をめざそうとしたのは，まさに東アジアが否応なく近代世界に引き込まれた時代であった．そして本書全体の叙述が明らかにしているように，第一次世界大戦頃からの民族運動の高揚，革命政党による独裁を基礎にした国民党政権の樹立，第二次世界大戦の一部として戦われ勝利を収めた日中戦争から東西冷戦の中で進められた共産党政権の国づくりに至るまで，現代中国の歴史は，世界史全体の流れと分かち難く結びついていた．現在の高度経済成長をもたらした改革開放の加速も，東西冷戦の終結を抜きにしては考えられない．そうした傾向は，今後，ますます強くなるであろう．

隣接する日本にとっては，中国が，どのように富強への道をめざすかが最大の問題になる．恐らく中国は，国民国家的な凝集力を強めることに重きを置きながらも，同時に，帝国的な広がりを持った影響力を確保することも追求していく．したがって，一方においては，南シナ海の島々をめぐる東南アジア諸国

との関係，尖閣列島（釣魚島）をめぐる日本との関係，古代東北アジア史の理解をめぐる韓国との関係等々，領土や資源をめぐる周辺諸国との争いは，今後も当分の間，絶えることなく続くに違いない．しかし領土や資源をめぐる対立を国民国家的な枠組みの中で最終的に解決することは困難であることが日増しに明らかになってきている．

　他方，従来は地球規模の問題にはあまり関心を示さず，ひたすら富強への道を邁進してきた中国が，近年にいたり地球環境の保全，国際社会の秩序維持，アジアの平和にも責任を負うべき立場を標榜せざるを得なくなってきたことは注目に値する．グローバル化の産物である．中国大陸の環境問題，中央アジアなどの民族問題とテロ対策を協議する上海協力機構の運営，台湾との平和的な関係の維持，朝鮮半島問題の解決等，人民共和国はグローバルな視野の中で解決を図っていかなければならない多くの問題に直面している．

　加えて1980年代以降展開された改革開放政策の下，本書で触れた「一帯一路」戦略にも促され，現在の中国経済は国際経済と直接連動する傾向をますます強めている．インターネットや様々なメディアを通じ，中国社会と国際社会との間で膨大な情報が行き交う時代を迎え，政府による情報統制とのせめぎあいが絶えず発生している．豊かになった人々に支えられネット通販のアリババグループが急成長し，日本や欧米などへの海外旅行を楽しむ人々も増えた．好むと好まざるとに拘わらず，グローバル化の波は中国民衆の生活と意識を大きく変えつつあるといえよう．

　日本に生きる私たちとしては，以上に見てきたような現代中国と，どのように向き合っていく必要があるのか，そのことを最後に考えておきたい．現代中国は実に多くの課題を抱えながら国づくりを進めており，現代の日本もまた様々な問題に直面している．そうした中にあって，もし日中両国がもっぱら国民国家としての富強を競い合うだけというような関係に陥れば，両者間の対立が尖鋭化するのは避けがたいであろう．大陸棚資源の開発をめぐる不一致のように，きわめて危険な状況が生まれる可能性がある問題は随所に存在している．まして日中間には，先に述べたように社会や文化の在り方，あるいは戦争の記憶などをめぐって，歴史的に様々な相違が存在しており，誤解，もしくは反感が生じる余地はもともと大きいのである．

しかし絶えず生起するであろう様々な問題を，たんに国民国家間における対立と調整という枠組の中だけで処理しようとせず，グローバル化の中，相互理解を深めながら共同で問題解決の見通しを探るという立場から，両岸三地，朝鮮半島，日本列島などそれぞれの地域に暮らす人々が，それぞれの場で時間をかけて議論し，相互に協力して活動していくならば，どんな問題も必ず克服していけるであろう．その際，最も大切になることの一つが，お互いの歴史認識を知り合い，すりあわせていくことである．各地に暮らす人々の歴史認識を全く同一のものにしようとする必要はない．それぞれの地域が実際に経験してきた歴史が異なるのだから，それは不適切な試みであり不可能なことでもある．しかしお互いの歴史認識を示し，その理解を深めること，そしてお互いの誤解や偏った認識を是正する努力を不断に積み重ねていくことは十分可能である．要するに日本人であれ，中国人であれ各地に生きる我々自身の生活と権利を守り広げるため，必要かつ適切な範囲で既存の国家の仕組を使うとともに，それだけに頼らず，人類としての共通の価値観を基礎に相互理解を深め，誠心誠意協力する我々自身のネットワークを無数に張りめぐらしていくことが大切になる．それは何も日中関係に限ったことではないかもしれないが，お互いに接することの多い日中間においては，とくに大きな意味を持ってくるように思われる．現代中国の歴史を一望のもとにおさめた本書が，そのような方向に向け，少しでも貢献できれば幸いである．

現代中国のあゆみ 年表

年次	中　　　国	世　界・日　本
1901	1.29 変法を約束する上諭（光緒新政） 7. 総理衙門が外務部に改められる 9.7 北京議定書（辛丑条約）調印 11.7 北洋大臣の李鴻章死去、袁世凱後継者に	3.23 フィリピン、アギナルドの降伏
1902	2.8 梁啓超、横浜で『新民叢報』創刊 9.5 中英通商条約（マッケイ条約）締結、後に日米間とも同様の条約締結 9. 上海商業会議公所設立（後の上海総商会）	1.30 日英同盟締結
1903	4.8 ロシア軍東北撤兵せず→拒俄（ロシア拒絶）運動 6.29 『蘇報』事件、章炳麟ら逮捕 12.4 練兵処設置、袁世凱が新軍掌握	10.15 幸徳秋水・堺利彦ら平民社設立 11.2 パナマ独立、11.18 アメリカは運河地帯租借（04.2.29 工事開始） 12.13 イギリス軍、チベット侵入（04.9.7 ラサ条約）
1904	2.12 清朝、日露戦争に局外中立宣言 2.15 黄興・宋教仁ら長沙で華興会結成 3.11 『東方雑誌』創刊 10. 蔡元培・章炳麟ら上海で光復会結成	2.8 日露戦争勃発（2.10 対露宣戦布告） 4.8 英仏協商 5. ベトナム、維新会創立 8.22 第1次日韓協約調印
1905	5-8. 移民問題で対米ボイコット運動 8.20 孫文ら東京で中国同盟会結成 9.2 科挙廃止 12.22 日清条約（ロシア権益の譲渡など）	1.22 ロシア、血の日曜日→第1次革命 9.5 日露ポーツマス条約 10.8 シベリア横断鉄道開通 11.2 日本、清国留学生取締規則公布
1906	9.1 立憲準備布告 12.4 同盟会、萍郷などで蜂起失敗 12.16 張謇ら上海で予備立憲公会設立	11.26 南満洲鉄道株式会社設立 12.26 インド国民会議派、スワラージ（自治）要求
1907	4.20 満洲の省制施行（→東三省成立） 10.19 諮議局設置の上諭 ＊同盟会の反清蜂起相次ぐ	6. 韓国皇帝、ハーグ密書事件 7.30 第1次日露協約 8.31 英露協商
1908	2.5 第2辰九事件→対日ボイコット運動 9.22 欽定憲法大綱公布 11.14 光緒帝死去、宣統帝（溥儀）即位 11.15 西太后死去	7.23 青年トルコ党革命
1909	1.2 袁世凱、軍機大臣を罷免される 2.17 各省諮議局設置命令 2.15 『教育雑誌』創刊 12. 国会請願同志会結成（上海）	3. シャムで英国の治外法権撤廃 4.14 アングロ・ペルシア石油設立 10.26 伊藤博文暗殺 12.8 アメリカ、日露に満洲鉄道中立化提案
1910	1.24 諮議局代表の国会早期開設同志会結成 4.13-15 長沙で米騒動 6.5 中国初の博覧会、南洋勧業会（-11.29）	5.25 大逆事件検挙開始 7.4 第2次日露協約 8.22 韓国併合

251

年次	中　　国	世界・日本
	10.3 資政院開設 11.4 3年後の国会開設宣言	8.28 第2インターナショナル，コペンハーゲン大会 11.10 英・独・仏・米の四国借款団→対中国鉄道投資
1911	4.27 同盟会広州蜂起（黄花崗事件） 5.9 鉄道国有令公布→保路運動 10.10 武昌新軍蜂起→辛亥革命 12.1 外モンゴル独立宣言	2.21 日米通商航海条約改正→日本関税自主権確立 7-11. 独仏第2次モロッコ事件 9.14 ストルイピン狙撃
1912	1.1 中華民国臨時政府南京に成立，孫文臨時大総統 2.12 宣統帝退位→清朝滅亡 3.10 袁世凱，北京で臨時大総統就任 3.11 中華民国臨時約法（旧約法）公布 8.25 中国同盟会など，国民党に改組	1. 第1次満蒙独立運動 5.5 『プラウダ』創刊 7.8 第3次日露協約 7.30 明治天皇死去，大正天皇践祚 10-12. 第1次バルカン戦争
1913	3.20 梁啓超ら進歩党結成 7.12 李烈鈞，江西で挙兵（第2革命） 10.6 袁世凱，国会で大総統に選出 11.4 袁世凱，国民党解散令 11.5 中露宣言，外モンゴル自治承認	5.2 アメリカ，中華民国承認 5.19 カリフォルニア州議会で排日土地法制定 6-8. 第2次バルカン戦争
1914	1.10 袁世凱，国会解散 5.1 袁世凱，中華民国約法（新約法）公布 7.8 孫文ら東京で中華革命党結成→ 19.10.10 中国国民党に改称 8.6 中国，第一次世界大戦に局外中立を宣言	6.28 サラエボ事件 7.28 第一次世界大戦勃発 8.15 パナマ運河開通 9.2 日本軍，山東省に侵入しドイツ軍攻撃 12.18 イギリス，エジプト保護国化
1915	1.18 日本，対華二十一カ条を要求→反日運動展開 5.9 中国政府，二十一カ条受諾 9.15 陳独秀，『青年雑誌』創刊（翌年『新青年』と改称） 12.12 袁世凱，帝位就任を表明 12.25 唐継堯・蔡鍔ら雲南で護国軍組織	4.22 ドイツ軍，初めて毒ガス使用 6-7. 中・露・モンゴルの間にキャフタ協定
1916	3.22 袁世凱，帝政を取消す 6.6 袁世凱死去，黎元洪大総統・段祺瑞総理に 6.29 旧約法回復，国会招集	4.24 アイルランド，イースター蜂起 7.2 レーニン，『帝国主義論』脱稿 7.3 第4次日露協約
1917	1.20 西原借款始まる 7.1 張勲，清朝復辟（12. 失敗） 8.14 中国政府，対独墺宣戦 9.10 広州に中華民国軍政府成立（孫文大元帥）	2.1 ドイツ，無制限潜水艦作戦を宣言 3. ロシア二月革命 4.6 アメリカ，対独宣戦 11.2 石井・ランシング協定 11. ロシア十月革命
1918	5.5 在日留学生，日中軍事協定反対の救国団結成 5.16 日中陸軍共同防敵軍事協定調印 8.12 北京，新国会（段ら安福系支配） 11.15 李大釗，「Bolshevism の勝利」発表	1.8 ウィルソン「14カ条」提起 8.2 日本，シベリア出兵宣言 8-9. 日本，米騒動 11.11 第一次世界大戦終結

年次	中　　国	世界・日本
1919	2.20 南北和平会談（上海）→決裂 5.4 北京で反日運動開始（五・四運動） 6.28 北京政府，ベルサイユ条約不調印表明 7.25 ソ連の第1次対華カラハン宣言	1.18 パリ講和会議 3.1 朝鮮三・一反日運動 3.2-6 コミンテルン創立大会 6.28 ベルサイユ条約調印
1920	5.1 広州などで初のメーデー集会 6.29 国際連盟加盟 7.14-20 安直戦争（段ら安徽派没落）	1.10 国際連盟発足 3.19 アメリカ上院，ベルサイユ条約批准を否決
1921	1.28 日中軍事協定廃棄の公文 5.5 広州で護法政府成立（孫文臨時大総統） 7. 下旬 中国共産党創立大会 12.4 魯迅「阿Q正伝」連載開始	7.11 外モンゴル人民革命政府成立 11.12 ワシントン会議開催（-22.2.6）
1922	2.4 山東懸案解決に関する日中条約調印 3. 映画製作の明星影片公司成立 4.28-6.17 第1次奉直戦争（直隷派勝利） 5.1 広州で第1回全国労働大会 6.16 陳炯明反乱→孫文護法政府崩壊 11.1「学校系統改革案」公布（壬戌学制） ＊このころ湖南などで連省自治運動盛ん	2.6 中国に関する9カ国条約，海軍軍縮条約など調印 6.24 日本，シベリア撤兵宣言 10.29 イタリア，ムッソリーニが首相に 11.1 トルコ，スルタン制廃止 12.30 ソヴェト社会主義共和国連邦成立
1923	1.26 孫文・ヨッフェ共同宣言 2.7 呉佩孚，労働運動弾圧（二・七惨案） 2- 旅順・大連回収運動（対日ボイコット） 3. 孫文，広州で軍政府再組織 6.12-20 共産党第3回大会，国民党と党内合作決定 10.5 曹錕，賄選により大総統に	1.11 ルール出兵（-24.9.） 9.1 関東大震災 11.8 ヒトラー，ミュンヘン一揆
1924	1.20-30 国民党第1回大会，第1次国共合作 6.16 黄埔陸軍官学校創立（校長蔣介石） 9.15-11.3 第2次奉直戦争（直隷派敗北） 11.10 孫文，北上宣言，国民会議運動拡大 12.13 胡適ら『現代評論』創刊（北平）	1. 日本，第1次護憲運動 2.1 イギリス，ソ連承認 5.26 アメリカ，新移民法成立
1925	3.12 孫文，北京で死去（60歳） 5.30 上海で反帝運動開始（6.広東香港スト） 7.1 広州で国民政府成立 11.22 郭松齢，反奉天派反乱（12.25敗死）	1.20 日ソ基本条約調印 4.22 日本，治安維持法公布 5.5 日本，普通選挙法公布 7.1 太平洋問題調査会創立大会 12.1 ロカルノ条約本調印
1926	1.1-19 国民党第2回大会（広州） 3.18 北京政府デモ隊弾圧（三・一八惨案） 7.1 国民革命軍，北伐開始 11.28 国民政府，武漢移転	5.3-12 イギリス，大ゼネスト 10.19-11.23 イギリス帝国会議開催，バルフォア宣言採択 12.25 大正天皇死去，昭和天皇践祚 12.26 イギリス，対華新政策発表
1927	1.5 漢口英租界回収 3.24 南京事件（北伐軍・列強間） 4.12 上海で四・一二クーデタ	3.14 日本，金融恐慌始まる 5.28 日本，山東出兵（第1次） 6.27 東方会議（東京）

年次	中　国	世　界・日　本
	4.18 蔣介石ら南京に反共の国民政府樹立 7.15 武漢国民政府，共産党と分離 8.1 共産党，南昌蜂起 10. 毛沢東ら井崗山を根拠地に 12.11-13 広州コミューン	
1928	3.10 聞一多ら『新月』創刊（上海） 4.7 国民革命軍，第2次北伐開始 6.4 張作霖爆殺事件 6.8 北伐軍，北京入城 6.18-7.11 共産党第6回大会（モスクワ） 7.25 中米関税条約調印 10. 国民政府，訓政実施（蔣介石主席） 12.29 張学良，東三省易幟（法制上の全国統一）	5.3 山東出兵（第2次）の日本軍，国民革命軍と衝突（済南事変） 7.17-9.1 コミンテルン第6回大会 8.27 不戦条約調印（パリ）
1929	1.1-25 国軍編遣会議 3.25 広西派，反南京戦開始，敗退 7.10-12.22 中東鉄道をめぐり中ソ紛争 9-12. 広西派・西北軍，反南京戦争	1. トロツキーらソ連国外追放 10.24 世界大恐慌開始
1930	5-11. 山西軍等反蔣諸派，対南京戦争（中原大戦） 5.6 日中関税協定調印 7.27 共産党軍，長沙占領 10.29 国民党軍，共産党軍根拠地への攻撃開始	4.22 ロンドン海軍軍縮条約 10.27 台湾，霧社事件
1931	5.5 国民会議開催，訓政時期約法採択 5.28 広州に反蔣派の国民政府成立 7.2 中朝農民の衝突事件（万宝山事件） 9.18 日本軍，東北侵略開始（柳条湖事件） 11.7 中華蘇維埃（ソヴェト）共和国臨時中央政府成立（瑞金）	5. ヨーロッパ，金融恐慌深刻化 6.20 フーバー・モラトリアム 9.21 イギリス，金本位制廃止
1932	1.1 国民政府，孫科行政院長に（-1.29） 1.28 日本軍，上海侵攻（上海事変） 3.1 「満洲国」建国 5.22 胡適ら『独立評論』創刊（北平） 12.12 中ソ国交回復 12.29 民権保障同盟結成公表	1.7 アメリカ，満洲事変に関し「不承認主義」表明 5.15 日本，五・一五事件 6.16-7.9 ローザンヌ会議でドイツの賠償総額削減 7.21-8.20 英帝国経済会議 10.1 満洲事変に関するリットン報告書公表
1933	2-. 日本軍，熱河・河北方面に侵攻 4.6 全国で廃両改元 5.31 塘沽停戦協定 10.17 共産党軍に包囲攻撃（-34.10.14） 11.20 福建事変（-34.1.13）	1.30 ドイツ，ヒトラー内閣成立 3.9 アメリカ議会，ニューディール諸法可決 3.27 日本，国際連盟脱退 10.14 ドイツ，軍縮会議・国際連盟脱退を通告 11.16 ローズベルト大統領，ソ連承認
1934	2.19 蔣介石，新生活運動提唱 7.1 「満洲国」・華北間鉄道連絡回復などの協定	1.26 ドイツ・ポーランド，不可侵条約に調印

年次	中　国	世界・日本
	10.10 共産党軍，瑞金放棄，長征へ 12.20 蒋介石，『外交評論』に「敵か友か」発表	4.17 日本，天羽声明 6.19 米，銀買上法（→中国銀恐慌） 9.18 ソ連，国際連盟加入
1935	1.15 共産党，遵義会議 6.10 梅津・何応欽協定，27 土肥原・秦徳純協定 8.1 共産党駐モスクワ代表部，八・一救国宣言 11.1 汪精衛行政院長狙撃事件 11.3 幣制改革 11.25 冀東防共自治委員会成立 12.9 北京で学生反日運動（一二・九運動） 12.11 冀察政務委員会成立	7.25-8.20 コミンテルン第7回大会 8.31 アメリカ，中立法制定 10.3 イタリア，エチオピア侵略戦争開始（-36.5.） 10.7 広田外相，対華「三原則」提示
1936	5.5 中華民国憲法草案（五五憲草）公布 5.13 モンゴルの徳王，日本の支援下で蒙古軍政府樹立 5.31 全国各界救国連合会成立 6.9 両広事変 11.13-23 綏遠事変 11.23 抗日七君子事件 12.12 西安事変	2.26 日本，二・二六事件 3.7 ドイツ，ロカルノ条約破棄を宣言しラインラントに進駐 7.17 スペイン，内戦開始 11.25 日独防共協定調印
1937	7.7 盧溝橋事件 8.13 日本軍，上海攻撃（第2次上海事変） 8.21 中ソ不可侵条約締結 8.22 共産党軍を国民革命軍に編成→八路軍，新四軍成立 9.23 第2次国共合作正式成立 10.30 国民政府，重慶遷都・抗戦継続表明 12.13 日本軍，南京占領．中国軍民を多数虐殺 12.14 北京に対日協力の「中華民国臨時政府」成立	2-5. 日本，佐藤尚武外交 10. 日本，国民精神総動員政策を開始 10.5 ローズベルト大統領，侵略国への「隔離」を演説 11.3-24 ブリュッセル会議 11.5 駐華独大使トラウトマン，和平工作開始 11.6 イタリア，日独防共協定に参加 12.11 イタリア，国際連盟脱退
1938	2.7 中ソ軍事航空協定調印 3.28 南京に対日協力の「中華民国維新政府」成立 3.29-4.1 国民党臨時全国大会（武漢） 10.21 広州陥落，27 武漢陥落 11. 中国支援のビルマ・ルート完成 12.29 汪精衛，ハノイに脱出し対日和平通電	1.16 近衛首相「国民政府を対手とせず」と声明 3.13 ドイツ，オーストリア併合 4.1 日本，国家総動員法公布 7.29-8.10 日ソで張鼓峰事件 9.20 ミュンヘン協定
1939	3.11 国民政府，「国民精神総動員綱領」発布 5.3 日本軍，初の重慶爆撃 6.30 国民政府，「異党活動制限規定」頒布 9.1 日本の策動下，張家口に「蒙古連合自治政府」樹立 9.9-18 国民参政会で，憲政実行決議 12. 国民政府軍，山西省で共産党軍を攻撃	3.15 ドイツ，チェコスロヴァキア解体 5.11 ノモンハン事件 7.26 アメリカ，日米通商航海条約の廃棄を予告（1940.1. 失効） 8.23 独ソ不可侵条約 9.1 ドイツ，ポーランド侵入（第二次世界大戦開始）
1940	1.15 毛沢東，「新民主主義論」発表 3.30 汪精衛らの南京「中華民国国民政府」樹立 8.20-12.5 八路軍，「百団大戦」	6.14 ドイツ，パリ占領 9.23 日本，北部仏印進駐 9.27 日独伊三国軍事同盟成立

年次	中　　国	世界・日本
	11.30 汪精衛政権,「日華基本条約」締結	
1941	1.6-13 国民政府軍, 安徽省南部で新四軍攻撃（皖南事変） 4.17 アメリカ対華軍事援助開始 4.25 中国・イギリス・アメリカで法幣安定基金成立 10.1 田賦の実物徴収 10.10 中国民主政団同盟結成 12.9 国民政府, 対日独伊宣戦布告	1.6 ローズベルト大統領,「4つの自由」に関する演説 4.13 日ソ中立条約調印 6.22 ドイツ, ソ連侵攻 7.25 アメリカ, 日本在米資産凍結 7.28 日本, 南部仏印進駐 8.14 大西洋憲章発表 12.8 太平洋戦争始まる
1942	2.1 共産党, 整風運動開始 3.4 アメリカ軍スティルウェル将軍, 連合軍中国戦区参謀長に就任（司令官蒋介石） 5.2-23 毛沢東,「文芸講話」 6.2 中米武器貸与協定	1.1 連合軍26カ国, 連合国共同宣言に調印 11-. スターリングラード攻防戦（-43.2.）
1943	1.9 汪精衛政権, 日本と日華協定を締結 1.11 イギリス・アメリカ, 対華不平等条約撤廃 3.10 蒋介石『中国の命運』刊行 9.8 国民党第5期第11中全会, 戦後1年以内の憲法制定を決議 9.10 蒋介石, 国民政府主席に就任	5.15 コミンテルン解散 9.8 イタリア降伏 11.5 大東亜会議（東京） 11.27 米・英・中, カイロ宣言に署名 11.28-12.1 ローズベルト・チャーチル・スターリン, テヘラン会談
1944	1.24 日本軍の大陸打通作戦 7.22 アメリカ軍事使節団, 延安訪問 9.6 アメリカ大統領特使ハーレー来華, 国共調停企図 9.19 民主団同盟, 中国民主同盟に改組 10.18 スティルウェル解任	6.6 アメリカ・イギリス軍, ノルマンディ上陸 6.15 アメリカ軍, サイパン上陸 8.25 連合軍, パリを解放
1945	4.23-6.11 共産党第7回大会 5.5-21 国民党第6回大会 8.14 国民政府, 中ソ友好同盟条約調印 9.9 在華日本軍, 降伏 10.10 国共間「双十」協定 11.27 アメリカ, 特使マーシャル派遣（-47.1） 12.1 内戦反対集会でテロ（昆明）	2.4-11 米・英・ソ, ヤルタ会談 5.7 ドイツ, 無条件降伏 7.26 ポツダム宣言 8.6／9 広島／長崎に原爆投下 8.8 ソ連, 対日宣戦布告（9 侵攻開始） 8.14 日本, 無条件降伏の受諾を通告（15 天皇, 国民に放送） 10.24 国際連合成立 11.20 ニュルンベルク国際軍事法廷開廷（-46.10.1） 12.16 米・英・ソ, モスクワ3国外相会議 12.27 ブレトン・ウッズ協定
1946	1.10 国共停戦協定成立 1.10-31 政治協商会議（重慶） 5.1 国民政府, 南京遷都 6-. 国共内戦全面化 9.1 儲安平,『観察』創刊（上海） 11.4 中米友好通商航海条約調印	3.5 チャーチル, フルトン演説 5.3 東京裁判開始 10.1 ニュルンベルグ裁判判決 11.3 日本国憲法公布 12.19 インドシナ戦争開始（-54.7）

年次	中　　国	世界・日本
1947	11.15-12.25 憲法制定国民大会（南京） 1.1 中華民国憲法公布（12.25 施行） 2.28 [台湾] 二・二八事件 3. 延安が一時陥落 5.20 南京・上海などで反内戦・反飢餓運動 9.12 中国人民解放軍総反攻宣言 10.10 共産党「中国土地法大綱」 11.21-23 国民大会代表直接選挙 12.26 監察委員間接選挙	3.12 トルーマン・ドクトリン 6.5 マーシャル・プラン発表 8.14-15 パキスタン・インド，分離独立 10.5 コミンフォルム設置 10.30 関税と貿易に関する一般協定（GATT）調印
1948	1.1 中国国民党革命委員会成立（香港） 1.21 立法委員直接選挙 3.29 憲政実施にともなう第1回国民大会開幕（南京），4.19 蔣介石を総統に選出 5.10 反乱鎮定時期臨時条項（「動員戡乱時期臨時条款」）を公布 5.20 国民政府を中華民国政府と改組 8. 華北人民政府成立大会 9-. 遼瀋・淮海・平津「三大戦役」（-49.1）	4.1 ベルリン封鎖（-49.5.12） 5.15 第1次中東紛争 8.15／9.9 大韓民国／朝鮮民主主義人民共和国成立 11.12 東京裁判，A級戦犯に判決 12.10 国連総会，世界人権宣言を採択
1949	1.21 蔣介石総統辞任（李宗仁代行就任） 7.1 毛沢東，「人民民主独裁を論ず」発表 8.5 アメリカ国務省，『中国白書』発表 9.21-30 中国人民政治協商会議 10.1 中華人民共和国成立宣言 12.8 中華民国行政院，台北遷都決議	1.25 コメコン結成 4.4 NATO 発足 9.7／10.7 ドイツ連邦共和国／ドイツ民主共和国成立 9.25 ソ連，原爆実験成功発表 10.2 ソ連，中華人民共和国承認 12.30 インド，中華人民共和国承認
1950	2.14 中ソ友好同盟相互援助条約調印（モスクワ） 3.1 [台湾] 蔣介石，総統に復帰 5.1 婚姻法公布 6.30 土地改革法公布 7.23 反革命活動鎮圧を指示 8-. [台湾] 中国国民党の改造（-1952.10） 10.8 共産党，「中国人民義勇軍」の朝鮮出動決定	1.5 トルーマン大統領，台湾不介入を声明 1.6 イギリス，中華人民共和国承認 1.13 ベトナム民主共和国成立 6.25 朝鮮戦争勃発 6.27 米第7艦隊の台湾海峡派遣発表 9.15 国連軍，仁川上陸
1951	2.21 反革命処罰条例公布 5.18 国連総会，対中国・北朝鮮戦略物資禁輸決議 10.26 人民解放軍，ラサ進駐 12.8 三反運動開始 12.15 共産党中央，「農業生産の互助・協同化に関する決議（草案）」配布	5.2 イラン，石油国有化 7.10-8.23 朝鮮休戦会談 9.1 ANZUS 調印 9.8 サンフランシスコ対日講和条約・日米安保条約調印
1952	2. 五反運動 4.28 [台湾] 日華平和条約締結 6.1 第1回日中民間貿易協定調印 9.15 中ソ両国，中国長春鉄道返還など協定	5.27 西欧6カ国，EDC 条約調印 7.23 エジプト，ナセル政変 9.8 第1回世界著作権会議 11.1 アメリカ，水爆実験成功
1953	2.15 共産党中央，急速な農業協同化修正 4. 毛沢東，「ソ連に学べ」運動指示	1.27 アメリカのダレス国務長官，対ソ巻き返し政策表明

現代中国のあゆみ 年表　　257

年次	中　　国	世　界　・　日　本
	8. 毛沢東,「過渡期における党の総路線」指示 9.16 毛沢東, 梁漱溟を批判 9.28 中ソ経済技術援助協定調印 12.16 共産党中央,「農業生産協同組合の発展に関する決議」採択	3.5 スターリン死去 7.27 朝鮮休戦協定調印 8.8 ソ連, 水爆保有声明 10.1 米韓相互防衛条約調印
1954	2.6-10 共産党第7期第4回中央委, 高崗・饒漱石除名 6.28 周恩来・ネルー会談, 平和5原則声明 9.3 人民解放軍, 金門・馬祖両島砲撃 9.15-28 第1期全国人民代表大会第1回会議, 中華人民共和国憲法を採択・公布 12.2 [台湾] 米華相互防衛条約に調印	7.20 インドシナ停戦協定 9.6 東南アジア条約機構創設 10.23 西ドイツ主権回復 11.1 アルジェリア反仏戦争開始 (-62.3)
1955	5.13 胡風批判開始 5.25 ソ連軍の旅順撤退に関する中ソ共同声明 7.5-30 第1期全人代第2回会議, 第1次5カ年計画可決 7.31 毛沢東演説「農業協同化の問題について」 8.1 ジュネーブ, 第1回中米会談	1.29 アメリカ議会, 台湾防衛決議 4.18-24 バンドン会議 5.14 ワルシャワ条約締結 7.18 アメリカ・イギリス・フランス・ソ連, 首脳会談 (ジュネーブ)
1956	1.4 中国・ソ連・モンゴル, 鉄道連絡に関し共同声明 4.5.『人民日報』論文「プロレタリアート独裁の歴史的経験について」 4.25 毛沢東,「十大関係論」演説 5.26 共産党,「百花斉放・百家争鳴」呼びかけ 9.15-27 共産党第8回大会	2.14-25 ソ連共産党第20回大会, スターリン批判 4.17 コミンフォルム解散 10.19 日ソ共同宣言 10.24- ハンガリー事件 10.29 第2次中東戦争開始 12.18 日本, 国連加盟
1957	2.27 毛沢東,「人民内部の矛盾を正しく処理する問題について」演説 (6.18 発表) 6.1 儲安平, 共産党の「党天下」を批判 6.8『人民日報』社説「これはどうしたことか」→以後, 反右派闘争展開 10.15 中ソ国防用新技術に関する協定調印 11.2-21 毛沢東ら中国政府代表団, 訪ソ 11.17 毛沢東,「東風は西風を圧倒する」と演説	3.25 欧州経済共同体 EEC 成立 8.26 ソ連, ICBM 実験成功 10.4 ソ連, 人工衛星スプートニク打ち上げ成功 11.14-16 社会主義12カ国党会議 (モスクワ)
1958	5.5-23 共産党第8回大会第2回会議,「社会主義建設の総路線」提唱→大躍進政策 5.5『人民日報』社説, ユーゴ修正主義批判 7.31-8.3 フルシチョフ北京訪問, 意見衝突 8.17-30 共産党政治局拡大会議 (北戴河), 人民公社・鉄鋼増産決議 8.23 人民解放軍, 金門・馬祖両島砲撃 11.28-12.10 共産党第8期第6回中央委, 人民公社政策の行き過ぎ是正	5.2 長崎で中国国旗事件 (→日中交流断絶) 6.1 フランス, ドゴール内閣成立 (12.21 大統領当選) 9.7 フルシチョフ対米警告 10.23 ダレス・蔣介石共同声明, 大陸反攻否定
1959	3.12-31 チベット動乱 (→ダライ・ラマ亡命) 4.18-28 第2期全人代第1回会議, 毛沢東に代わり劉少奇が国家主席に選任	1.1 キューバ, カストロ革命 1.27-2.5 ソ連共産党第21回大会, フルシチョフ, 平和共存強調

年次	中　　国	世　界・日　本
	7.2-8.1 共産党中央政治局拡大会議（廬山） 8.2-16 共産党第8期第8回中央委, 彭徳懐らを処分 8.25 中印国境で衝突開始 9.30-10.3 フルシチョフ訪中, 対立表面化	6.20 ソ連, 中ソ国防用新技術協定破棄 9.27 米ソ首脳会談（キャンプ・デービッド）, 平和共存を確認
1960	4.22『紅旗』論文「レーニン主義万歳」, ソ連の平和共存路線批判 9.17-22 中ソ党会議（モスクワ） 10.3 [台湾]『自由中国』停刊	1.19 新日米安保条約調印 2.13 フランス, 原爆実験成功 4.27 韓国, 李承晩政権崩壊 7.16 ソ連, 中国に専門家引揚げ通告 12.14 経済協力開発機構 OECD 設立
1961	1.14-18 共産党第8期第9回中央委, 調整政策決定 1. 呉晗「海瑞の免官」発表 7.11 金日成訪中, 中朝友好協力相互援助条約調印 ＊1959-61 の餓死者 2000 万人前後	5.16 韓国, 朴正熙ら軍事クーデタ 7.6 ソ朝友好協力相互援助条約 9.1-6 第1回非同盟諸国会議（バンドン）
1962	4-. 新疆イリ地区住民の逃亡で中ソ国境紛争 9.24-27 共産党第8期第10回中央委, 毛沢東, 階級闘争継続論・農業基礎論強調 10.20-11.22 中印国境紛争 11.9「日中総合貿易に関する覚書」に調印（LT 貿易開始）	2.8 アメリカ, ベトナム戦争軍事介入 7.3 アルジェリア独立 10.22-28 キューバ危機
1963	2.9 人民解放軍総政治部,「雷鋒に学べ」運動開始 4.12-5.16 劉少奇・陳毅ら東南アジア訪問 5.20 共産党中央,「前十条」公布, 四清運動指示 6.14 共産党, ソ連と全面的イデオロギー論争に 9.10 共産党中央,「後十条」公布, 農付の社会主義教育運動をめぐる攻防 10.7 周鴻慶事件	5.25 アフリカ統一機構成立 8.5 アメリカ・イギリス・ソ連, 部分的核実験停止条約正式署名 11.22 ケネディ大統領暗殺
1964	2.1 毛沢東,「解放軍に学べ」提唱 5. 人民解放軍総政治部,『毛主席語録』発行 10.16 中国, 初の原爆実験成功 12. 第3期全人代第1回会議, 周恩来, 近代化強調	1.27 フランス, 中国と国交樹立 8.2 トンキン湾事件 10.15 ソ連, フルシチョフ首相失脚→ブレジネフ後任
1965	1.14 毛沢東「23条」配布, 党内実権派批判 5-9. 人民解放軍内で羅瑞卿・林彪論争 11.10『文匯報』姚文元論文→文化大革命開始	1.21 インドネシア, 国連脱退 2.7 アメリカ, 北ベトナム爆撃開始 3.29『プラウダ』, ベトナム問題で中ソ共同行動呼びかけ 6.22 日韓基本条約調印 9.6 第2次印パ戦争 9.30 インドネシア政変
1966	2.12 共産党中央,「二月綱要」発表 5.7 毛沢東,「五七指示」 5.16 共産党中央, 中央文革小組設置 8.1-12 共産党第8期第11回中央委,「プロレタリア文化大革命についての決定」 8.5 毛沢東の大字報「司令部を砲撃せよ」	3.7 フランス, NATO 軍事機構から脱退 12.23 ソ連共産党, ベトナム支援・毛沢東派非難など声明

現代中国のあゆみ 年表　259

年次	中　　　国	世　界・日　本
	8.18 毛沢東，第1回の紅衛兵接見（100万人集会） 10.9-28 共産党中央工作会議，劉少奇ら自己批判	
1967	1.23 共産党中央，軍の奪権闘争介入指示 2.5-24 上海コミューン 6.17 中国初の水爆実験成功 7.20-21 武漢事件 8.22 紅衛兵，イギリス大使館焼打ち	6.5 第3次中東戦争勃発 7.1 欧州共同体（EC）成立 7.6 ナイジェリア内戦（-70.1） 7.14 世界知的所有権機関（WIPO）設立条約調印 8.8 東南アジア諸国連合（ASEAN）結成
1968	3.6 LT貿易を日中覚書貿易に更新（MT貿易） 8.23 周恩来演説，ソ連を社会帝国主義と規定 9.5 革命委員会，全国各省・市・自治区で成立 11.27 中国外交部，中米会談の翌2月再開提案 12.21 毛沢東，紅衛兵の農村下放指示	3.31 アメリカ，北爆停止 8.20 チェコ事件 11.12 ブレジネフ書記長，制限主権論主張
1969	3.2 中ソ国境紛争（ダマンスキー島事件） 4.1-24 共産党第9回大会，林彪を後継者と規定 6-8. 中ソ国境紛争（新疆ウイグル自治区） 7.8 中ソ国境紛争（ハバロフスク付近） 11.12 劉少奇元国家主席，獄死	5.13 マレーシア人種暴動 7.20 アメリカ宇宙船，月面着陸成功 7.25 ニクソン大統領，グアム・ドクトリンを発表 9.2 ホーチミン死去
1970	1.20 ワルシャワ中米会談再開 4.24 中国初の人工衛星 8.23-9.6 共産党第9期第2回中央委，林彪の国家主席設置案，毛の反対で挫折	4.30 アメリカ軍・南ベトナム政府軍，カンボジア侵攻 10.13 中国・カナダ国交樹立
1971	4-. 中国ピンポン外交 4.14 アメリカ，対中貿易制限緩和などの新政策公表 7.9-11 周恩来，キッシンジャー米補佐官と秘密裡に会談 9.13 林彪死亡，クーデタ失敗による逃亡説流布 10.25 国連総会，中国代表権決議	2.8 アメリカ軍・南ベトナム政府軍，ラオス侵攻 6.17 日米沖縄返還協定調印（72.5.15返還） 7.16 ニクソン訪中予定発表 8.15 アメリカ，ドル・金交換停止（「ドル・ショック」） 12.3-17 第3次印パ戦争
1972	2.21-28 ニクソン大統領，訪中 9.25-30 田中角栄首相，訪中→日中国交正常化 10.1『人民日報』など共同社説，ソ連非難	5.26 アメリカ・ソ連，SALT Iに調印 7.7 日本，田中内閣成立 12.21 東西ドイツ関係正常化
1973	4.12 鄧小平，副総理として公職復帰 8.24-28 共産党第10回大会	1.27 パリ，ベトナム和平協定 10.6 第4次中東戦争開始→第1次石油ショック
1974	1-. 批林批孔運動（江青らの周・鄧攻撃） 4.9 鄧小平，国連演説「三つの世界」論 11.10 李一哲の大字報	5.1 国連，新国際経済秩序（NIEO）決議 5.18 インド，核実験成功 8.8 ニクソン大統領，辞任
1975	1.13-17 第4期全人代第1回会議，新憲法採択	4.30 サイゴン陥落（ベトナム戦争終

年次	中　　国	世界・日本
	4.5 [台湾] 蔣介石総統死去 8.14 毛沢東,『水滸伝』論評	結) 11.15-17 第1回サミット
1976	1.8 周恩来総理死去 2.3 華国鋒, 総理代行就任 4.5 第1次天安門事件 4.7 共産党中央政治局会議, 華国鋒の総理・党第一副主席就任と鄧小平解任を決定 9.9 毛沢東死去 10.6 江青ら「四人組」逮捕	1.3 経済的・社会的及び文化的権利に関する国際規約（国際人権A規約）効力発生 3.23 市民的及び政治的権利に関する国際規約（国際人権B規約）効力発生 5.14 印パ国交回復 7.2 ベトナム社会主義共和国成立（南北統一）
1977	4.15『毛沢東選集』第5巻刊行 7.16-21 共産党第10期第3回中央委, 鄧小平復活 8.12-18 共産党第11回大会, 華国鋒党主席就任, 文革終了宣言 11. 安徽省の一部に生産責任制導入	9.7 パナマ運河新条約調印 10. ベトナム・カンボジア紛争
1978	2.26-3.5 第5期全人代第1回会議,「国民経済発展10カ年計画要綱」・新憲法採択 5.11『光明日報』,「実践は真理を検証する唯一の基準である」論文→「すべて派」批判 5.20 [台湾] 蔣経国, 総統に就任 8.12 日中平和友好条約調印 12.18-22 共産党第11期第3回中央委→鄧小平改革路線	4. ベトナム華僑の大量帰国始まる 9.17 米, エジプト, イスラエル3国首脳の中東和平合意成立
1979	1.1 中米国交正常化 1.28-2.5 鄧小平副総理, 訪米 2.17 中国軍, ベトナム侵攻. 中越戦争（-3.18） 3.29 北京市当局, 民主化運動抑圧, 魏京生逮捕 4.3 中国, 中ソ友好同盟相互援助条約廃棄をソ連に通告（1980.4.10 失効） 12.5-6 大平首相訪中, 日中文化交流協定調印 12.6 北京「民主の壁」閉鎖 12.10 [台湾] 美麗島事件	1.10 ベトナム軍支援の下, カンボジア新政権成立 1-2. イラン, イスラム革命 4.19 靖国神社がA級戦犯を前年に合祀していたことが判明 4.26 在台アメリカ軍撤退完了 6.16-18 アメリカ・ソ連, SALT Ⅱに調印 7.19 ニカラグア革命成功 12.27 アフガニスタン政変→ソ連軍出兵
1980	2.23-29 共産党第11期第5回中央委, 劉少奇名誉回復, 胡耀邦党総書記選任 5.18 中国初の ICBM 実験成功 8.26 深圳・珠海・汕頭・厦門に経済特区設置 8.30-9.10 第5期全人代第3回会議, 趙紫陽総理に	1.26 エジプト・イスラエル国交 2.22 イラク・イラン戦争開始（-88.8.） 7.19 モスクワ・オリンピック開幕（アメリカ・日本など西側不参加） 8.14 ポーランド,「連帯」主導で大規模スト（グダニスク）
1981	1.25「林彪・四人組」裁判判決 4.20『解放軍報』に「苦恋」批判論文 6.27-29 共産党第11期第6回中央委,「歴史決議」	3.2-16 中国残留日本人孤児47名初来日 5.10 フランス, 社会党のミッテラン

年次	中　　国	世　界・日　本
	採択，胡耀邦党主席（華国鋒降格），鄧小平中央軍委主任に 9.30 葉剣英全人代委員長，台湾に統一提案 12.9-14 中印国境交渉再開	大統領当選 10.6 エジプト，サダト暗殺 12.13 ポーランド戒厳令
1982	7.20『人民日報』，日本の教科書検定批判 9.1-11 共産党第12回大会 9.12 共産党第12期第1回中央委，党主席廃止，胡は総書記に 10.4-21 中ソ外務次官級会談	3.24 ブレジネフ書記長，対中タシケント提案 4-6. フォークランド紛争 6.25 日本，教科書検定で「侵略」の「進出」への書き直し圧力が問題化 11.10 ブレジネフ死去，後任アンドロポフ
1983	5.5 中国民航機乗っ取り事件→中・韓対話 6.6-21 第6期全人代第1回会議，李先念国家主席選出 10.11-12 共産党第12期第2回中央委，整党決議 10-. 精神汚染一掃キャンペーン	7-. スリランカ，タミール人独立派の武装闘争開始 9.1 大韓航空機撃墜事件
1984	1.1 共産党中央，「1984年の農村政策の通知」，土地請負15年間・土地貸借・農民転業承認 5.10 国務院，「国営企業の自主権拡大に関する暫行規定」公布 6.22 鄧小平，「一国両制」提起 12.18 イギリス首相サッチャー訪中，19「香港返還に関する中英共同声明」正式調印（1997.7.1の返還決定）	2.9 アンドロポフ書記長死去，後任チェルネンコ 7.28-8.12 ロサンゼルスでオリンピック大会．ソ連東欧諸国ボイコット
1985	6. 全国農村の人民公社解体，郷鎮政府の樹立 9.18 靖国参拝問題で反日デモ（北京） 11.28 アジア開発銀行に加盟	3.10 チェルネンコ死去，後任ゴルバチョフ 8.6 南太平洋非核地帯条約 8.15 中曽根首相，靖国神社公式参拝 9.22 プラザ合意
1986	4.12 義務教育法採択，民法通則公布 9.28 [台湾] 民主進歩党結成 12.5 合肥で民主化要求の学生運動，以後各地に 12.6 [台湾] 国民大会と立法院の選挙で民主進歩党躍進 12.30 共産党，鄧小平「旗幟鮮明にブルジョア自由化に反対せよ」を党内伝達	2.25 フィリピン，アキノ大統領就任（フィリピン民主革命） 3.19 日本，第1次教科書訴訟の控訴審で原告が敗訴 7.28 ゴルバチョフ，ウラジオストク演説で対中関係の改善呼びかけ 10.11-12 アメリカ・ソ連，レイキャビク会談 12.15 ベトナム，ドイモイ（刷新）政策採択
1987	1.16-22 共産党中央政治局拡大会議，胡耀邦辞任承認，趙紫陽が総書記代行に 2.9 中ソ国境交渉，9年ぶり再開 4.13 中国・ポルトガル「マカオ返還に関する共同声明」調印 7.15 [台湾] 戒厳令解除	10.19 世界各国で株価が暴落 12.8 アメリカ・ソ連，INF全廃条約調印

年次	中　　国	世　界・日　本
	9.27 チベット独立要求デモ（ラサ） 10.25-11.1 共産党第13回大会，政治体制改革，「社会主義初級段階」論提起	
1988	1.13 [台湾] 蔣経国死去，副総統の李登輝が総統に 6.11 「河殤」放映（-28） 10.26 銭其琛，中国外相として32年ぶりに訪ソ	4.14 アフガニスタン和平協定調印（ジュネーブ） 8.20 イラン・イラク停戦
1989	1.6 方励之，鄧小平宛書簡で政治犯釈放要求 1.27 [台湾] 党禁解除 3.5 ラサで独立運動，8 ラサに戒厳令布告（-90.5.1） 4.15 胡耀邦死去，北京・上海等に胡耀邦追悼，民主化要求の運動 4.26 『人民日報』，「旗幟鮮明に動乱に反対せよ」 5.15-18 ゴルバチョフ訪中，鄧小平と会談し中ソ関係正常化を宣言 5.17 天安門広場で100万人の民主化要求デモ 5.20 北京に戒厳令 6.4 戒厳軍，天安門広場突入，学生・市民死傷者多数，各地で軍・警察介入で運動鎮圧 6.23-24 共産党第13期第4回中央委，趙紫陽解任，江沢民総書記に 9.24 パリで「民主中国陣線」成立宣言 10.11 呉学謙副総理，中国首脳として19年ぶりインド訪問 11.6-9 共産党第13期第5回中央委，鄧小平党中央軍事委員会主席辞任，後任に江沢民	1.7 昭和天皇死去，「皇太子明仁」即位，平成に改元 2.15 ソ連軍，アフガニスタン撤退完了 6.4 ポーランド，上院で自由選挙 6.29 南アフリカ国民党，アパルトヘイト改革計画作成 7.14 パリで西側先進国サミット，中国非難・経済制裁決定 9.25 ベトナム軍，カンボジアから撤退 10.7 ハンガリー共産党，社会党に改組 11.9 「ベルリンの壁」崩壊 11.20 国連，子供の権利条約採択 12.2 マルタ米ソ首脳会談，冷戦終結を確認 12.20 アメリカ軍，パナマ侵攻 12.22 ルーマニア民主革命 12.28 チェコスロヴァキア，ドプチェク復権
1990	1.10 北京市の戒厳令11日解除を決定 2. 共産党，ゴルバチョフ改革批判の文書配付 4. 新疆各地で少数民族の騒乱，鎮圧される 4.23 李鵬総理，中国首相として26年ぶりに訪ソ 6.25 方励之のイギリス出国承認 8.8 中国・インドネシア，国交再開声明 9.22-10.7 北京でアジア競技大会開催 10.20 中国・韓国，貿易事務所開設で合意 12.19 上海に人民共和国初の証券取引所正式開業	2.17 モンゴル，一党独裁放棄表明（3.2 ソ連軍撤退合意） 3.11 リトアニア独立宣言 3.13-15 ソ連，憲法改正案採択，ゴルバチョフ初代大統領に選出 8.2 イラク軍，クウェート侵攻 8.8 中国・インドネシア，国交回復 9.30 韓ソ国交樹立 10.3 東西ドイツ統一
1991	1.26 王丹・包遵信等の民主化運動指導者に判決 5.1 [台湾] 反乱鎮定時期臨時条項を廃止 10.3-13 北朝鮮の金日成主席，中国訪問 10.17 『人民日報』評論員論文，「台独」に警告 11.1 中国政府，『中国人権白書』発表 11.10 中越関係正常化宣言 12.16 海峡両岸関係協会発足，会長は汪道涵 12.21 [台湾] 国民大会代表選挙，民進党24%得票 12.23 核拡散防止条約加入を批准	1.17-4.11 アメリカ軍など多国籍軍，対イラク戦争 7.1 ワルシャワ条約機構解体 7.31 アメリカ・ソ連，戦略兵器削減条約（START1）調印 8.19-21 ソ連保守派クーデタ挫折→共産党解体へ→12.25 ソ連邦，消滅 9.17 南北朝鮮，国連加盟 12.25 ゴルバチョフ大統領辞任→ソ連邦，消滅

現代中国のあゆみ 年表　　263

年次	中　　国	世　界・日　本
1992	1.18 鄧小平「南巡」(-2.21)，改革開放加速化 3.19『人民日報』社論，留学生の帰国呼びかけ 4.6-10 江沢民総書記，訪日 7.21 前共産党中央政治体制改革研究室主任鮑彤に実刑判決（10.釈放，渡米） 8.9 深圳の株式発行に約100万人殺到，騒乱に 10.7［香港］パッテン総督，返還前の民主化促進表明 10.12-18 共産党第14回大会，「社会主義市場経済」 10.23-28 天皇訪中 12.19［台湾］44年ぶりの立法委員総選挙	1.1 国連事務総長にガリ就任 1.17 宮沢首相，日韓首脳会談で従軍慰安婦問題を謝罪 1.28 ASEAN首脳会議，ASEAN自由貿易地域（AFTA）の創設で合意 1.30 北朝鮮，IMF核査察協定に調印 3.15 UNTAC活動開始 3-. ボスニア内戦 5.17-20 タイで民主化運動 6.3 地球環境サミット，リオデジャネイロで開催 6.15 日本，PKO協力法案成立 8.24 中韓国交樹立 12.18 韓国，大統領選挙で金泳三当選
1993	2.17 天安門事件で投獄されていた王丹ら仮釈放（98.4.19 渡米） 2.23［台湾］連戦が台湾出身者として初めて行政院長に就任 3.15 第8期全人代第1回会議，憲法に社会主義市場経済を明記 7.15 中国国営企業，香港株式市場に初上場（青島ビール） 8.22［台湾］国民党から離脱したグループが新党を結成 12.13 国務院，付加価値税，消費税，営業税，企業所得税，土地付加価値税に関する暫定条例公布 12.20 公司法採択	1.1 EC市場統合 1.1 チェコとスロヴァキアに分離 1.3 アメリカ・ロシア，START2に調印 1.19 ロシア・モンゴル友好協力条約調印 1.20 クリントン大統領就任 3.12 北朝鮮，核拡散禁止条約脱退宣言 3.16 日本の最高裁，第1次教科書訴訟で検定制度合憲の判断 8.4 日本，従軍慰安婦の調査結果を発表し謝罪（河野洋平官房長官謝罪談話） 11.1 EU発足 11. アジア太平洋経済協力（APEC），初の首脳会議（シアトル）
1994	1.1 外為レート一本化，外貨兌換券も撤廃 4.28 モンゴルと友好協力条約調印 6.10 地下核実験を実施（10.7 再実施） 8.23 愛国主義教育実施綱要発布 10.2［香港］民主党結成 12.3［台湾］台北市長選で民進党の陳水扁が当選 12.14 三峡ダム着工 ＊この年，中国の小売物価上昇率，1952年以来最高の21.7％	4.1 COCOM解体 4.10 NATO軍，ボスニア・ヘルツェゴヴィナ紛争で初の空爆を実施 5.26 アメリカ，中国の人権問題と最恵国待遇供与の切離しを表明 6.13 北朝鮮，IAEA脱退を発表 7.8 北朝鮮，金日成主席死去 7.25 ASEAN地域フォーラム（ARF）開始 9.7 アメリカ，経済関係強化などの新台湾政策発表（9.13 中国これを非難） 10.21 核問題で米朝枠組みが合意
1995	5.17 中国，ダライ・ラマによるパンチェン・ラマ後継者認定拒否（11.29 別人を認定） 6.7［台湾］李登輝総統の訪米（-12）→中国，駐米	1.1 WTO，GATTを継承して発足 1.17 日本，阪神大震災 2.26 日本，中国遺棄化学兵器調査団

年次	中　　国	世界・日本
	大使を召還（-17） 8.17 この年2回目の核実験，日本は無償援助圧縮で抗議 9.17 ［香港］復帰前，最後の立法評議会選挙，民主派圧勝 12.13 魏京生に政府転覆罪で14年の実刑判決（97.11.16 渡米）	を派遣（この年3回派遣） 3.20 日本，地下鉄でサリン事件 6.12 北朝鮮，軽水炉提供に関するアメリカとの交渉を妥結 7.18 日本，アジア女性基金成立（-2007.3.31） 8.5 ベトナム，アメリカと国交樹立 8.15 日本，戦後50年の村山首相談話
1996	3.8 中国軍，台湾周辺で軍事演習（-25） 3.23 ［台湾］初の総統直接選挙で李登輝再選 4.26 上海ファイブ首脳会議（中国，ロシア，カザフスタン，キルギスタン，タジキスタン）開催 7.18 中国，日本の政治結社が尖閣諸島に灯台を設置したことに抗議 7.29 この年2回目の核実験（通算45回目）後，暫時停止を表明 10.30 王丹に政府転覆罪で懲役11年の判決 12.11 ［香港］初代行政長官に董建華選出	1.6 国連人権委，従軍慰安婦問題で報告書を提出 3.1-2 アジア欧州会議（ASEM）開始，ASEAN＋3だけの首脳会合も初めて実現 9.10 包括的核実験禁止条約（CTBT）への署名始まる 10.11 OECD，韓国加盟承認（アジアでは日本に次いで2番目の加盟） 11.27 南アフリカ，台湾との断交と中国との国交樹立表明
1997	2.5 新疆でウイグル人の独立運動（7.22 容疑者9人処刑） 2.19 鄧小平死去 6.18 重慶市，周辺地域を合併し中国第4の直轄市に 7.1 ［香港］中国に返還（香港特別行政区） 8.19 アジア通貨危機の波及で香港の株価暴落 9.12 共産党第15回大会，「鄧小平理論」を明記，江沢民総書記を再任　24 中国，日米防衛協力の新ガイドラインを批判 10.25 経済的・社会的及び文化的権利に関する国際規約（国際人権A規約）に署名 10.29 米中共同声明，首脳間ホットライン設置で合意 11.16 民主活動家の魏京生，病気療養を名目に仮釈放され，アメリカへ出国	2.13-15 ASEM第1回外相会議 8.11 IMF，通貨危機のタイ向け金融支援協議開催（東京） 9.23 日米防衛協力のための指針（ガイドライン）に合意 10.8 北朝鮮，金正日が労働党総書記に就任 11.8 北朝鮮日本人配偶者15名が初の里帰り 12.1 「ASEAN＋6」の蔵相会合，IMF中心の新通貨危機支援の枠組みを支持 12.11 京都議定書採択
1998	3.17 李鵬に替わり朱鎔基を総理に選出 4.19 天安門民主化運動のリーダーの一人王丹，病気療養の名目で釈放，同日アメリカへ出国 5.24 ［香港］復帰後，初の立法会選挙 6.10 文化大革命以来断絶の日中両国共産党，関係正常化に合意 6.25 クリントン，天安門事件後アメリカ大統領として初訪中 10.5 市民的及び政治的権利に関する国際規約（国際人権B規約）に署名 10.14 海峡両岸関係協会会長と海峡交流基金会理事長の中台会談，5年ぶりに開催 11.25 江沢民国家主席，中国国家元首として初来日	5.11 インド，24年ぶりの地下核実験実施 5- インドネシアで暴動，スハルト辞任 6.7 北朝鮮赤十字，日本人配偶者の一時帰国の取消しを発表 8.31 日本，北朝鮮の弾道ミサイル発射を公表 10.10 韓国，日本映画解禁 11.14-18 APEC閣僚会議・非公式首脳会議，ロシア・ペルー・ベトナムが参加して21カ国となる

現代中国のあゆみ 年表　265

年次	中　　国	世　界・日　本
	(-11.30) 12.5 ［台湾］国民党，台北市長選で 4 年ぶりに市政奪還	
1999	3.15 第 9 期全人代第 2 回会議，鄧小平理論を憲法に明記 4.25 北京中心部で気功集団「法輪功」，1 万余人が合法化を求め座込み 7.9 ［台湾］李登輝総統，中台関係を「国と国との関係」と発言（7.12 中国政府，発言を非難） 7.22 「法輪功」を非合法組織と認定，全国で幹部ら逮捕 11.15 中国・アメリカ，中国の WTO 加盟で合意 12.20 ポルトガル領マカオ，中国に返還（初代特別行政区長官に何厚鏵）．	3.24 NATO 軍，ユーゴスラヴィアの軍事施設などを空爆（初の国連決議なしの空爆） 4.6 戦時強制連行の韓国人，損害賠償・謝罪要求の訴訟で日本鋼管と和解 5.7 NATO 軍，ベオグラードの中国大使館を誤爆 6.10 NATO 軍，空爆を停止し，コソヴォ戦争終結 8.30 東チモール，住民投票でインドネシアからの独立決定（2002.5 独立） 12.1-3 日本の国会議員団，北朝鮮訪問，国交正常化交渉の再開を促す
2000	1.5 チベットの活仏の一人カルマパ 17 世，ひそかにインドへ出国 2.21 『台湾白書』を発表，武力統一の可能性を示唆 3.18 ［台湾］総統選で民進党の陳水扁が当選 4.13 法輪功メンバー，天安門広場で弾圧抗議のデモ 6.4 ［香港］天安門事件記念の 4 万人集会，中国各地でもハンスト 6.14 新疆ウイグル族自治区で「国家分裂罪」の 5 人処刑 9.10 ［香港］立法会の選挙，民主派が過半数を維持 9.13 黒龍江省で旧日本軍の遺棄化学兵器を処分	5.7 プーチン大統領当選 6.13-14 韓国，金大中大統領が北朝鮮を訪問 7.27 ASEAN 外相会議，地域フォーラムに北朝鮮が初参加 12.12 北朝鮮・イギリス，国交回復
2001	1.1 廈門と金門・馬祖島の間で小三通（通郵，通商，通航）開通 2.28 経済的・社会的及び文化的権利に関する国際規約（国際人権 A 規約）を批准 4.1 中米両軍機が海南島付近上空で衝突 4.2 市場経済秩序整頓・規範化全国会議（-4） 6.15 上海協力機構（SCO）発足 7.1 江沢民主席，「三つの代表」思想と私営企業家の入党解禁を表明 7.16 中露善隣友好協力条約締結 9.3 江沢民主席，北朝鮮を 11 年ぶりに訪問 10.8 訪中した日本の小泉首相，盧溝橋を訪問．江沢民国家主席と会談． 12.11 WTO に加盟	1.20 ブッシュ大統領就任 2.27 アジア・フォーラム開催（ボアオ） 3.28 ブッシュ政権が「京都議定書」から事実上の離脱を表明 4.3 日本，「つくる会」の中学校歴史教科書が検定に合格し，その内容と採択の是非をめぐる論争が国内外で活発化 8.13 小泉首相，靖国神社参拝 9.11 アメリカ同時多発テロ 10.7 アメリカ，アフガニスタンで対テロ戦争開始 10.21 日本，対中円借款削減を通告 10.29 日本，テロ対策特別措置法成立
2002	1.1 ［台湾］WTO に正式加入 4.4 李鵬全人代常務委員長，小泉首相と会談（東	5.31 日韓共催のワールドカップ開催 6.13 アメリカ，弾道弾迎撃ミサイル

年次	中　　国	世界・日本
	京) 4.22-26 [台湾] 李登輝前総統が来日 5.8 北朝鮮を脱出した一家5人，瀋陽の日本総領事館に駆け込むが，中国側が連行・拘束（22 マニラを経由して韓国へ） 8.2 [台湾] 企業・個人の中国への直接投資を解禁 8.5 陳水扁総統の「一辺一国」論を批判 11.4 「南シナ海行動宣言」調印	（ABM）制限条約から撤退（→同条約消滅，6.14 ロシア，START2 を放棄） 7.9 アフリカ連合（AU）発足 9.17 小泉首相，訪朝 → 10.15 拉致被害者5名，帰国 12.12 米朝枠組み合意に基づく北朝鮮への重油提供が中止
2003	3.15 第10期全人代第1回会議，江沢民主席の後任に胡錦濤を選出　16 朱鎔基の後任に温家宝を選出 4.13 新型肺炎（SARS）を法定伝染病に指定（-2003.7.28 SARS 終息宣言） 10.8 日中韓首脳会合，「日中韓三国間協力の促進に関する共同宣言」発表，「平和と繁栄のための戦略的パートナーシップに関する中国 ASEAN 共同宣言」採択，中国が東南アジア友好協力条約（TAC）に署名 10.15 有人宇宙船「神舟5号」打ち上げ成功	1.10 北朝鮮，核拡散防止条約（NPT）から脱退 2.4 ユーゴスラヴィア連邦，消滅 3.20 アメリカ，イギリス等ともにイラク攻撃開始 7.26 日本，イラク復興支援特別措置法成立 8.27 北朝鮮核問題で六者協議始まる 10.23 イラク復興支援会議開催（マドリード） 11.4 北朝鮮，軽水炉建設事業を一時停止
2004	3.14 第10期全人代第2回会議，憲法改正（「三つの代表」思想，私有財産制，人権の尊重と保障など） 3.20 [台湾] 陳水扁，国民党主席の連戦を破り総統に再選 3.24 釣魚島（尖閣諸島）に初めて大陸中国人が上陸 9.19 共産党第16期第4回中央委，中央軍事委員会主席を江沢民から胡錦濤に 10.25 東シナ海等に関する第1回日中協議（北京） 11.21 胡錦濤主席，小泉首相に靖国参拝の中止を要求（ラオス） 11.28 温家宝総理，第8回 ASEAN＋3 首脳会議に出席 12.11 [台湾] 立法委員選挙で国民党ら野党連合，過半数を制す	1.27 日本，衆議院本会議で自衛隊イラク派遣の承認案件が審議入り（1.31 衆議院本会議で野党欠席のまま可決） 5.1 中欧・東欧10カ国が EU に加盟 5.22 小泉首相，再訪朝 6.18 欧州憲法草案採択 6.28 連合国暫定当局（CPA）が主権をイラク暫定政府に正式に移譲 9.20 インドネシア，国民の直接投票によりユドヨノを大統領に選出
2005	1.17 趙紫陽死去 1.29 中台直行チャーター便，広州から台北に到着 3.12 [香港] 董建華辞任 → 6.21 無投票で曽蔭権が行政長官に 3.14 第10期全人代第3回会議，反国家分裂法を採択 4.9 反日デモ（北京） 4.14 WTO2004年次報告により，日本を抜いてアジア最大の貿易国となったことが判明 4.29 国民党主席の連戦が大陸訪問，胡錦濤主席と会談，「台湾独立」反対等で合意 7.21 人民元切り上げ	1.30 イラク，国民議会選挙の投票実施 2.16 京都議定書発効 3.16 島根県議会，竹島の日条例を制定（6.韓国の慶尚北道議会，毎年10月を独島の月とする） 7.5 日本，郵政民営化法案が衆議院で可決 12.14 ASEAN＋3 にオーストラリア・ニュージーランド・インドを加え，「東アジア共同体」に向けての東アジア・サミット（EAS）が開

年次	中　　　国	世　界・日　本
	10.28-30 胡錦濤主席，北朝鮮を訪問 12.14 温家宝総理，第 1 回東アジア・サミット首脳会議出席	幕（クアラルンプール）
2006	1.1 農業税全廃 1.24『氷点周刊』停刊処分 3.5-16 第 10 期全国人民代表大会第 4 回会議，「第 11 次 5 カ年規画」採択（「科学的発展観」及び「和諧社会（調和社会）」など） 4.18 胡錦濤主席，初の訪米 5.9 国連人権理事会理事国に選出される 6.1 [台湾] 国民党機関紙『中央日報』停刊 7.15 [香港] 曽蔭権行政長官，2012 年以降の普通選挙化に言及 9.10 初の米中海軍合同演習実施 10.8-9 日本の安倍首相訪中，胡錦濤主席と戦略的互恵関係構築で一致 10.14 北朝鮮の核実験に対する国連安保理の非難決議に加わる 11.4 中国・アフリカ協力フォーラム開催（北京） ＊この年，胡錦濤・プーチン首脳会談 5 度行われる	6.3 セルビア・モンテネグロ，独立宣言 6.6 日本，延期中の 2006 年度対中円借款 740 億円の供与を決定 8.15 小泉首相，靖国神社参拝 10.9 北朝鮮，核実験を実施
2007	3.16 第 10 期全人代第 5 回会議，物権法採択 4.11 温家宝総理，訪日（-13） 6.12 最高人民法院，商標権侵害問題で中国企業にヤマハ発動機への損害賠償を命じる 6.29 全人代常務委員会，労働契約法可決 8.9 上海協力機構，対テロ合同軍事演習（ウルムチなど）（-17） 8.30 全人代常務委員会，独占禁止法可決 9.30 [台湾] 民進党，「正常国家決議文」を採択 10.22 共産党第 17 期第 1 回中央委，習近平らを政治局常務委員に選出 12.27 福田首相，訪中	1.1 潘基文（韓），国連事務総長に就任 1.15 第 2 回東アジア・サミット開催（セブ） 4.27 日本の最高裁，強制連行西松建設訴訟で中国の戦争被害者個人の賠償請求権も日中共同声明により失われたと判断 7.30 アメリカ下院，「慰安婦」問題で日本に公式謝罪を求める 9.29 沖縄県民大会，「集団自決」強制記述の削除に抗議 10.19 G7 開幕，アメリカのサブプライム住宅ローン問題などを協議（ワシントン） 12.19 韓国，李明博が大統領に当選
2008	1.12 [台湾] 立法委員選挙で民進党敗北 1.30 日本で中国製冷凍餃子の中毒事件報道 3.14 チベットのラサで当局が僧侶らを弾圧，衝突拡大 3.22 国民党の馬英九，台湾（中華民国）の総統に選出 5.6 胡錦濤主席，訪日（-10） 5.12 四川大地震．死者・行方不明 8 万 7000 人，被災 4616 万人 6.10 台湾漁船，尖閣諸島沖で日本の巡視艇と衝突し沈没	3.2 ロシアでメドヴェージェフ大統領当選 3.25 北京五輪の聖火リレー開始．リレー実施の世界各地で中国のチベット政策への抗議行動 6.18 日中両国，東シナ海の天然ガス共同開発で合意 9.15 米の証券大手，経営破綻．世界金融危機始まる 11.4 米で民主党オバマ大統領当選 11.14 G20 首脳会議（主要 7 カ国に中，

年次	中　　国	世界・日本
	8.4 カシュガルで国境警備の武力警察に襲撃事件 8.8 オリンピック北京大会開会（-24） 9.7 香港で立法会選挙．親中派が37議席，民主派が23議席 9.11 粉ミルクへのメラミン混入事件公表．死者6人を含む乳幼児20万6000人に被害 11.4 両岸の「三通」（空運・海運・郵便の直行）に関する取り決めに調印．12.15 から実現 12.9 劉暁波ら，民主化を求める「08憲章」をネットに発表	露，韓，印など参加），開会 11.25 タイで反政府デモ隊が空港を占拠 12.13 初の日中間サミット，福岡で開催
2009	1.5 北京で新型インフルエンザ死者．以後，感染拡大 5.19 趙紫陽元総書記の回想録，香港で出版 6.14 上海協力機構，ロシアで開催．エカテリンブルク宣言採択 7.5 新疆で大規模な反漢族暴動．広東で起きたウイグル人殴打事件（6.26）がきっかけ 8.31 中台間に定期直行便の運行開始 10.10 鳩山首相，訪中 11.11 「独身の日」のショッピングイベント始まる 11.15 オバマ米大統領，訪中 12.20 マカオ行政長官に崔世安が就任 12.25 劉暁波に国家政権転覆扇動罪で懲役11年の判決	1.26 アイスランドの連立政権，経済危機の深化で崩壊 4.5 オバマ米大統領，チェコのプラハで核なき世界演説 4.11 タイの反政府デモで，ASEAN の会議混乱 5.9 新型インフルエンザ，日本でも初患者，感染拡大 5.23 韓国の盧武鉉前大統領自殺 6.1 米の自動車メーカーGM，経営破綻 8.30 日本で民主党が衆院選に勝利 12.1 EUの新しい基本条約（リスボン条約）発効
2010	1.31 日中歴史共同研究の成果を両国で発表 3.26 中国製餃子中毒事件の容疑者拘束を発表 5.1 上海万博開幕（〜10.31） 5.21 台湾の電子部品メーカー富士康の深圳工場でこの年10人目の自殺者．過酷な労働条件が社会問題化 9.7 尖閣諸島沖で中国漁船が日本の巡視艇に衝突 10.8 劉暁波にノーベル平和賞授賞の決定 10. 中旬 成都，西安などで反日デモ 10.28 習近平，軍事委員副主席に選出．次期国家主席有力候補	1.12 ネット検索事業のグーグル，検閲を受ける中国本土からの撤退検討を表明（3.22 香港に展開拠点を移動） 3.26 黄海で韓国の哨戒艦天安が爆発し沈没．北朝鮮関与か 5.2 IMFとユーロ圏，ギリシャの財政危機支援で合意 6.2 鳩山首相退陣を表明．菅内閣発足（6.8） 10.22 ウィキリークス，ネットで米機密文書の公表を開始 11.23 北朝鮮，韓国の大延坪島を砲撃．民間人にも死者
2011	1.4 日本の文化や日常などを紹介する『知日』誌創刊 4.21 白書「中国の対外援助」発表 6.28 中台間の個人旅行解禁 7.28 ハイアール（海爾），三洋の白物家電部門買収 7.23 高速鉄道脱線転覆事故発生．事故対応が問題となり鉄道部が廃止（2013.3.14） 10.27 白書「中国の特色ある社会主義法律体系」を発表	3.11 東日本大地震発生，福島原発事故 4.11 日本政府，『人民日報』等に震災支援に対する感謝メッセージを掲載 12.17 北朝鮮，金正日国防委員長没（30 金正恩，朝鮮人民軍最高司令官に就任） 12.18 イラク駐留米軍，撤退完了．この年の初め，アラブ諸国での政変がつづき，「アラブの春」と呼ばれる

年次	中　　国	世界・日本
2012	1.14 ［台湾］総統選挙で国民党馬英九が再選（5.20就任） 1.17『人民日報』，尖閣諸島（釣魚島）の領有権を「核心的利益」と表現 3.15 薄熙来重慶市党委員会書記解任の報道（9.28 党籍剥奪） 3.25 香港行政長官選挙，親中派梁振英が当選（7.1就任） 7.29 香港で「道徳的・国民教育科」導入反対のデモ（9.8事実上の撤回） 9.15 国交正常化以来最大規模の反日運動 9.25 白書「釣魚島は中国固有の領土」を発表，初の航空母艦遼寧就航 10.11 莫言，ノーベル文学賞受賞 11.15 中共第18期1中全会，習近平を総書記に選出 11.29 習近平総書記，講話「中国の夢」を発表	3.4 ロシア大統領選挙，プーチン再選 4.11 北朝鮮，金正恩が党第一書記に就任 6.18 アメリカ下院，「中国人移民排斥法」（1882年制定，1943年廃止）に謝罪する法案を全会一致で可決 9.11 野田内閣，尖閣諸島の国有化を閣議決定 11.6 アメリカ大統領選挙でオバマ再選（2013.1.20就任） 12.16 自民党，選挙で勝利，与党復帰（12.26安倍晋三第2次内閣）
2013	1.4 広東省党宣伝部による『南方週末』紙3日付新年号の改竄が判明 3.5 第12期全人代が開幕，習近平国家主席，李克強首相を選出 5.11 共産党中央が「普遍的価値」「報道の自由」「党の歴史的過ち」など7項目の大学での講義を禁じる「七不講」を指示したと『明報』報道 9.22 薄熙来に無期懲役判決（10.25刑確定）	1.21 アメリカ，国連安保理に北朝鮮への制裁強化決議案を提出 5.9 東アジア地域包括的経済連携（RCEP）第1回交渉会合，ブルネイで開催される（-13） 6.19 アメリカのオバマ大統領，ベルリンで戦略核削減を発表 12.13 日本，「特定秘密保護法」公布 12.17 日本，「国家安全保障戦略」を決定
2014	3.3 周永康汚職問題が報道される 3.19 ［台湾］中台「サービス貿易協定」に反対するひまわり運動 5.2 中国が南シナ海で大規模な石油掘削設備を導入（6ベトナム政府が抗議，7現場海域でベトナム・中国船が衝突） 7.30 国務院，農業（農村）戸籍と非農業（都市）戸籍の区分撤廃方針 9.28 香港で行政長官の普通選挙を求める「雨傘運動」が発生（12.14強制排除により収束） 11.1「反スパイ法」施行 11.17 上海・香港間の株取引自由化	3.18 ロシアのプーチン大統領，クリミア自治共和国の編入を宣言 3.26 WTO，中国のレアアース輸出規制を協定違反と認定 5.27 アメリカのオバマ大統領，アフガニスタン駐留米軍を16年末までに完全撤廃と発表 8.5『朝日新聞』，過去の慰安婦報道の一部を取り消す 11.16 日本の沖縄県知事選で辺野古移設反対の翁長雄志当選
2015	6.29 中国主導のアジアインフラ投資銀行（AIIB）の設立協定調印，日米不参加（12.25正式発足） 7.1「国家安全法」成立 10.5 屠呦呦，ノーベル医学・生理学賞受賞 10.6 中国の人民元が日本の円を初めて上回り，第4位の国際通貨になったと発表 11.7 習近平国家主席と馬英九総統がシンガポールで中台分断後初の会談 12.27「反テロ法」成立	7.20 アメリカとキューバが1961年の断絶以来，54年ぶりに国交回復 8.14 ユーロ圏財務相会合，ギリシア金融支援で合意 9.19 日本，参議院本会議で「安保関連法」成立（30公布） 10.10 ユネスコ，南京大虐殺をめぐる資料を世界記憶遺産として登録を発表（14日本の安倍首相が遺憾の意

年次	中　　国	世　界・日　本
		を表明） 11.8 ミャンマー，民政移管後初の総選挙でアウンサン・スーチー率いるNLDが圧勝 11.13 パリ，同時多発テロ 12.28 日韓，慰安婦問題で合意（日本の歴史学関係団体が批判表明）
2016	1.1 一人っ子政策を廃止 1.8 人権派弁護士らを国家政権扇動転覆容疑で相次いで逮捕 1.16 ［台湾］民進党の蔡英文主席，総統に当選（5.20就任） 3.2 香港で「雨傘運動」を主導した「学民思潮」が解散（4.10新政党「香港衆志」を結成） 4.28 第11期全人代常務委員会，「外国非政府組織国内活動管理法」を採択（17.1.1施行） 6.16 上海ディズニーランド，正式オープン 7.11 香港の「六四記念館」閉館 9.9 北朝鮮核実験に反対を表明 10.9 香港の民主派新人議員らの就任宣誓承認されず 10.24 共産党第18期第6回中央委，習近平国家主席を初めて公式に「核心」と位置づける 11.4 第12期全人代常務委員会，「インターネット安全法」を採択（2017.6.1施行） 12.2 アニメ映画「君の名は。」が公開，日本映画の興行収入が過去最高を記録	1.6 北朝鮮，核実験を実施 2.7 北朝鮮，長距離ミサイルを発射 3.26 北海道新幹線開業 5.10 北朝鮮，金正恩を党委員長に選出 5.26 伊勢志摩サミット開幕（-27） 5.27 アメリカのオバマ大統領，広島を訪問 6.23 イギリス国民投票でEU離脱が過半数 9.4 杭州でG20開幕．中露など新興5カ国（BRICS）も首脳会談 9.9 北朝鮮，過去最大規模の核実験 11.8 アメリカ大統領選挙で共和党トランプ当選 11.29 韓国，朴槿恵大統領が知人の国政介入疑惑をめぐって任期前の辞任を表明〔12.9朴大統領弾劾可決〕 12.10 大隅良典東京工業大学名誉教授，ノーベル医学生理学賞受賞 12.21 日本，高速増殖炉もんじゅの廃炉を決定 12.27 日米首脳，真珠湾で慰霊
2017	1.1 ［台湾］交流協会，日本台湾交流協会に名称変更 1.3 教育部，小中学校の教科書で抗日戦争の期間を8年から14年にするよう通知 3.5 第12期全人代第5回会議，香港独立思想を公式の場で初めて批判 3.26 香港行政長官選挙で親中派の林鄭月娥当選 5.17 ［台湾］亜東関係協会，台湾日本関係協会に名称変更 6.29 習近平国家主席，就任後初めて香港を訪問 7.13 投獄中にノーベル平和賞を受賞した劉暁波，死去 7.29 外交部，北朝鮮のICBM発射に非難声明 8.14 ［台湾］蒙蔵委員会の年内廃止を表明 9.1 第12期全人代常務委員会，「国歌法」を可決 9.5 北朝鮮に対する全面禁輸を開始 10.18 共産党19回大会，習近平総書記が「新時代の中国の特色ある社会主義思想」を自らの指導理念として提唱，自身の名前を冠した同思想を党	1.20 アメリカ，トランプ大統領就任 2.14 日本の小中学校の指導要領改定案，尖閣を日本の固有の領土と明記 4.6 米中首脳会談（-7） 5.9 韓国，文在寅大統領就任 5.19 イラン大統領選で現職のロウハニ師，強硬派を破り再選 6.12 上野動物園でパンダのシャンシャン誕生 6.14 日本，「共謀罪」法成立 7.6 日欧EPA大枠合意を発表，95%で関税撤廃 8.22 アメリカ，対北朝鮮の独自制裁で中国企業と個人を対象に追加 8.29 北朝鮮，中距離弾道ミサイル発射，北海道上空通過〔9.16再び日本通過〕 9.11 国連安全保障理事会，アメリカ主導の北朝鮮への制裁強化案を決議，

現代中国のあゆみ 年表　271

年次	中　国	世界・日本
	規約に盛り込む この年の年間訪日外国人客数（約 2800 万人）のうち中国約 730 万人，台湾約 460 万人，香港約 220 万人	中国も賛成 9.25 クルド住民投票 10.1 アメリカ海軍駆逐艦，南シナ海で「航行の自由作戦」 10.27 カタルーニャ，独立宣言 10 月に IS の拠点陥落，壊滅状態に
2018	1.1 環境保護税施行 2.1 新華社，日本語ニュースのサービスを開始 3.5 第 13 期全人代，国家主席の任期を撤廃し，習近平国家主席の思想を国の指導思想とすることが決定 5.30 パナソニック創業者松下幸之助の業績を紹介する「松下記念館」が北京でオープン 9.23「広深港高速鉄道」が開通 9.24 この年のアメリカの対中貿易制裁をめぐってトランプ政権を非難する白書を公表 10.25 安倍首相，訪中（-26） 11.18 APEC 首脳会談で中米対立，首脳宣言採択を断念	3.18 ロシア大統領選でプーチンが再選 3.25 金正恩，初訪中（26 習近平と会談） 4.22 米英仏，シリアに軍事攻撃 4.27 金正恩，初訪韓，南北首脳が会談 5.23 財務省，森友学園をめぐる文書を意図的に廃棄（6.4 公文書改ざん調査結果を公表） 6.12 米朝首脳，史上初の会談 7.6 オウム真理教死刑執行終える 11.6 アメリカ中間選挙で民主党が下院で過半数 11.21 韓国，慰安婦財団解散，日本が韓国へ抗議 11.25 EU 首脳会議，英離脱合意案を正式決定 12.8 日本，改正出入国管理法が成立 12.10 本庶佑京都大学特別教授，ノーベル医学生理学賞受賞

参考文献：歴史学研究会編『世界史年表〔第 3 版〕』岩波書店，2017 年

文献案内

〔凡例〕
　5つに分類し，文献を紹介する．
1. 小説，回想録，ルポ，映画，簡潔な概説など
　　中国近現代史に興味をもって接近するための文献や映像．入手，閲覧しやすいことも考慮した．
2. 史料集
　　注記で用いた文献に限定．それ以外の史料集は，次の工具書を使って調べてほしい．
3. 事典，研究文献案内などの工具書類
　　問題を詳しく調べるための工具書類．研究文献や史料集の案内などを含めて挙げた．
4. 分野別通史，講座，読みやすい研究書など
　　政治，外交，経済，社会など特定分野に関する認識を深めるため，参考になる文献．
5. 研究文献
　　本書の章別に若干の文献を挙げた．上記の3と4も参照してほしい．

1．小説，回想録，ルポ，映画，簡潔な概説など

魯迅『阿Q正伝』角川文庫，1961年（改訂版2018年）．
　　中国社会の現実を透徹した眼で描く小説集．1920年代に書かれ，今も読み継がれる．
山崎豊子『大地の子』文春文庫，1994年（単行本初版1991年）．
　　日本人戦争孤児のたどる苦難の旅路を文革期の中国を舞台に描いた大河小説．
陳凱歌『私の紅衛兵時代：ある映画監督の青春』講談社現代新書，1990年．
　　斬新な映像美によって知られる映画監督が自ら綴った，少年時代の苛烈な文革体験．
梁恒『中国の冬（原題 Son of Revolution）：私が生きた文革の日々』サイマル出版会，1984年（原著1983年）．
　　紅衛兵経験者の回想録．文革期中国の若い世代が何を考え行動したかが知られる．
愛新覚羅溥儀『わが半生：「満洲国」皇帝の自伝』ちくま文庫，1992年．
　　清朝最後の皇帝にして「満洲国」皇帝にもなった溥儀の回想．宮廷生活も克明に描く．
野澤豊『孫文と中国革命』岩波新書，1966年．
　　1910～20年代中国の政治と社会の変動を，孫文の生涯と重ね平明に叙述．
茅盾『子夜』岩波文庫，1962年（上）・70年（下）．
　　上海の企業経営者と出身地の江南農村を舞台に30年代の中国社会を描いた長編小説．
エドガー・スノー『アジアの戦争：日中戦争の記録』筑摩叢書1988年．
　　言論統制下の日本人が知らぬ間に，世界に報道され続けていた日中戦争の真実．
郭沫若『抗日戦回想録』中公文庫 BIBLIO20世紀，2001年．
　　日中戦争期の指導者や抗戦宣伝に従事する文学者の様子を軽妙に描く．
山室信一『キメラ：満洲国の肖像』増補版，中公新書，2004年．

日本軍が作った多民族国家という独特の性格を持つことになった満洲国の実像.

O・ラティモア『中国と私』みすず書房，1992 年．
　モンゴル・中国専門家の回想．現地での研究，蒋介石顧問としての経験などを記述．

費孝通『中国農村の細密画：ある村の記録 1936～82』研文出版，1985 年．
　中国社会学の父である著者が故郷に近い江南農村の社会生活を生き生きと描出．

『シリーズ中国近現代史』（岩波新書）全 6 巻，岩波書店，2010-2017 年．
　1　吉澤誠一郎『清朝と近代世界：19 世紀』，2　川島真『近代国家への模索：1894-1925』，3　石川禎浩『革命とナショナリズム：1925-1945』，4　久保亨『社会主義への挑戦：1945-1971』，5　高原明生・前田宏子『開発主義の時代へ：1972-2014』，6　西村成雄『中国の近現代史をどう見るか』．
　日本の中国近現代史研究の最新の成果をふまえ，平明簡潔に叙述する．

毛里和子『日中関係：戦後から新時代へ』岩波新書，2006 年．
　日中関係を軸に整理した簡明な戦後中国史．続編に同著『日中漂流：グローバル・パワーはどこへ向かうか』岩波新書，2017 年がある．

映画『芙蓉鎮』監督・謝晋，1987 年．
　文革を挟む激動の 20 年を，村の小さな食堂を舞台に庶民の目の高さから捉えた佳作．

映画『悲情城市』監督・侯孝賢，1989 年．
　第二次大戦直後の台湾とそこに生きた人々の姿を，二・二八事件を軸に重厚に描く．

映画『活きる』監督・張芸謀，1994 年．
　1940-60 年代，戦争と革命の時代を必死に生き抜こうとする家族の姿を描く大作．

映画『ジャスミンの花開く』監督・侯咏，2004 年．
　1930 年代から 1980 年代の上海を舞台に，激動の時代を生きる 3 世代の女性を描く．

映画『あの子を探して』監督・張芸謀，1999 年．
　町へ働きに行った子を探し回る臨時教員の少女の姿を通じ，農村社会の現実を告発．

藤井省三『中国語圏文学史』東京大学出版会，2011 年．

坂元ひろ子『中国近代の思想文化史』岩波書店，岩波新書，2016 年．

久保亨『日本で生まれた中国国歌：「義勇軍行進曲」の時代』岩波書店，2019 年．

石川禎浩『赤い星は如何にして昇ったか：知られざる毛沢東の初期イメージ』臨川書店，2016 年．

波多野澄雄／中村元哉編『日中戦争はなぜ起きたのか：近代化をめぐる共鳴と衝突』中央公論新社，2018 年．

石島紀之『中国民衆にとっての日中戦争：飢え，社会改革，ナショナリズム』研文出版，2014 年．

笠原十九司『［増補］南京事件論争史：日本人は史実をどう認識してきたか』平凡社，2018 年．
　大量虐殺という明白な史実が議論になる背景を，日本人の歴史意識に遡って検討．

国分良成他『日中関係史』有斐閣，2013 年．

家永真幸『パンダ外交』メディアファクトリー新書，2011 年．
丸川知雄『現代中国経済』有斐閣，2013 年．
石井明『中国国境：熱戦の跡を歩く』岩波書店，2014 年．
余華『ほんとうの中国の話をしよう』河出文庫，2017 年．

2．史料集

歴史学研究会編『世界史史料』9～12，岩波書店，2006, 08, 12, 13 年．
毛里和子ほか編『原典中国現代史』全 9 巻，岩波書店，1994-1996 年．
外務省編『日本外交年表並主要文書』全 2 巻，原書房，1965 年（上）・1966 年（下）．
日本国際問題研究所中国部会編『新中国資料集成』全 5 巻，日本国際問題研究所，1963-71 年．
日本国際問題研究所現代中国研究部会編『中国大躍進政策の展開　資料と解説』全 2 巻，日本国際問題研究所，1973 年（上）・1974 年（下）．
並木頼寿他編『新編　原典中国近代思想史』全 7 巻，岩波書店，2010-11 年．
　　西順蔵編『原典中国近代思想史』全 6 巻（岩波書店，1976-77 年）を大幅に改訂し，以下の 7 巻構成で中国近現代の歩みを思想・言論面から跡づける．1　開国と社会変容：清朝体制・太平天国・反キリスト教，2　万国公法の時代：洋務・変法運動，3　民族と国家：辛亥革命，4　世界大戦と国民形成：五四新文化運動，5　国家建設と民族自救：国民革命・国共分裂から一致抗日へ，6　救国と民主：抗日戦争から第二次世界大戦へ，7　世界冷戦のなかの選択：内戦から社会主義建設へ．

3．事典，研究文献案内など

礪波護／岸本美緒／杉山正明編『中国歴史研究入門』名古屋大学出版会，2006 年．
　　最新の研究文献案内．時代別に分野別に近年の研究文献があげられ，史料案内もある．
飯島渉／田中比呂志編『21 世紀の中国近現代史研究を求めて』研文出版，2006 年．
　　大学院生向けの研究ガイド．図書館，インターネットなどを利用した情報収集に始まり，課題設定から論文執筆の技法まで至れり尽くせり．
坂野正高／田中正俊／衛藤瀋吉編『近代中国研究入門』東京大学出版会，1974 年．
　　工具書，社会経済史，政治外交史などの高水準の研究案内として今なお価値ある 1 冊．
小島晋治／並木頼寿編『近代中国研究案内』岩波書店，1993 年．
　　近代中国史に関係する様々なタイプの研究案内を掲載．
野澤豊編『日本の中華民国史研究』汲古書院，1995 年．
　　20 世紀前半の中華民国期を対象にした研究動向と文献案内．
岡本隆司・吉澤誠一郎編『近代中国研究入門』東京大学出版会，2012 年．
野村浩一ほか編『岩波講座現代中国　別巻 2　現代中国研究案内』岩波書店，1990 年．
近代中国人名辞典修訂版編集委員会編『近代中国人名辞典　修訂版』霞山会，2018 年．

近現代中国の人物について調べる時，最初に参照すべき文献．
天児慧ほか編『岩波現代中国事典』岩波書店，1999 年．
　　　人名，事件，政治問題，社会問題など，様々な事項を調べる手がかりになる．
川島真／中村元哉編『中華民国史研究の動向：中国と日本の中国近代史理解』晃洋書房，
　　　2019 年．
高橋伸夫編『現代中国政治研究ハンドブック』 慶應義塾大学出版会，2015 年．
高田幸男／大澤肇編『新史料からみる中国現代史：口述・電子化・地方文献』東方書店，
　　　2010 年．
中村元哉／大澤肇／久保亨編『現代中国の起源を探る　史料ハンドブック』東方書店，
　　　2016 年．
久保亨編『中国経済史入門』東京大学出版会，2012 年．

4．分野別通史，講座，読みやすい研究書など

坂野正高『近代中国政治外交史：ヴァスコ・ダ・ガマから五四運動まで』東京大学出版会，
　　　1973 年．
川島真／服部龍二編『東アジア国際政治史』名古屋大学出版会，2007 年．
　　　東アジア地域を対象にした初めての本格的な通史．
中村元哉『対立と共存の日中関係史：共和国としての中国』講談社，2017 年．
岡本隆司『清朝の興亡と中華のゆくえ：朝鮮出兵から日露戦争へ』講談社，2017 年．
笠原十九司『日中戦争全史』上・下，高文研，2017 年．
毛里和子『現代中国政治　第 3 版』名古屋大学出版会，2012 年．
高見澤磨・鈴木賢・宇田川幸則『現代中国法入門　第 7 版』有斐閣，2016 年．
益尾知佐子／青山瑠妙／三船恵美／趙宏偉『中国外交史』東京大学出版会，2017 年．
毛里和子『現代中国外交』岩波書店，2018 年．
久保亨／加島潤／木越義則『統計でみる中国近現代経済史』東京大学出版会，2016 年．
　　　統計資料を軸に中国の近現代経済史を概観したもので研究文献の手引きにもなる．
梶谷懐・藤井大輔編『現代中国経済論　第 2 版』ミネルヴァ書房，2018 年．
村松祐次『中国経済の社会態制』東洋経済新報社，1975 年（初版 1949 年）．
　　　独自の観点から革命以前の中国の社会経済を巨視的に把握し，その特質を摘出した．
竹内実『中国の思想：伝統と現代』新版，ＮＨＫブックス，1999 年．
　　　中国の伝統思想の特質を横断的に概説．
佐藤慎一編『近代中国の思索者たち』大修館書店，1998 年．
　　　主な人物別に彼らの政治思想の内容を，わかりやすくまとめている．
P・コーエン『知の帝国主義：オリエンタリズムと中国像』平凡社，1988 年（原著 1984
　　　年）．
溝口雄三『方法としての中国』東京大学出版会，1989 年．

増淵龍夫『歴史家の同時代史的考察について』岩波書店，1983 年．
田中正俊『東アジア近代史の方法：歴史に学ぶ』名著刊行会，1999 年．
　　以上 4 冊はアメリカや日本の中国近現代史認識，研究方法に関する省察．
平野健一郎他編『インタビュー　戦後日本の中国研究』平凡社，2011 年．
吉澤誠一郎『愛国主義の創成：ナショナリズムから近代中国をみる』岩波書店，2003 年．
坂元ひろ子『中国民族主義の神話：人種・身体・ジェンダー』岩波書店，2004 年．
小野寺史郎『中国ナショナリズム：民族と愛国の近現代史』中公新書，2017 年．
劉傑／三谷博／楊大慶編『国境を越える歴史認識：日中対話の試み』東京大学出版会，2006 年．
　　日中関係史，日中両地域の歴史認識の異なる位相などをめぐる論説集．
劉傑／川島真編『対立と共存の歴史認識：日中関係 150 年』東京大学出版会，2013 年．
土田哲夫編『近現代東アジアと日本：交流・相剋・共同体』中央大学出版部，2016 年．
笹川裕史『中華人民共和国誕生の社会史』講談社，2011 年．
阿部洋『中国の近代教育と明治日本　第 2 版』龍溪書舎，2002 年（初版 1990 年）．
関西中国女性史研究会編『中国女性史入門：女たちの今と昔』人文書院，2005 年．
高橋孝助／古厩忠夫編『上海史：巨大都市の形成と人々の営み』東方書店，1995 年．
天津地域史研究会編『天津史：再生する都市のトポロジー』東方書店，1999 年．
周婉窈『増補版　図説　台湾の歴史』平凡社，2013 年．
斯波義信『華僑』岩波新書，1995 年．
毛里和子ほか編『現代中国の構造変動』全 8 巻，東京大学出版会，2000-2001 年．
　　1　大国中国への視座／毛里和子編，2　経済：構造変動と市場化／中兼和津次編，3　ナショナリズム：歴史からの接近／西村成雄編，4　政治：中央と地方の構図／天児慧編，5　社会：国家との共棲関係／菱田雅晴編，6　環境：成長への制約となるか／小島麗逸編，7　中華世界：アイデンティティの再編／毛里和子編，8　国際関係：アジア太平洋の地域秩序／田中恭子編．
飯島渉・久保亨・村田雄二郎編『シリーズ 20 世紀中国史』全 4 巻，東京大学出版会，2009 年．
　　第 1 巻　中華世界と近代，第 2 巻　近代性の構造，第 3 巻　グローバル化と中国，第 4 巻　現代中国と歴史学　の 4 巻よりなり，日本の中国近現代史研究の水準を提示する．
『叢書　中国的問題群』全 12 冊，既刊 9 冊，岩波書店，2009 年〜．
高原明生他編『日中関係史　1972-2012』全 4 巻（Ⅰ政治，Ⅱ経済，Ⅲ社会・文化，Ⅳ民間），東京大学出版会，2012-14 年．
横山宏章『孫文と袁世凱：中華統合の夢』岩波書店，1996 年．
西村成雄『張学良：日中の覇権と「満州」』岩波書店，1996 年．
高原明生／丸川知雄／伊藤亜聖編『社会人のための現代中国講義』東京大学出版会，2014 年．

5．研究書
　第1章（中華民国の誕生）関連
辛亥革命百周年記念論集編集委員会編『総合研究　辛亥革命』岩波書店，2012年．
中央大学人文科学研究所編『民国前期中国と東アジアの変動』中央大学出版部，1999年．
横山英／曽田三郎編『中国の近代化と政治的統合』溪水社，1992年．
金子肇『近代中国の国会と憲政：議会専制の系譜』有志舎，2019年．
岡本隆司『中国の誕生：東アジアの近代外交と国家形成』名古屋大学出版会，2017年．
川島真『中国近代外交の形成』名古屋大学出版会，2004年．
狭間直樹『梁啓超：東アジア文明史の転換』岩波書店，2016年．
馮青『中国海軍と近代日中関係』錦正社，2011年．
金子肇『近代中国の中央と地方：民国前期の国家統合と行財政』汲古書院，2008年．
京都大学人文科学研究所編『五四運動の研究』全5函18分冊，同朋舎，1982-92年．
中央大学人文科学研究所編『五・四運動史像の再検討』中央大学出版部，1986年．
石川禎浩『中国共産党成立史』岩波書店，2001年．
深町英夫『近代中国における政党・社会・国家：中国国民党の形成過程』中央大学出版部，1999年．
野沢豊編『中国国民革命史の研究』青木書店，1974年．
久保亨・嵯峨隆編『中華民国の憲政と独裁　1912-1949』慶應義塾大学出版会，2011年．
飯島渉『ペストと近代中国：衛生の「制度化」と社会変容』研文出版，2000年．
小浜正子『近代上海の公共性と国家』研文出版，2000年．
吉澤誠一郎『天津の近代：清末都市における政治文化と社会統合』名古屋大学出版会，2002年．

　第2章（国民党政権の近代化と日中戦争）関連
中国現代史研究会編『中国国民政府史の研究』汲古書院，1986年．
中央大学人文科学研究所編『民国後期中国国民党政権の研究』中央大学出版部，2005年．
久保亨『戦間期中国<自立への模索>：関税通貨政策と経済発展』東京大学出版会，1999年．
笹川裕史『中華民国期農村土地行政史の研究：国家―農村社会間関係の構造と変容』汲古書院，2002年．
鹿錫俊『中国国民政府の対日政策　1931-1933』東京大学出版会，2001年．
田嶋信雄『ナチス・ドイツと中国国民政府　一九三三―一九三七』東京大学出版会，2013年．
今井駿『中国革命と対日抗戦』汲古書院，1997年．
姫田光義／山田辰雄他編『日中戦争の国際共同研究』全6巻，慶應義塾大学出版会，2006-17年．

日中米の研究者が集まって日中戦争について討論した国際会議をもとにした論文集．以下の6巻よりなる．1 『中国の地域政権と日本の統治』，2 『日中戦争の軍事的展開』，3 『日中戦争期中国の社会と文化』，4 『国際関係のなかの日中戦争』，5 『戦時期中国の経済発展と社会変容』，6 『日中終戦と戦後アジアへの展望』．

萩原充『中国の経済建設と日中関係：対日抗戦への序曲　1927～1937年』ミネルヴァ書房，2000年．
久保亨『戦間期中国の綿業と企業経営』汲古書院，2005年．
飯塚靖『中国国民政府と農村社会』汲古書院，2005年．
高橋伸夫『党と農民：中国農民革命の再検討』研文出版，2006年．
石島紀之／久保亨編『重慶国民政府史の研究』東京大学出版会，2004年．
鹿錫俊『蔣介石の「国際的解決」構想：1937-1941：「蔣介石日記」から見る日中戦争の深層』東方書店，2016年．
服部龍二／土田哲夫／後藤春美編『戦間期の東アジア国際政治』中央大学出版部，2007年．
笹川裕史／奥村哲『銃後の中国社会：日中戦争下の総動員と農村』岩波書店，2007年．
若林正丈『台湾抗日運動史研究』増補版，研文出版，2001年．
村田雄二郎編『リベラリズムの中国』有志舎，2011年
黄自進『蔣介石と日本：友と敵のはざまで』武田ランダムハウスジャパン，2011年．
山田辰雄・松重充浩編『蔣介石研究：政治・戦争・日本』東方書店，2013年．
山本真『近現代中国における社会と国家：福建省での革命，行政の制度化，戦時動員』創土社，2016年．
飯島渉『マラリアと帝国：植民地医学と東アジアの広域秩序』東京大学出版会，2005年．

第3章（共産党政権の成立と冷戦）関連
姫田光義編『戦後中国国民政府史の研究：1945-1949年』中央大学出版部，2001年．
中村元哉『戦後中国の憲政実施と言論の自由　1945-49』東京大学出版会，2004年．
久保亨編『1949年前後の中国』汲古書院，2006年．
石井明『中ソ関係史の研究　1945-1950』東京大学出版会，1990年．
国分良成『現代中国の政治と官僚制』慶應義塾大学出版会，2004年．
杜崎群傑『中国共産党による「人民代表会議」制度の創成と政治過程：権力と正統性をめぐって』御茶の水書房，2015年．
井上正也『日中国交正常化の政治史』名古屋大学出版会，2010年．
沈志華『最後の「天朝」：毛沢東・金日成時代の中国と北朝鮮』上・下，岩波書店，2016年．
国分良成／小嶋華津子編『現代中国政治外交の原点』慶應義塾大学出版会，2013年．
青山瑠妙『中国のアジア外交』東京大学出版会，2013年．

水羽信男『中国近代のリベラリズム』東方書店，2007 年.
田中恭子『土地と権力：中国の農村革命』名古屋大学出版会，1996 年.
フランク・ディケーター『毛沢東の大飢饉：史上最も悲惨で破壊的な人災 1958-1962』草思社，2019 年.
国分良成編『中国文化大革命再論』慶應義塾大学出版会，2003 年.
松田康博『台湾における一党独裁体制の成立』慶應義塾大学出版会，2006 年.
川島真・清水麗・松田康博・楊永明『日台関係史 1945-2008』東京大学出版会，2009 年.

第 4 章（現代の中国と世界）関連
中村元哉編『憲政から見た現代中国』東京大学出版会，2018 年.
中村元哉『中国，香港，台湾におけるリベラリズムの系譜』有志舎，2018 年.
天児慧『中国政治の社会態制』岩波書店，2018 年.
加島潤『社会主義体制下の上海経済：計画経済と公有化のインパクト』東京大学出版会，2018 年.
若林正丈『台湾の政治――中華民国台湾化の戦後史』東京大学出版会，2008 年.
倉田徹『中国返還後の香港：「小さな冷戦」と一国二制度の展開』名古屋大学出版会，2009 年.

図表出所一覧（書誌データは後掲）

はじめに　1：『中国の思想』12 頁

第 1 章　扉：『児時"民国"』13 頁，1-1：*China's Foreign Trade Statistics*, pp. 22-24. 注）輸入額：海関報告の Net Imports. 輸出額：海関報告の Exports.，1-2：独自作図，1-3：『老明信片　建築編』48 頁，1-4：同上 74 頁，1-5：同上 62 頁，1-6：『幕末明治大正回顧八十年史』89 頁，1-7：『旧中国掠影』263 頁，1-8：『20 世紀初的中国印象』75 頁，1-9 同上 60 頁，1-10：『中国 20 世紀史』21 頁，1-11：『教育雑誌』1-3，1-12：『教育雑誌』1-13，1-13：『共和国的追求与挫折』No. 381，1-14：『触摸歴史　五四人物与現代中国』202 頁，1-15：『中国現代史地図集』7 頁を参考に作図，1-16：『東方雑誌』23-4，1-17：同上 23-13，1-18：『中国早期摂影作品選』72 頁，1-19：『中国革命史図集』43 頁，1-20：『触摸歴史　五四人物与現代中国』202 頁，1-21：『青年雑誌』創刊号，1-22：『東方雑誌』23-13，1-23：『中国現代史地図集』，1-24：『中国近現代史』上巻 304 頁掲載図を一部修正

第 2 章　扉：独自集成

2-1：*China's Nation Building Effort,* pp. 433-440. 注）財政年度は当該年の 7 月 1 日〜翌年 6 月 30 日．2-2：『戦間期中国〈自立への模索〉』163 頁，2-3：『旧中国紙幣図鑑』，2-4：国際経済史学会第 14 回大会第 103 分科会久保亨報告（2006 年），注）綿末明布，生糸，絹織物，小麦粉，銑鉄など 18 品目，価格ベースで全体の 72% を占める工業製品の生産統計を基礎に算出したもの，2-5：『中国経済 100 年のあゆみ』14・33・34 頁，注）自給率＝生産量÷消費量×100，消費量＝生産量＋輸入量－輸出量，2-6：『南京民国建築』，2-7：*Two Years of Nationalist China,* p. 434，2-8：『中国革命史図集』174 頁，2-9：『第二次国共合作』No. 74，2-10：『第二次国共合作』巻頭頁，2-11：『新生日本外交百年史』161 頁，2-12：『独立漫画』5 期，2-13：『第二次国共合作』No. 117，2-14：『中国の世紀』124-125 頁，2-15：『別冊歴史読本』83 号，2-16：同上，2-17：『新生日本外交百年史』270 頁，2-18：*China After Seven Years of War,* 2-19：『戦時聯合期刊』4 期，2-20：『重慶国民政府史の研究』180 頁，2-21：*The Challenge of Red China,* 2-22：『支那事変写真全輯』中　上海戦線 11 頁，2-23：『中国近代経済史統計資料選輯』147 頁，2-24：『上海是輪子転出来的』14 頁，2-25：『上海百年掠影（1840s-1940s）』67 頁，2-26：高田撮影，2-27：『20 世紀初的中国印象』137 頁，2-28：中国教育年鑑等より独自作成，2-29：『南京民国建築』105 頁，2-30：『20 世紀初的中国印象』223 頁，2-31：『中国電影図誌』113 頁，2-32：『日本地理風俗体系』第 1 巻，816 頁，2-33：同上 517 頁，2-34：同上 639 頁，2-35：『事変と台湾人』，表 2-1：『台湾省五十一年来統計提要』1155 頁，表 2-2 同上 1211-1213 頁．

第 3 章　扉：*China: A Photo History,* No. 44，3-1：『第二次国共合作』No. 444，3-2：『史画史話』166 頁，3-3：*From One China to the Other,* No. 57，3-4：『上海解放前後物価資料彙編』47 頁，3-5：『第二次国共合作』No. 556，3-6：『光輝的二十年』，3-7：『第二次国共合作』写真 No. 582，3-8：『光輝的二十年』，3-9：『中国報道写真展』No. 36，3-10：『当代中国外交』No. 2，3-11：『偉大的十年』36 頁　注）社会主義経済：国営部門，協同組合，「公私合営」化企業など．その他：民営企業，個人経営商店など．3-12：『偉大的十年』29 頁，3-13：『中国工業経済統計資料』19-20 頁，注）1952 年価格に換算．但し 1958-60 年の数値は過大とされる，3-14：*China: A Photo History* No. 50，3-15：『当代中国外交』No. 29，3-16：『人民中国』1958 年 1 月号，3-17：*A Decade under Mao Tse-tung,* p. 75，表 3-1：『中国経済 100 年のあゆみ』86 頁，表 3-2：『中国貿易物価統計資料』27，36 頁，3-18：『中国報道写真展』No. 67，3-19：『光輝的二十年』，3-20：『光輝的二十年』，3-21：*From One China to the Other,* No. 90，3-22：『北京糧票簡史』，3-23：『中国の世紀』175 頁，3-24：『中国の世紀』211 頁，3-25：『金門之戦』，3-26：『自由中国』，3-27：*Hong Kong Statistics 1947-1967,* 注）輸出は大部分が他地域からの輸入品の再輸出，3-28：『戦後香港軌跡』

第 4 章　扉：田中秀明／アフロ，4-1：『人民中国』1972 年 4 月号，4-2：『人民中国』1972 年 11 月号別冊，4-3：『「文化大革命」の回顧』北京周報社，4-4：『中国報道写真展』写真 No. 88，表 4-1：『中国経済 100 年のあゆみ』87 頁，4-5：『天安門燃ゆ』53 頁，4-6：『中国の世紀』238 頁，4-7：『中国統計年鑑　2018』表 3-1（国家統計局ウェブサイトより），表 4-2：『中国情報ハンドブック』より

独自作成，**4-8**：高田撮影，**4-9**：同上，**4-10**：『中国政府的対台方針政策』54 頁，**4-11**：©Pasu Au Yeung, Wikimedia Commons より，**4-12**：『美麗島』1-4, **4-13**：(台北) 政治大学選挙研究中心ウェブサイトより作成，**4-14**：*Taiwan Statistical Databook,* pp. 223-225, **4-15**：『中華民国年鑑　中華民国九十四年』1072 頁

書誌データ

　　日本語，中国語文献（書名音読み 50 音順）
『偉大的十年：中華人民共和国経済和文化建設成就的統計』（国家統計局）人民出版社，1959 年
『旧中国掠影』（陳涌主編）中国画報社，1993 年
『旧中国紙幣図鑑』（余継明）浙江大学出版社，2000 年
『共和国的追求与挫折―辛亥革命』（林家有他）文物出版社，1991 年
『教育雑誌』商務印書館，1909-1948 年
『近代化への道程　中国報道写真展』（共同通信社他編）町田市立国際版画美術館，1989 年
『金門之戦』（国防部総政治部），1959 年
『光輝的二十年』（港九各界慶祝中華人民共和国成立二十周年大会籌備委員会），1969 年
『史画史話』（秦孝儀主編）近代中国出版社，1989 年
『支那事変郷土部隊写真史』福島民報社，1938 年
『支那事変写真全輯　中　上海戦線』朝日新聞社，1938 年
『事変と台湾人』（竹内清）日満新興文化協会，1939 年
『児時"民国"』（胡伯威）広西師範大学出版社，2006 年
『自由中国』自由中国社，1949-1960 年
『上海解放前後物価資料彙編（1921-57 年）』（上海社会科学院経済研究所他）上海人民出版社，1958 年
『上海是輪子出来的：上海公共交通百年録』（王力群他）学林出版社，1999 年
『上海百年掠影：1840s-1940s』（鄧明主編）上海人民美術出版社，1992 年
『重慶国民政府史の研究』（石島紀之・久保亨共編）東京大学出版会，2004 年
『触摸歴史：五四人物与現代中国』（陳平原・夏暁紅主編）広州出版社，1999 年
『新生日本外交百年史』東京日日新聞社，1953 年
『青年雑誌』(1916 年以降『新青年』) 群益書社（創刊時），1915-1926 年
『戦間期中国〈自立への模索〉』（久保亨）東京大学出版会，1999 年
『戦後香港軌跡―社会掠影』（周佳栄等編）商務印書館，1997 年
『戦時聯合期刊』
『台湾省五十一年来統計提要』（台湾省行政長官署統計室），1946 年
『第二次国共合作』（童小鵬主編）文物出版社，1984 年
『中華民国年鑑　中華民国九十四年』（行政院新聞局），2006 年
『中国革命史図集』（翁玉栄主編）吉林美術出版社，1989 年
『中国近現代史』（姫田光義他）東京大学出版会，1982 年
『中国近代経済史統計資料選輯』（厳中平他）科学出版社，1955 年
『中国経済 100 年のあゆみ』第 2 版（久保亨）創研出版，1995 年
『中国現代史地図集』（武月星編）地図出版社，1999 年
『中国工業経済統計資料，1949-1984』（国家統計局工業交通物資統計司他）中国統計出版社，1985 年
『中国情報ハンドブック　2018 年版』(21 世紀中国総研編) 蒼蒼社，2018 年
『中国政府的対台方針政策』（台軒編）五洲伝播出版社，2002 年
『中国早期摂影作品選』（胡志川等編）中国摂影出版社，1987 年
『中国電影図誌』（中国電影芸術研究中心・中国電影資料館）珠海出版社，1995 年

『中国統計摘要　2007』（国家統計局）統計出版社，2007 年
『中国統計年鑑』1991-2018 年（国家統計局）統計出版社，1991-2018 年
『中国 20 世紀史』（姫田光義他）東京大学出版会，1993 年
『中国の思想』（竹内実）NHK ブックス 53，1967 年
『中国の世紀フォトドキュメント』（姫田光義監修）大月書店，1998 年（原著 Jonathan D. Spence and Annping Chin, *The Chinese Century,* Endeavour Group UK, 1996）
『中国貿易物価統計資料，1952-1983』（国家統計局貿易統計司）中国統計出版社，1984 年
『天安門燃ゆ』（読売新聞社中国特派員団）読売新聞社，1989 年
『東方雑誌』商務印書館，1904-1948 年
『当代中国外交』（韓念龍主編）中国社会科学出版社，1988 年（内部発行）
『独立漫画』
『南京民国建築』（盧海鳴・楊新華主編）南京大学出版社，2001 年
『20 世紀初的中国印象』（上海市歴史博物館編）上海古籍出版社，2001 年
『日本地理風俗大系』誠文堂新光社，第 1 巻，1936 年
『幕末明治大正回顧八十年史』第十輯　東洋文化協会，1934 年
『美麗島』美麗島雑誌社，1980 年
『「文化大革命」の回顧』北京周報社，1987 年
『北京糧票簡史』（白少川）煤炭工業出版社，2000 年
『別冊歴史読本：未公開写真に見る日中戦争』83 号，新人物往来社，1989 年
『老明信片　建築編』（于吉星主編）上海画報出版社，1997 年

　英語文献（書名アルファベット順）
A Decade under Mao Tse-tung, The Green Pagoda Press, 1959
China : A Photo History, 1937-1987 (W. J. F. Jenner), Panthenon Books, 1988
China After Seven Years of War (Tong, Hollington K. ed.). The Macmillan Company, 1945
China's Foreign Trade Statistics, 1864-1949 (Hsiao, Liang-lin), Harvard University Press, 1974
China's Nation-Building Effort, 1927-1937 (Arthur N. Young), Hoover Institution Press, 1971
From One China to the Other (Henri Cartier-Bresson, Photographs). Universe Book, 1956
Hong Kong Statistics 1947-1967 (Hong Kong Census and Statistics Department), 1969
Taiwan Statistical Databook, 2007 (Council of Economic Planning and Development), Executive Yuan, R. O. C., 2007.
The Challenge of Red China (Stein, Gunther). Whittlesey House, McGraw-Hill Book Company, 1945.
Two Years of Nationalist China (Min-ch'ien T. Z. Tyau). Shanghai : Kelly and Walsh, 1930

第2版あとがき

　成立70周年を迎える中華人民共和国も，与野党対決の総統選を控える台湾も，政治不信が高まる香港も，それぞれ大きな岐路に直面しつつある．そうした動きの全体を両岸三地全体の現代史の中でどう理解するかが，改めて問われるであろう．この第2版が，さまざまな問題を考える手がかりになれば幸いである．
　第2版の改訂増補個所は「はじめに」末尾に記した．また，初版で年表作成を担当した中村元哉が第2版では改訂作業全般に関わり共著者の1人になっている．最後に，刊行を引き受けて下さった東京大学出版会と細かな点まで気を配って下さった編集担当の山本徹氏に改めて御礼申しあげておきたい．

　2019年9月

　　　　　　　　　　　　　　　　　　　　　執筆者一同（文責・久保 亨）

（初版あとがき）
　中国の存在は，かつてなく大きなものになった．日中関係はきわめて密接なものになり，年々数百万の人々が行き来している（2006年度航空旅客統計によれば，日本から中国大陸へ321万人，台湾へ151万人）．その一方，日中間の摩擦も頻繁に生じるようになった．対立や行き違いが生じる原因は単純なものではないとはいえ，相互理解の不足が背景にあることは否定できない．
　そうした事態を見るにつけ，日本人が現代中国を理解するための新しい歴史書が必要であるとの思いを強くするようになった．現代中国を理解するためには，人民共和国成立以降の約60年だけではなく，少なくともそれ以前の20世紀前半を含め，およそ100年間ほどの歴史を振り返らなければならない．そして大陸中国だけではなく，常に台湾や香港のあゆみにも注意を払う必要がある．また中国の大きさに圧倒されることなく，意識的に視野を世界に広げ，グローバルな歴史の中において現代中国の歴史を認識すべきである．さらに政治や経済の動向に加え社会や文化の風潮にも目を配り，人々の暮らしや考え方が理解できるようにしたい．およそ以上のような狙いを込め，本書は編まれた．

これまでに東京大学出版会は中国近現代史に関し2種の概説書を刊行し（姫田光義他編著『中国近現代史』1982年，同『中国20世紀史』1993年），それぞれ高い評価を得てきた．それらを踏まえつつ最新の研究成果を反映し，新たに世に問うのが本書である．

　そのほか本書の特徴として，写真や図表を増やしたこと，注記を充実させたこと，の2点がある．前者は，ビジュアルな認識が重んじられるようになった時代の趨勢を踏まえた措置であり，詳細な文字情報を得たい場合は巻末の「文献案内」を参照していただきたい．後者についていえば，概説書としてはやや不釣り合いなほど多くの注記をつけた．しかし史実と史料に基づいてものを言うのが歴史学である．幸い歴史学研究会編『世界史史料10』（岩波書店，2006年）に執筆者たちが関わっていたため，同書所収史料を中心に注記の充実を図った．

　執筆に際しては，4人で討議を重ねた末，政治外交史と台湾史関係を土田，民国初期政治史と教育文化社会史関係を高田，抗日戦争史関係を井上，政治経済史を軸とする基本的な部分を久保が主に担当した．緊密な共同作業が可能になったのは，4人が中国現代史研究会（東京）で日常的に議論を積み重ねた経験を持っており，現代中国の歴史に対する見方を共有していたからである．同会は近年も3冊の共同研究の成果（『戦後中国国民政府史の研究 1945-1949年』2001年，『重慶国民政府史の研究』2004年，『1949年前後の中国』2006年）を刊行した研究グループであり，すでに40年以上の歴史を刻んでいる．

　年表は，かつて『中国20世紀史』のために土田が作成した年表のデータを基礎に，やはり中国現代史研究会の会員である中村が補充改訂して作成した．また本書全体に対し，同じく会員の水羽信男氏（広島大学）と山本真氏（筑波大学）に校閲の労を執っていただき，多くの有益な御意見をうかがうことができた．そして本書の編集と制作の全ての過程を通じ，東京大学出版会の山本徹氏と高木宏氏に対し，ひとかたならぬ御手数をかけることになった．そのほか校正や表紙デザインに気を配って下さった方を含む全ての方々に対し，あつく御礼申しあげる．

　執筆者としては最善の努力を尽くしたとはいえ，至らぬところも多いに違いない．読者の方々が忌憚のない御批判，御助言を寄せて下さることを願ってやまない．

　　　2008年5月

　　　　　　　　　　　　　　　　　　　　　　　執筆者一同（文責・久保 亨）

索 引

イタリック体は注に人物の説明がある頁．

あ 行

アールデコ様式　105
愛国主義　206, 225, 246
阿Q正伝　49
アジア・アフリカ会議　156
アジアインフラ投資銀行（AIIB）　211
アジア太平洋戦争　91, 189
あの子を探して　222
アヘン　81, 122
雨傘運動　232, 244
アメリカ　2, 42, 64-65, 86, 131, 133, 135-136, 142, 149, 166-167, 169, 183, 187-188, 195, 197, 207, 226, 233
アメリカの対中国国交樹立　195, 233
アモイ　200
天羽声明　80
アリババ　216-217, 224, 249
安徽　39, 99, 199, 202
安徽派　36, 44
安国軍　38
安直戦争　36, 44
安藤利吉　181
安内攘外　70, 79-80
安奉線　40
晏陽初　*109*-110
威海衛　19
イギリス　16, 24-25, 57, 64, 67, 78, 136, 228-229, 245
イギリスの対中国国交樹立　148
イギリス租界　59
イギリス代理大使事務所襲撃　168
石原莞爾　*76*
イスラム　25-26, 136
一号作戦　92
一二・九運動　72, 81
一・二八事変　78
一面抵抗一面交渉　72
一国両制　228, 231
一帯一路　211, 249
一党独裁　8, 51, 69, 100, 130, 132, 143, 200,

205, 235
異党活動制限辦法　95
今井武夫　90
イラ・フォルモサ　119
殷墟　113
院系調整　171
殷汝耕　81
インターネット　212, 214, 216-217, 223-224, 226, 249
インド　167
インドシナ停戦協定　156
インドネシア　156, 167, 206
インフレーション　134-135, 186, 209
ウィルソン大統領　42-43
ヴェルサイユ・ワシントン体制　55
ヴォイチンスキー　*52*
内モンゴル（内蒙古）　25, 83, 102
「右派」　177, 180
梅津・何応欽協定　81
麗しき島　119
雲南　3, 16, 32, 35, 39, 90, 97, 131-132
永安紡績　17
映画　117-118, 180, 222
栄毅仁　*18*
栄宗敬　*18*
栄徳生　*18*
永利化学　17
易幟　60, 68, 76
エリツィン　206
LT貿易　166
延安　74, 98, 100, 139
沿海地域　4, 6-7, 14, 65, 97, 100-101, 200-201, 242
燕京大学　171
エンゲル係数　215
燕山夜話　162
閻錫山　*34*, 38, 68, 70, 85, 108
円借款　188, 195
塩税　63
袁世凱　*20*-21, 24, 29-32, 45, 107-108
王洪文　*198*

287

王国維　*113*
王克敏　100
汪精衛　23, *57*, 59, 70, 80-81, 90, 94
汪精衛政権　90, 92, 101-102
汪精衛派　89
王正廷　*46*
王寵恵　*46*
王明　*95*, 98
王世杰　*96*
大隈重信　42
ODA（政府開発援助）　207
尾崎秀実　68
温家宝　*210*
温宗尭　101

　　か　行

改革開放　18, 29, 174, 181, 194, 198, 207-208, 214-215, 217-219, 221, 227, 249
階級区分論　170
海軍志願兵制度　127
戒厳令　184, 204, 235
開港都市　7
外交部　45-47, 167
外国為替兌換券　209
外国銀行　15
会社法　66, 208
外省人　181-184, 186-187, 225
会審公廨　40
海瑞免官　162
会道門　173
解放区　137, 142
外務部　45
カイロ宣言　181
何応欽　*80-81*
華界　104
科学技術大学　202
科挙　26-27, 29
華僑　17-18, 145, 168, 188, 200, 206, 247
華興会　23
華僑回国投資条例　188
各界反内戦連合会　131
郭松齢　38
郭嵩燾　*46*
学制　8
核兵器　161, 196
革命委員会　165
革命外交　46

革命派　33, 144
影佐禎昭　90
華国鋒　*198*-199
何鍵　85
火焼紅蓮寺　117
ガス　104
夏瑞芳　*116*
ガダルカナル　92
学会　19, 27-28, 112
合作社　152
GATT　210
過渡期　154
過渡期の総路線　151
河南　34, 88
株式市場　209
何炳賢　101
下放　165, 180
河北　20, 72, 84, 139
華北交通　103
華北電業　103
華北電電　103
華北分離　80
華北分離工作　72, 82
カラハン宣言　52
川越・張群交渉　82
漢口　59
韓国　206, 249
観察　117, 141
関税　63, 66, 210
冠生園　151
関税自主権　37, 62, 64-65, 68
関東軍　38, 75-77, 79, 103
関東州租借地　75
広東　3, 16-17, 34-35, 52, 54, 58, 69, 73, 82, 88, 110, 116, 119, 208, 218, 229-230
広東派　69-70, 78
皖南（かんなん）事変　99
幹部　180
カンボジア　206
官僚資本　134
黄色い大地　222
魏京生　*201*
貴州　97
岸信介　160
「傷痕」文学　178
北支那開発株式会社　103
キッシンジャー　*195*

冀東政権　　81, 83, 85
冀東防共自治委員会　　81
冀東密貿易　　81
魏道明　　*183*
金日成(キムイルソン)　　149
義務教育　　220
義務教育実施案　　111
義務教育実施暫行辦法大綱　　111
キャフタ協定　　25
九カ国条約　　44, 86, 90
旧慣(台湾の)　　122-123
仇教事件　　19
義勇軍進行曲　　118
救国会　　72, 82, 95-96
旧日本軍占領地域　　134
教案　　19, 39
教科書　　27, 116, 157, 227
教育会　　28, 109-110
教育革命　　178
教育雑誌　　116
教会学校　　170
恐慌　　67
共産主義青年団　　171
共産党　→中国共産党
共産党軍掃討戦　　74
郷紳　　26
狂人日記　　49
行政院駐北平政務整理委員会　　80
郷村建設運動　　110
郷村建設派　　95
郷鎮企業　　199
共同綱領　　143
拒俄運動　　41
居民委員会　　175
キリスト教　　18-19, 34, 39, 172, 179, 223
ギルド社会主義　　50
義和団　　20, 22, 39, 41
義和団賠償金　　67
金円券　　135
銀買入れ政策　　67
銀行法　　66
欽定憲法大綱　　22, 243
金門島　　160, 187, 236
禁輸決議　　150
九・一八事変　　74, 77, 114
遇羅克　　*164*
公地放領　　186

クリントン　　207, 237
グローバル化(グローバリゼーション)　　10, 227, 249
軍事委員会　　98
軍事委員会北平分会　　80
軍事援助(アメリカの台湾への)　　185
軍事顧問団　　185
群衆　　94
訓政　　8, 62, 69, 71, 96
軍政　　69
訓政綱領　　69
訓政時期約法　　69
軍閥　　28, 33, 49, 55, 57
軍票　　189
計画出産条例　　200
経済開発区　　209
経済開放区　　229
経済開放政策　　133
経済緊急措置方案　　134
経済制裁　　204
経済調整政策　　160, 162
経済特区制度　　200, 229
京師大学堂　　19, 23, 27, 112
京師同文館　　27
携帯電話　　215-216
桂林　　92-93
血統主義　　164, 180
厳家其　　*203*
建国以来の党の若干の歴史問題に関する決議　　201
建国大綱　　56
原子爆弾　　158, 161, 168
原住民　　119
憲政　　69, 71, 96
憲政運動　　72, 154
憲政実施協進会　　96
現代評論　　117
原爆　→原子爆弾
憲法　　30-31, 35, 69, 72, 108, 111, 132, 154, 197, 201, 235-236, 243
　中華民国臨時約法　　30
　中華民国臨時約法(新約法)　　31
　天壇憲法草案　　108
　湖南省憲法　　35
　訓政時期約法　　69
　五五憲草　　72, 111, 132
　1947年憲法　　132, 235-236

索　引　289

1954年憲法　　154, 201, 243
1975年憲法　　197
1982年憲法　　201
顧維鈞　*46*
胡惟徳　46
五・一六通知　163
小糸製作所　103
興亜院　102
紅衛兵　163-164, 178, 180, 201
公園　106
黄炎培　*96*, 109, 131
公学校　124
黄河堤防の爆破　88
紅旗　161
高級合作社　152
黄興　23
工業合作社　97
紅軍　73
「洪憲」元年　32
紅五類　180
高山族　119
公私合営　152
耕者有其田　186
広州　40, 54, 57-58, 70, 73, 77-78, 88-90, 196, 218, 231
杭州　85-86, 141, 158
孔祥熙　116
工場法　66, 71
光緒新政　21, 27
光緒帝　*19*, 23
江青　*163*, 178, 198
広西　39, 57-58, 91, 110
江西ソヴェト区　82
広西派　38, 59, 68, 82, 85
江浙戦争　36
抗戦建国綱領　94
江蘇　18, 21, 28, 36, 71, 99
江蘇(雑誌)　115
高宗武　89
江蘇学務総会　28
江蘇教育総会　28
皇族内閣　24
江沢民　*205*-206, 208, 225, 246
興中会　23
交通銀行　64
高度経済成長　208-209, 212, 241, 248
江南造船所　103

抗日運動　73
抗日救国運動　78, 81
抗日救国協定　83
抗日根拠地　91, 98-99, 137
工農速成中学　172
黄郛　*80*, 81
光復会　23
光復節(祖国復帰記念日)　181
降伏文書調印式　93
広方言館　27
黄埔軍官学校　54, 57
光明日報　177
皇民化　126, 181
河本大作　76
康有為　*19*, 21, 23
紅楼夢　175
講和条約草案　137
五カ年計画第1次　157
胡漢民　23, 35, *57*, 69
故宮　20
故宮博物院　114
胡錦濤　*210*-213, 226, 238, 246
国語　4, 182
国語運動　126
国語講習所　124
国語伝習所　124
黒五類　180
国際連合　135, 149-150, 195, 233
　　UNRRA(国際連合救済復興機関)　135
　　安全保障理事会　149
　　代表権　195
国際連盟　67, 78, 86
国是会議　36
国恥記念日　32
国内総生産額(GDP)　214
国防会議　85
国防最高委員会　95
国防最高会議　85, 87
国防参議会　85
国防部総政治部　185
国民会議　56
国民外交協会　43, 47
国民革命　14, 37, 55, 73, 241
国民革命軍　54
国民革命軍総司令　60
国民軍　56
国民国家　2, 6-7, 10, 22, 34, 241-242, 247-249

国民参政会　94-96
　　第1期第1回国民参政会　95
　　第1期第4回国民参政会　96
国民政府　57, 60, 63, 65, 73, 95, 98, 110, 133, 137, 181
国民大会　130, 132, 236
国民党(1912-13年)　30-31
国民党(1919-現在)　→中国国民党
国民党右派　57
国民党革命委員会　144
国民党左派　57, 59, 69, 110
国民党主席　234
国民党政権　148, 150, 186-188, 233, 236
国務院副総理　209
国立北平研究院　113
国連　→国際連合
呉経熊　*71*
顧頡剛　*113*
辜顕栄　122
護国軍　32
護国戦争　32
呉国楨　*185*
五五憲草　72, 111, 132
五・三十運動　37, 56-57
五・四運動　43-44, 48, 243
五・四指示　142
五・七幹部学校　178
古史辨　113
個人档案　174-175
コスイギン　168
胡適(こせき)　*50*, 69, 109, 112, 175, 187
五族共和　26
児玉源太郎　122
国家安全条例　231
国家安全法　214
国会　22, 30-31, 234
国家計画委員会　209
国家社会党　95-96
国家主義　50
国家主席　160
国家神道　127
国家総動員法　96
国家統一委員会　238
国家発展改革委員会　209
国共合作(第1次)　55, 59
国共合作宣言　98
国共合作(第2次)　86, 94, 98

国共内戦　139
胡適　→胡適(こせき)
後藤新平　*122*-123
湖南　4, 22, 35, 39, 52, 58-59, 73, 77
湖南省憲法　35
五・二十事件　139
近衛内閣　89
近衛文麿　84, 88
呉佩孚　*36*
小林躋造　126
五反運動　151
胡風　175-*176*
戸別農家の生産請負制　199
湖北　24, 71, 88
湖北軍政府　24
コミンテルン　51-53, 55, 73-74, 83, 98, 100
　　第2回大会　53
　　第6回大会　73
　　第7回大会　74
　　解散　100
米騒動　22, 44
胡耀邦　*202*-203
ゴルバチョフ　203-204
昆明　131

さ　行

蔡英文　*239*
蔡鍔　*32*, 35
在華紡　56, 66, 72
蔡元培　23, *107*, 110, 112-113
最後の関頭　84
財政経済委員会　144-145
済南(さいなん)事件　75
蔡培火　*124*-125
西来庵事件　125
サッスーンハウス　105
サッチャー　228
佐藤尚武　83
三家村札記　162
三・一運動　42
三・一八事件　37, 58
三権分立　71, 132
三三制　99
三七五減租　186
山西　34, 39, 108, 139
参政院　31-32
三線建設　164, 167

索　引　291

山東　　3, 16, 20, 31, 37, 39, 42-44, 88, 99, 138, 247
山東出兵　71, 75
山東返還条約　44
山東問題　31, 37, 42-44, 77
「三農」問題　110, 210, 219
三反五反運動　151, 153, 176
サンフランシスコ講和会議　150
三民主義　68, 72, 101, 111
施存統　*69*, 142
諮議局　22, 29-30
持久戦　89
紫禁城　20, 114
資源委員会　67, 97, 145, 173
自作農　186
私塾　27
資政院　29
四清運動　163, 178
四川　3, 4, 24, 39, 82, 95, 97, 131, 199
四川大地震　213, 223
思想改造　151, 171, 174, 177
時代公論　72
七・七事変　83
幣原喜重郎　*76*
地主　186
施復亮(存統)　*69*, 142
シベリア干渉戦争　42
資本主義的な精神汚染　201
時務報　115
下関講和条約　15, 121
社会主義　8-9, 50, 143, 154, 221, 225-227, 243-244
社会主義化　153
社会主義教育運動　160, 162, 178
社会主義市場経済　208
社会主義思想　51, 221
「社会主義初級段階」論　202, 208
社会主義精神文明　201
社会主義青年団　52
沙基惨案　57
謝雪紅　*125*
謝長廷　235
謝東閔　234
上海　3-4, 14, 16-18, 24, 27, 30, 36, 39-40, 43, 52-53, 56-59, 65-66, 69, 72, 78-79, 85-87, 89, 92, 97, 102-106, 113-118, 125, 132, 134, 141, 151, 162-164, 169, 172, 180, 189, 200, 208, 217-218, 220, 227, 246
上海機器織布局　17
上海協力機構　249
上海自然科学研究所　114
上海市総工会　71
上海事変(第1次)　78, 116
上海事変(第2次)　85, 105
上海商業公団連合会　43
上海総工会　56
上海同文館　27
上海万博　217
周永康　213
周恩来　*75*, 141, 147, 149, 155-156, 168, 195, 197
周学熙　31
十九路軍　78
習近平　211-212, *213*, 214, 226-227, 239, 246
重慶　87-88, 91-92, 94, 96, 131, 134
重慶国民政府　173
周璇　*118*
十大建設計画　234
自由中国　187
17カ条協約　146
12カ国共産党会議　158
周仏海　101
修約外交　46
14カ条の宣言　42-43
珠海　200
儒教　18, 27, 49, 71, 107-108, 172, 227
朱徳　*73*, 98
首都(南京)防衛戦　87
ジュネーブ会議　156
朱鎔基　*209*
遵義会議　74
巡撫　28
書院　27
省　2, 21-22, 24, 28, 31-33, 36, 95, 97, 108
蔣渭水　*124*
商会　28
蔣介石　23, 32, 53-*54*, 57-60, 68-71, 74-75, 78, 80, 82-85, 87-92, 94-95, 98, 101, 116, 118, 135, 183-185, 187, 234
蔣介石・ダレス共同声明　187
蔣介石派　69, 77
冼冠生　*151*
昇官発財　26, 112
省議会　29

292　索　引

将軍　33
蔣経国　*185*-186, 234-236
小康　214-215
上山下郷運動　178
聶耳（じょうじ）　*118*
省籍矛盾　183
小説月報　116
章乃器　*72*, 142
章炳麟　23
城壁　104
商務印書館　116-117
職業教育社　95-96
植民地的近代化　123
女子学生暴行事件　139
徐州作戦　88
徐潤　*17*
徐世昌　43-44
私立学校　170
新界　188, 227
辛亥革命　5, 21, 24, 33, 41, 49, 104, 106, 112, 144, 241, 243
新学制　22, 27
新型都市化政策　211
新華日報　94
新疆　22, 25, 97, 136, 146, 149, 166, 168, 211, 213, 242
晋冀魯豫辺区政府　99
沈鈞儒　*72*, 96, 131
新月　69, 117
新県制　95
深耕密植　159
晋察冀辺区　99
新四軍　98-99, 138
新四軍事件　99
壬戌学制　109-110
真珠湾攻撃　91
紳章　122
新常態　212
申新第九工場事件　139
申新紡績　18
新政　23-24, 115
新生活運動　71
新青年　50
深圳　200, 229
人道主義　50
信念の危機　221
清仏戦争　120

新文化運動　50, 109, 117
新聞報　115
申報　115
晨報　115
秦邦憲(博古)　95
沈葆楨　*120*
人民解放軍　140-141, 230
人民革命大学　171
人民共和国　142-143, 233, 249
人民公社　159, 161, 199
新民主主義　143
新民主主義青年団　171
新民叢報　115
人民代表大会　197, 202
人民内部の矛盾を正しく処理する方法について　176
人民日報　163, 203
人民服　107, 179
人民民主主義　143
瀋陽　76-77, 138, 140
瑞金　73, 221
スカルノ大統領　167
スターリン　147, 153-155
スターリン批判　157
スチュアート　147
スティルウェル　*92*-93
スネーフリート　*52*-53
汕頭（スワトウ）　200
西安　20-21, 74
西安事変　74-75, 83
生員　26
清華大学　20, 171
井崗山　73
生産互助組　152
政治協商会議　131
政治工作幹部学校　185
盛世危言　17
西太后　*19*, 21
製糖業　122
済南事件　→済南（さいなん）事件
青年党　95-96, 131-132
整風運動　100
西部大開発　211
政務院総理　141
世界大恐慌　67
世界貿易機構(WTO)　209-210
浙江　21, 107, 187

索引　293

浙江潮　　115
接収　　134
08宣言　　212
尖閣諸島(釣魚島)　　12, 246, 249
陝甘寧辺区(せんかんねいへんく)　　98
1949年革命　→ 49年革命
千元戸　　219
全国各界救国連合会　　72, 82
全国教育会議　　110
全国教育会連合会　　109-110
全国教育工作会議　　171
全国経済委員会　　67
全国最高経済委員会　　135
全国人民代表大会　　197, 202, 237
　第4期第1回大会　　197
　第10期第3回大会　　237
善後借款　　31
戦後賠償　　137, 195
戦時総動員体制　　127
戦時体制　　9
先住民　　119-120, 124, 126, 236
先住民族　　126
陝西　　34, 74, 98, 139
銭荘(せんそう)　　18
戦争責任　　245
先富論　　221
宋靄齢　　*116*
曽蔭権　　231
ソヴェト　　73
ソヴェト革命路線　　73-74
宋嘉樹　　*116*
曽琦　　96
搶救運動　　100
宋教仁　　23, *30*
宋慶齢　　116, 144
曹錕　　*36*, 55
宋子文　　*63*, 80, 116, 133-135
双十会談　　131
曹汝霖　　*43*
宗族　　26
宋哲元　　*81*, 83-84
総統選(台湾)　　234, 236-239
総統府資料室　　185
総督　　28
総督府　　121-122
宋斐如　　182
宋美齢　　74, 116

総理各国事務衙門(総理衙門)　　45
租界　　6, 16, 39-40, 56, 92, 104, 200
速成教育　　23
租借地　　16
ソ連　　9, 51, 54-55, 58, 83, 90, 131, 135, 138,
　142, 146-147, 149, 154, 158, 161, 166, 169, 195-
　196
ソ連援助プロジェクト　　157
ソ連共産党　　51-52
ソ連共産党第20回大会　　157
ソ連との貿易協定　　138
ソ連に学べ　　157
ソ連邦　　205
孫科　　*69-71*, 78, 80, 96
孫伝芳　　36
孫文　　8, 10, *23-24*, 30-32, 34-35, 51, 53-57,
　68-69, 101, 107, 116, 124, 189
孫文の遺言(総理遺嘱)　　56, 68
孫立人　　185

た　行

第1次五カ年計画　　152
第一次世界大戦　　31, 41-42, 46-47, 50, 65
第一次世界大戦期　　55
第一次奉直戦争　　36
対外援助法　　136
対外開放政策　　200
大学院　　110, 112
大学統一入試　　178
対共産圏貿易統制組織 COCOM　　150
大慶　　164
大公報　　71, 115
第五軍　　78
第五世代　　222
大寨　　164
第三革命　　32
台児荘　　88
大字報　　163
大上海計画　　105
大生紗廠(紡績)　　21
大生産運動　　100
対ソ一辺倒　　146-147, 171
大東亜省　　102
第二革命　　31
第二次世界大戦　　65, 92
第二次奉直戦争　　36, 56
第二戦線　　140

対日講和条約　136
台北　236
大躍進　158, 160, 162, 164, 177
大躍進政策　159
大陸打通作戦　92, 96
大陸棚資源の開発　246, 249
大連　93, 138, 149
台湾　1, 16, 119-122, 124-125, 127-128, 136, 145, 186, 188, 194, 200, 206, 233-241, 243-247
台湾海峡危機(第1次)　187
台湾海峡危機(第2次)　187
台湾海峡危機(第3次)　237
台湾海峡問題　150
台湾関係法　233
台湾議会設置の請願運動　125
台湾共産党　125
台湾近海でのミサイル発射　237
台湾省行政長官　181
台湾省国語推行委員会　182
台湾省主席　183
台湾製糖　123
台湾地方自治連盟　125
台湾調査委員会　181
台湾日本兵　128
台湾文化協会　125
台湾民衆党　125
台湾民主国　121
高雄　235-236
高碕達之助　*166*
多党制　235
田中角栄　*195*
田中義一　*75-76*
田中隆吉　78
ダライ・ラマ13世　*26*
ダライ・ラマ14世　*160*
単位社会　173-174
段祺瑞　*32*, 36, 42, 44, 58
塘沽停戦協定　79
治安維持会　99
地域間格差　4
旗袍(チーパオ)　107
七不講(チーブジャン)　214
チェコスロバキア　168
治外法権　37, 48, 65
地下教会　179, 219
地質研究所　112
チベット　3, 6, 22, 25-26, 74, 136, 146, 160, 213, 218, 223, 242
チベット進駐(中国軍の)　146
チベット地方政府　146
チベット仏教　22
地方外交　48
地方公職選挙　186
地方志　29
地方自治　31
チャイナドレス　107
チャハル(察哈爾)　81
チャムド(昌都)　146
中印国境紛争　167
中英共同声明　228
中越戦争　196, 200
中央アジア　3, 6
中央銀行　64
中央研究院　111-114
中央人民政府主席　141
中央設計局　181
中央日報　115
中央博物院　114
中華医学会　112
中外新報　115
中華革命党　31
中華書局　116
中華人民共和国憲法　154
中華全国鉄路協会　112
中華ソヴェト共和国　73
中華ソヴェト政府　98
中華帝国　2, 5
中華民国維新政府　101, 102
中華民国国民政府　62, 101
中華民国総統　234
中華民国約法(新約法)　31
中華民国臨時政府　24, 30, 100, 102, 107
中華民国臨時約法　30
中華民族　8
中華民族復興社　69
中華薬学会　112
中間地帯論　166
中間賠償　137
中原大戦　70
中国委員会(CHINCOM)　150
中国インド紛争　167
中国援助ルート　88, 90
中国科学院　114
中国化学工業会　112

索引　295

中国科学社　112
中国気象学会　112
中国共産党　9, 14, 52-53, 55, 72-74, 77, 83, 85-86, 94-96, 98-99, 110, 131-132, 137, 153, 169, 190, 205-208, 225-227
　第1回大会　52
　第2回大会　52-53
　第3回大会　53
　第6回大会　73
　第7回大会　100, 130
　第7期第4回中央委員会　152
　第8回大会　155
　第8回大会第2回会議　158
　第8期第11回中央委員会　163
　第8期第12回中央委員会　165
　第9回大会　165
　第11期第3回中央委員会　199
　第11期第6回中央委員会　201
　第12回大会　202
　第13回大会　202, 208
　第14回大会　208
　第15回大会　209
　第16回大会　214
中国基督教三自愛国運動委員会　172
中国銀行　64, 105
中国経済学社　112
中国工程学会　112
中国国際投資信託公司　18
中国国民革命軍総司令　58
中国国民党　14, 23, 38, 51-59, 62, 69-72, 77, 131-132, 182, 194, 236-237
　第1回大会　54
　第2回大会　57
　第2期第2回中央委員会　57
　第2期第3回中央委員会　59
　第3回大会　111
　第4期第3回中央委員会　69
　第5期第3回中央委員会　75
　臨時大会　94
　第5期第5回中央委員会　95
　第5期第11回中央委員会　96
　第6回大会　96, 100, 130
　第6期第2回中央委員会　132
　第7回大会　185
中国国民党総裁　183
中国国民党中央改造委員会　185
中国社会科学院　114

中国人移民　40
中国人民義勇軍　149
中国人民政治協商会議　143
中国人民政治協商会議共同綱領　147-148
中国青年反共救国団　186
中国代表権問題　150
中国天主教愛国協会　172
中国天文学会　112
中国同盟会　23-24, 115
中国農学会　112
中国の夢　213, 226
中国紡織建設公司　134
中国香港　228
中国民主党　187
中国民主同盟　96, 131
中国無線電公司　117
中国労動協会　71
中山艦事件　57
中山服　107
中ソ国防新技術に関する協定　158
中ソ国境紛争（問題）　165, 168, 194, 206
中ソ不可侵条約　86
中ソ友好協会　156
中ソ友好同盟条約　135, 138
中ソ友好同盟相互援助条約　149
中ソ論争　162, 166
中体西用　19
中東鉄道　65, 93, 149
中米関税条約　62
中米上海コミュニケ　195
中米通商条約　133
儲安平　*141, 154, 177*
張学良　*60,* 65, 68, *70,* 74-77, 79
張芸謀　*222*
張謇　*21-22, 24, 28, 30-32, 47*
朝貢交易圏　6
朝貢国　44
長沙　22, 91, 93
張作霖　*35-37,* 48, 58, 60, 75
張作霖・山本協約　48
長春　138, 140
張春橋　*197*-198
趙紫陽　*202,* 204
長城線　79
長征　74
朝鮮　19
朝鮮休戦協定　149

朝鮮戦争　146, 149-150, 153, 155, 157, 171-172
張知本　*71*
張瀾　*96*, 131, 144
調和社会（和諧社会）　210, 226, 242
直隷派　36, 38, 44, 55-56, 58
儲備銀行券　134
陳雲　*155*
陳凱歌　*222*
陳毅　167, 169
陳儀　*181-183*
沈鈞儒　→沈鈞儒（しんきんじゅ）
陳炯明　34-35
陳公博　*69*, 101
陳紹禹　95
陳振漢　*177*
陳水扁　*235*, 237-238
陳誠　*183*, 186
青島　16, 31, 56, 66
陳独秀　*50*, 52, 112
珍宝島（ダマンスキー島）　168
ディエンビエンフー　156
鄭観応　*17*, 19
帝国　225, 242, 248
帝国議会　128
帝政　32
鄭成功　*119*
出稼ぎ労働　219-220
鉄道　15, 120, 122
鉄道国有化政策　24
デパート　17, 106, 117
デムチュクドンロブ　102
デューイ　*109*, 171
寺内正毅　42
テレビ　4, 213
天安門　43
天安門事件　202, 205, 207, 228, 231
天安門事件（第1次）　198
天安門広場　163, 197-198, 203
田漢　*118*
電気　104
天津　4, 14, 20, 58, 80-81, 84-85, 104, 115, 140, 200, 223
天津条約　120
纏足　106, 123
天壇憲法草案　108
田賦　97

電話　123, 215-216
ドイツ　16, 87, 205, 207
東亜新秩序　89
東亜新秩序声明　90
統一建国同志会　96
動員戡乱時期臨時条款　236
「党外」勢力　235
同郷会館　172
同業会館　172
陶行知　*109*-110, 175
湯玉麟　79
唐継堯　35
唐景崧　121
童建華　230-231
唐山大地震　198
東三省　60, 76, 78
東三省巡閲使　35
唐紹儀　45
鄧小平　*164*, 196, 198-199, 206-209, 215, 228
湯爾和　100
東征　54
統税　63
唐生智　*58*, 87
党代表　54
党治　57
唐廷枢　*17*
東南アジア条約機構（SEATO）　156
東南互保協定　20
東方雑誌　71, 116
東方図書館　116
東北　3, 8-9, 15-16, 35-37, 40-42, 65, 68, 70-71, 75-80, 100, 103, 131, 135-138, 140-142, 145, 149, 168, 181, 184, 247-248
東北軍　70, 74, 77-78
東北国民軍　38
東北民主連軍　138, 140
同盟会　23, 30
読経科　108
徳王　102
督軍　33
独立評論　71, 117
杜聡明　124
土地改革　152, 186
土地革命　110
土地税　97
土地調査事業　122
土匪　122

索　引　297

土地法　71
土地法大綱　142
都督　33
土肥原・秦徳純協定　81
ドプチェク　168
土法製鋼　159
豊田自動車　103
トラウトマン　*87*
トルストイ主義　50

な　行

内戦反対請願団　132
内陸地域　4, 7, 15, 18, 66, 97, 164, 211, 213, 242, 246
長崎国旗事件　160
中支那振興株式会社　103
中村大尉事件　76
南下幹部　169
南京　24, 30, 58-59, 62, 69, 85, 87-88, 90, 93, 101, 105, 113-114, 132, 141, 147
南京大虐殺　87, 225
南京博物院　114
南京路（上海の）　17, 105-106
南巡講話　208
南昌　73
南進基地　126
南洋兄弟煙草　17
聶耳（ニエアル）　118
ニクソン　169, 195, 233
西原借款　42, 48
西山会議派　69
二十一カ条要求　31, 42-44
二重党籍　141
二大陣営対立論　147
日月潭ダム　126
日満議定書　79
日露戦争　41
日華協議記録　90
日華平和条約　150, 185
日清戦争　15-16, 19, 22, 32, 121
日中関税協定　62, 64
日中共同声明　195
日中軍事協定　42
日中戦争　111
日中戦争の記憶　247-248
日中民間貿易協定　156
二・七事件　56

二・二八事件　136, 181-183, 244
日本　5, 16, 35, 65, 76-77, 83-84, 121-122, 128, 166, 181, 195, 197, 207, 217, 225, 233, 244-248
日本の対中国国交正常化　195, 232
日本軍　20, 37, 42, 71-72, 77-81, 83-93, 95-96, 99-103, 121, 131, 134, 136, 138, 182, 189, 248
日本軍占領地域　90, 99, 101
日本語　124, 127, 181-182
日本資本紡績工場　56, 72
日本人教習　23
日本留学　23
日本留学ブーム　112
熱河　79
ネットワーク　6
ネルー　160
農会　28

は　行

八路軍　98, 138
配給　179
配給制度　174
梅思平　89
賠償金　22
賠償請求権　195
買辦　17-18
排満興漢　41
馬英九　238-239
薄熙来　213
博古　→秦邦憲（博古）
白崇禧　*38*, 57, 68, 85
馬祖島　187
八・一宣言　74, 83
八・一三事変　85
パッテン　224
ハリウッド映画　180
パリ会議　48
パリ講和会議　43, 46-47
パリ講和条約　43
馬路天使　117-118
「反右派」闘争　144, 155, 174, 177-178
反英暴動　191
「反革命鎮圧」運動　150, 173-174
ハンガリー事件　157
反清復明闘争　119
「反スパイ」法　214

「反テロ」法　214
蕃童教育所　124
バンドン　156
反日運動　42-44, 76, 125, 206, 225, 245-246
反ファッショ統一戦線　74
反米運動　139, 142, 206
東トルキスタン共和国　25, 136, 146
一人っ子政策　200, 224
避難民　190
ひまわり(学生)運動　238
百団大戦　91
百花斉放・百家争鳴　154, 176
標準語　4
批林批孔運動　197
美麗島　235
美麗島事件　235
広田弘毅　81
広田三原則　81
閩南(びんなん)語　→閩南(ミンナン)語
ファシズム　71
ファッション　106
風雲児女　118
馮玉祥　*34, 38*, 56, 58, 68, 114
布票(プーピャオ)　174
武漢　59, 88-89, 91, 94, 165
武漢国民政府　59
武漢作戦　88
溥儀　*24*, 79, 114
福新公司(製粉)　18
武訓伝　151, 175
武昌　58
武昌蜂起　24, 30
不戦条約　86
普通話　4
不抵抗政策　77
不平等条約　56, 65, 92
不平等条約廃止　47
プラグマティズム　49, 109
プラグマティズム教育　171
フランス　16, 120, 156, 167
フランス領インドシナ　90
プラント購入契約　197
ブリュッヘル　*54*
フルシチョフ　157-158, 160, 166
「ブルジョア自由化」反対　202
ブレトン・ウッズ体制　133
聞一多　*132*

文革五人小組　163
文革派　200
文化大革命(文革)　161, 163-165, 167-168, 173, 178, 180, 196-197, 230
文匯報　162
米華(台湾)相互防衛条約　156, 233
平津戦役　140
幣制改革　7, 64, 66, 81
米中和解　169
平埔族　119
平和五原則　156
北京　4, 20, 27, 30, 37, 39, 43, 52, 56-58, 60, 70, 72, 76, 100, 102, 110, 113-115, 117, 140, 146-147, 163, 168-169, 171, 177, 182, 197-199, 203-204, 217, 220, 227-231, 243
北京オリンピック　217, 226
北京議定書(辛丑条約)　20, 39, 45
北京政変　56, 114
北京原人　113
北京大学　19, 112-113, 163, 171, 177
北京の春　199-201
ベトナム　156, 167, 187, 206
ベトナム戦争　162, 167, 194, 233
ベビーブーマー　162
ペレストロイカ　203
辺区　98, 137
辮髪　106, 123
変法維新(運動)　19-21, 112, 115
ボイコット運動　40, 57, 71
貿易自由化政策　133
法団　28, 108, 110
奉天　35, 40, 76
奉天派　36-38, 48, 58, 75
奉天票　36
彭徳懐　*98*, 159
法幣　64-65
法輪功　212, 223, 231
方励之　*202*
何日君再来(ホーリージュンツァイライ)　118
保境安民　34
北伐　47, 54, 58-60, 68
北平(北京)　70, 72, 77, 79-81, 83-85, 113, 140
北平研究院　113-114
北伐軍　58
北洋海軍　19
保甲制　71, 95, 122

索引　299

保皇派　23
戊戌政変　19
戊戌変法　19, 21, 27
ポツダム宣言　93, 181
浦東開発　209
ボリシェヴィズムの勝利　50
保路運動　24, 30
ボロディン　*53-54*
香港　92, 136, 145, 194, 200, 218, 227-232, 243-245
香港映画　118
香港上海銀行　64, 229
香港ストライキ　37, 57
香港政庁　229
香港特区行政長官　229-232
香港特別行政区基本法　229
本庄繁　79
本省人　181-184, 234
本籍回避　29

ま　行

マーシャル援助　136
マカオ　230-231
マルクス主義　50, 100, 171
万元戸　201, 219
満洲国　79-80, 103
満洲産業開発五カ年計画　103
満洲事変　77, 84
満洲帝国　79, 137
満鉄線　93
万宝山事件　76
満蒙問題　76-77
ミコヤン　147
3つの世界　196
南満洲鉄道(満鉄)　75, 123
ミャンマー　90, 92-93, 167
民間宗教　179
民間信仰結社　173
民工潮　220
民衆の勝利　50
民主化運動　205, 207-208, 228, 243
民主建国会　142
民主社会党　132
民主主義　50, 243-244
民主進歩党(民進党)　194, 235-237, 239, 245
民主進歩党政権　221
民主政団同盟　96

民主党派　141
民主同盟　132, 141, 144, 190
民進党　→民主進歩党
民生公司　151
民族および植民地問題に関するテーゼ　53
民報　115
閩南(ミンナン)語　3, 127, 181
霧社事件　126
明治維新　19
滅洋　39
棉麦借款　67, 80
蒙疆連合自治政府　102
蒙古連盟自治政府　102
毛沢東　9, 32, *73-74*, 89, 95, 98-100, 139, 141, 143, 147-148, 152, 155, 158-160, 162-165, 167-169, 176, 178, 195, 198
毛沢東思想　100
毛沢東思想労働者宣伝隊　165
モーナ・ルーダオ　*126*
茂新公司(製粉)　18
モンゴル　6, 22, 25, 167
モンゴル国　25
モンゴル人民共和国　25

や　行

靖国問題　225, 246
ヤルタ会談　93
ヤルタ協定　149
輸出加工貿易区　188, 200
輸入代替工業化　66
楊虎城　74
楊増新　25
葉挺　*98*
姚文元　*162*, 198
洋務運動　18, 20, 27-28, 112
楊逵　125
ヨーロッパ　2-3
余漢謀　85
ヨッフェ　*53*
四人組　198-199
四・一二クーデタ　59, 68
四行儲蓄会大楼　105
49年革命　9, 140, 142-144, 154-155, 190, 243

ら　行

雷震　187
羅振玉　*113*

ラオス　167
羅隆基　*96*
藍衣社　69
李一哲の大字報　196
リーマン・ショック　211
里弄（リーロン）　105
陸軍特別志願兵制度　127
陸軍武備学堂　21
陸徴祥　*45*-46
陸費逵　*116*
李鴻章　*19*, 120
李公樸　*132*
李済深　*144*
李宗仁　*38*, 57, 68, 183
李大釗　*50*, 52
立憲君主制　21
立憲派　23, 33, 144
リットン調査団　78
立法院議員　236
立法会　229, 230, 232
立法評議会　229-230
李登輝　*234*, 236-237
理藩院　22
理藩部　22
リベラリズム　10, 222
李鵬　*207*
糧票（リャンピャオ）　174, 209
龍雲　90
留学　17-18, 23-24, 34-35, 42-43, 50, 109, 112,
　115-116, 118, 145, 157, 170-171, 247
劉暁波　212-213
劉湘　85
劉少奇　147, *155*, 157, 159, 161, 164-165
柳条湖　77
劉銘伝　120, 122
両岸三地　3-4, 194, 244-245
梁啓超　*19*, 113, 115
梁鴻志　101
両広事変　82
廖承志　*166*, 228
遼瀋戦役　140
廖仲愷　23, *51*, 57
旅順　19, 93, 149
林献堂　*125*, 128
臨時参議院　30
臨時首都　88
臨時大総統　24, 45

臨城事件　37, 47
林森　57
林鄭月娥　231
林彪　*165*-166, 196-197
レーニン主義　55, 185
列強　6
連合国　181
連合政府　96, 130
連合政府論　100
連省自治運動　33, 36
労農兵代表協議会　73
盧永祥　36
ローズヴェルト, F　86
64カ国共産党労働者党会議　158
盧溝橋　84
盧溝橋事件　83
盧作孚　*151*
廬山　84
廬山会議　159
ロシア　2, 16, 25, 41-43, 206, 211
ロシア革命　42, 46, 50-53
ロシア社会民主党　51
呂赫若　125
魯迅　*49*-50, 179

わ 行

淮海（わいかい）戦役　140
淮軍　19
「賄選」（買収選挙）　55
和諧社会（調和社会）　210, 226, 242
若槻礼次郎　76
ワシントン会議　37, 44, 46, 48, 64, 77
和製漢語　112
輪船招商局　17
和平演変　205
和平建国綱領　131
ワルシャワ条約機構　168

欧 文

CHINCOM　150
GATT　210
NIEs（新興工業経済地域）　200
ODA（政府開発援助）　207
UNRRA（アンラ, 国際連合救済復興機関）
　135
WTO（世界貿易機構）　209-210

執筆者紹介

久保　亨（くぼ　とおる）
1953 年生　信州大学特任教授
主要著作
『戦間期中国［自立への模索］：関税通貨政策と経済発展』東京大学出版会，1999 年
『世界史史料 10　20 世紀の世界 I』岩波書店，2006 年（歴史学研究会編）
『シリーズ 20 世紀中国史』全 4 巻，東京大学出版会，2009 年（共編著）
『シリーズ中国近現代史 4　社会主義への挑戦 1945-1971』岩波新書，2011 年
『日本で生まれた中国国歌：「義勇軍行進曲」の時代』岩波書店，2019 年

土田哲夫（つちだ　あきお）
1959 年生　中央大学教授
主要著作
『民国後期中国国民党政権の研究』中央大学出版部，2005 年（共著）
『戦間期の東アジア国際政治』中央大学出版部，2007 年（共編著）
『国際文化関係史研究』東京大学出版会，2013 年（共編著）
『近現代東アジアと日本』中央大学出版部，2016 年（編著）

高田幸男（たかだ　ゆきお）
1961 年生　明治大学教授
主要著作
『シリーズ 20 世紀中国史 2　近代性の構造』東京大学出版会，2009 年（共著）
『アジア周縁から見たアメリカ：1850 年-1950 年』彩流社，2010 年（共著）
『新史料からみる中国現代史：口述・電子化・地方文献』東方書店，2010 年（共編著）
『戦前期アジア留学生と明治大学』東方書店，2019 年（編著）

井上久士（いのうえ　ひさし）
1950 年生　駿河台大学教授
主要著作
『中国国民政府史の研究』汲古書院，1986 年（共著）
『中国河北省における三光作戦』大月書店，2003 年（共著）
『現代歴史学と南京事件』柏書房，2006 年（共著）

中村元哉（なかむら　もとや）
1973 年生　東京大学准教授
主要著作
『戦後中国の憲政実施と言論の自由 1945-49 年』東京大学出版会，2004 年
『対立と共存の日中関係史：共和国としての中国』講談社，2017 年
『中国，香港，台湾におけるリベラリズムの系譜』有志舎，2018 年
『憲政から見た現代中国』東京大学出版会，2018 年（編著）

現代中国の歴史 第 2 版
――両岸三地 100 年のあゆみ

2008 年 6 月 5 日　初　版　第 1 刷
2019 年 9 月 24 日　第 2 版　第 1 刷
2022 年 2 月 10 日　第 2 版　第 3 刷

［検印廃止］

著　者　久保　亨・土田哲夫・高田幸男
　　　　井上久士・中村元哉

発行所　一般財団法人　東京大学出版会
　　　　代表者　吉見俊哉
　　　　153-0041 東京都目黒区駒場 4-5-29
　　　　http://www.utp.or.jp/
　　　　電話 03-6407-1069　Fax 03-6407-1991
　　　　振替 00160-6-59964

印刷所　株式会社三陽社
製本所　誠製本株式会社

Ⓒ 2019 Toru Kubo *et al.*
ISBN 978-4-13-022026-2　Printed in Japan

[JCOPY]〈出版者著作権管理機構　委託出版物〉
本書の無断複写は著作権法上での例外を除き禁じられています．複写される場合は，そのつど事前に，出版者著作権管理機構（電話 03-5244-5088，FAX 03-5244-5089, e-mail: info@jcopy.or.jp）の許諾を得てください．

姫田・久保ほか編	中　国　20　世　紀　史	A5	2800円
久保・加島・木越	統計でみる中国近現代経済史	A5	2900円
久　保　亨　編	中　国　経　済　史　入　門	A5	3800円
中村元哉編	憲　政　か　ら　見　た　現　代　中　国	A5	6800円
益尾・青山 三船・趙	中　　国　　外　　交　　史	A5	2900円
深町英夫編	中　国　議　会　100　年　史	A5	5000円
劉傑・川島編	対　立　と　共　存　の　歴　史　認　識	A5	3600円
川島・清水 松田・楊	日　台　関　係　史　1945-2020　増補版	A5	2800円
高原明生ほか編	東大塾　社会人のための現代中国講義	A5	2800円
岡本・吉澤編	近　代　中　国　研　究　入　門	A5	3200円
溝口・池田・小島	中　　国　　思　　想　　史	A5	2800円
飯島・久保・村田編	シリーズ20世紀中国史〈全4巻〉	A5	各3800円
高原明生ほか編	日　中　関　係　史　1972-2012〈全4巻〉	A5	各3000～ 3800円

ここに表示された価格は本体価格です．御購入の際には消費税が加算されますので御了承下さい．